JN114736

ことばの教育

日本語で読み、書き、考える

紅野謙介

青土社

ことばの教育　目次

第2部　差異と反復――歴史をふりかえる

第3部　論理と文学は対義語ではない――ことばをめぐる危機

ことばの教育

日本語を読み、書き、考える

凡例

一、各章の初出と経緯については、その冒頭で簡単な説明をつけた。

一、収録にあたっては敬体を常体に改め、文脈を分かりやすくするために多少の改稿を施すなどの処理を行った。

一、現在の観点から見て補足の必要がある場合は、付記にて補っている。

一、年号表記は西暦を基本とし、適宜、和暦を加えた。

一、註や文献の表記はできるだけ最小限にとどめている。

はじめに

学校教育は果たして人間の自己形成にどれほど重きをなすのだろうか。正直言えば、私自身は幼い頃から学校など大した意味はない、そう思ってきた。管理と強制が強いし、いわれのないまま先生に叱責されたこともある。教室の小さな椅子に拘束されて、自由に身動きがとれない。

まずは人間形成において学校教育が絶対的な意味を持つことはない、そう断言しておこう。それ以外の場所で経験し、学ぶことの方がはるかに大きな意味を持つからだ。家族や友人知人、地域や職場、仕事の上での人間関係などなど。さらに直接的な関係よりも、読んだり見たりした書物や映画、演劇、漫画やアニメ、音楽などの方がその世界観を通して学校よりもっと多くのことを教えてくれた。

にもかかわらず、だれしも幼少年期の記憶をたどれば学校をめぐる光景が多くなる。不愉快なことも、愉快なことも。学校の果たす役割は確かに相対的に大きい。ただ、現在の日本では前にもましてその役割が大きくなっているのではないか。学校以外の場所も世界も依然として存在し、重要さは減じていない。にもかかわらず、その機能は小さく縮小していないか。

私が小学校、中学校を過ごしたのは一九六〇年代だった。安保闘争や学生運動の昂揚がある一方、経済成長期でもあった。高校に進んで七〇年代に入ると、中学校での校内暴力、学級崩壊と名づけられた事件が一気にふえた。その反動のように、八〇年代からは「管理教育」が浸透した。校則による規制強化、体罰の行使、運動部を中心とした部活動への強制的加入、集団行動の徹底など、まさに規律／訓練の内面化を進める政策が集中的に採用されたのである。学校に向けられた暴力をむりやり封じ込めようとすれば、当然、その矛先は生徒の集団内部や、自分自身に向かう。「いじめ」が社会問題化される一方、関係をシャットアウトする不登校や引きこもり、自殺の報道や話題が増えていった。

同じ時期に、各教科の指導内容を大幅に精選し、授業時間数の圧縮を目指したいわゆる「ゆとり教育」が登場してくる。「生きる力」というキイワードが強調されるようになるのが、一九九六(平成八)年の第一五期中央教育審議会答申である。これによってその二年後の学習指導要領改訂のなかで、「総合的な学習の時間」を始めとする調べ学習など、思考力を身につけることが目標とされ、学校週五日制などが導入された。ところが、この唐突な導入によって学力低下をめぐる論争が起き、さらにはOECDによる生徒の学習到達度調査(PISA)などの国際学力テスト(二〇〇三年)で日本の一六歳が順位を落としたことで、ふたたび反対の動きが強まった。

PISAショックと言われるものも、内実を見るかぎり、実際にどこまで根拠があっただろうか。このテスト自体、二〇〇〇(平成一二)年に開始され、スタート時には加盟国二八か国を含む三二の国と地域、約二六万五〇〇〇人が参加した。このとき日本は「数学的リテラシー」で一位、「読解力」で八位、「科学的リテラシー」で二位と健闘したため、以後が凋落のように印象づけられた。しかし、大きな話題となった二〇〇三年は、参加した国と地域は四一に広がり、ここで日本は「数学的リテラシー」で六位、「読解力」で一〇位以下、「科学的リテラシー」で二位、新たな「問題解決能力」で四位となった。ここで「読解力」が一〇位以内に入っていないのは不思議だが、「問題解決能力」では二位を獲得しているわけだから、突然、「読解力」が落ちたというわけではないだろう。何より、この年に受検したのは「ゆとり教育」をまだ受けていない世代である。にもかかわらず、大人たちは順位回復を目指すべきだというエモーションに巻き込まれていった。

その後も、三年ごとに実施されているが、現在にいたっては七九もの国と地域が参加するなど、第一回に比べて倍以上の参加数になっている。分母が増えれば圧倒的上位を維持するのはむずかしくなる。そのなかで一〇位以内にいるとすればよく健闘していると言うべきだろうし、「ゆとり教育」世代であってもその結果に大きな差はなかったのである。

しかし、国際競争の順位に過敏に反応する日本社会は、以後、学力の上昇を目指す教育を復活させる。ただし、予算を増やさないかたちで。ここに最大の問題の根があった。教育の質をあげるにしても、教員を増やすことはしない。「公立の義務教育諸学校等の教育職員の給与等に関する特別措置法」（一九七一年制定）すなわち給特法を据置きのまま、同じ賃金体系のなかで教員の労働負荷をあげることで目標を達成しようとした。この法律は、教員の仕事において勤務時間の管理が難しいという特殊性を考慮し、休日勤務手当や時間外勤務手当などを支給しない、その代わり給料月額の四％を教職調整額として支払うことを決めたものだが、実体として四％をはるかに超える残業や休日勤務が強いられているにもかかわらず、それ以上は支払わないという、まさに「定額働かせ放題」の労働現場を容認する根拠になっていた。これはいま現在も変わっていない。教育において予算を使えるのはＩＣＴの機材などであって、人間ではないのだ。

こうした異常な労働環境にあって、制度変更だけがくり返される。変更に合わせることだけを目的としたつまらない仕事ばかりが澱のようにたまっていく。他方、企業も公共機関も予算削減に向けて、若手の研修や研鑽の機会をなくした。自己責任が問われる時代にあって、世代を超えた技術や経験の共有も少なくなった。書物や映画、演劇、漫画やアニメ、音楽好きもまた、ばらばらのグループの塊を作るだけで、相互に関わらなくなった。世界を見る窓は狭くなり、それらを交差させる余力も余裕もなくなっていった。既製のことばを用いて宣伝とプレゼンテーション能力をあげることだけが推奨されるようになったのである。

このとき学校はますます社会のなかで数少ない勉強と学びの場所とならざるをえなくなったのである。もちろん、地域の図書館はある。しかし、フレデリック・ワイズマンが記録映画『ニューヨーク公共図書館 エクス・リブリス』（二〇一七年）で切り取ったような図書館の役割を期待するのは、いまの日本では不可能だろう。司書たちの奮闘にもかかわらず、公共図書館もまた社会的な機能を縮小されている。地域のコミュニティも家族・親族の関係も縮小し、むきだしの個としてだけ生きることを余儀なくされた日本の市民は学校を通してしか、学びの機会を持てなくなってきている。

皮肉なことに、相対的な存在であった学校が人間形成に絶対的な意味を持つ場所になってきてしまったのだ。いまやその学校を「自発的な隷従」（エティエンヌ・ド・ラ・ボエシ）を学ぶ機関にしようという力が動いている。かつて、アナール派の歴史家フィリップ・アリエスは「子供」の観念の成立を論じて、「子供」は学校を通して成長するという考え方が西欧化＝近代化に都合のいいかたちで歴史的に構築されたものだと指摘した（『〈子供〉の誕生――アンシァン・レジーム期の子供と家族生活』杉山光信・杉山恵美子訳、みすず書房、一九八〇年一二月）。それ以前の社会では子供たちはそれぞれに知恵と技術を身につけた労働者の一角を部分的に担い、あるいは家族や地域の濃密な共同体の構成メンバーとして位置を与えられていた。少なくとも、近代以前の寺子屋や私塾は学校とは異なる社会装置であった。

元カトリック神父で哲学者のイヴァン・イリイチは、学校や病院、交通といった社会的サービスの根源に「道具的権力」を見出し、効率主義を追求する西欧近代化の宿痾が蓄積されていることを批判した。「脱学校」というキイワードをもとに、規律／訓練をくり返すことによって監視する視線を内面化し、画一的で従属的な主体を作り上げる学校からの解放が提唱された（『脱学校の社会』東洋・小澤周三訳、東京創元社、一九七七年一〇月）。

そうした思想からはるかに遠く離れて、いまや「学校化」は社会の隅々にまで浸透している。かつては学校の外が危ういながらも生き生きとしていたからこそ、学校が息苦しくても新鮮な空気を吸うことができた。しかし、学校が社会の全体を覆うようになったとき、私たちは「道具的権力」のもとで、相互監視をくりかえし、主体性の名のもとに主体性を放棄し続けなければならない。そうした学校にどのように風穴を開けるのか。しかも、そこで展開されている「ことば」とその使い方をひっくり返すことによって、新たな「ことばの教育」を目指す。「ことば」に振り回されるのではなく、「ことば」を吟味しながら、その「ことば」を発しているものたちの主張と身ぶりの矛盾を明らかにし、身をさらしながら生み出される「ことば」の現在地を探ってみたいと思う。

序章

国語の《曖昧さ》に固執する

いまから三六年前、一九八七年（昭和六二）に私は私立麻布学園中学・高校から日本大学文理学部に職場が変わった。中学・高校の教師としては六年という短い教員生活であったが、かなり濃密な時間を過ごした。いまでもそのときの同僚や生徒たちから、ものを考える基本、原理を教わったと思っている。異動して一年もたたないうちに、高校の国語教科書の編集委員に参加することになった。秋山虔、猪野謙二、鈴木日出男、分銅惇作といった錚々たる学者たちと、桑名靖治、鈴木醇爾といった骨のある高校教師たちによる贅沢な顔ぶれで、二、三〇歳も年の離れた最年少の委員として教材選びから手引きや指導書の執筆に追われることになった。これは、その仕事に就いて間もないときに書いた一文（初出『国語通信』三〇二号、筑摩書房、一九八八年四月）である。相当に古い文章のはずだが、しかし、ここで取り上げた問題が形を変えて、いまなお続いていることに驚かされる。

雑談ばかりしていた

六年間、私立の中学高校で国語の教師をつとめた。立派な授業など満足にできはしなかったが、同僚、生徒からいろいろなことを教わった。

初めて教壇にあがった頃、とにかく生意気な生徒たちに騒がれて、怒鳴り合い、心身ともに消耗した。そのうち、生徒の一人から授業のやり方が強引すぎる、五〇分間のなかで五分遅れて来て、五分早く終わること、始めの一五分は前説というか、雑談をして、残りの二五分で今日の話すべきことを講義するのがプロの教師であると言われた。なるほどと思って実行してみたが、一カ月で音をあげた。雑談のネタがつきたのである。昨日誰と酒を飲んだとか、同僚の噂話に興味はない。なるべく彼らの関心をつねに高いところまで持っていくような書物や映画、時事的な話題について話し、あるいは自分のとぼしい体験を披瀝したりして授業の入口にしようにしたのだが、何しろ週二、三時間のクラスだとたちまちネタがなくなった。自分自身の無内容さを改めてつきつけられたような気がした。

教科書を教えるだけで精一杯、他に彼らに語るべきことはないのかと自己嫌悪におちいった。しかし非情にも授業は毎回ある。そこで毎時間は勘弁してもらって間隔をあけた。生徒に話す目的で本を読んだり映画を見たりするようになるのも嫌だったからである。

もっとも生徒たちはこちらがプロの教師たるべく努力しているにもかかわらず、前説ばかりよく覚えていて後の授業の内容はすっかり忘れてしまうのが多かった。のちにさんざんそう聞かされた。話のマクラに力が入りすぎ、肝腎の授業技術は半プロでおわったのかもしれない。そのスタイルは現在まで残った。

昨年（一九八七年）から大学に移って、国語科から国文学科へ所属は変わったが、あまり中身は変わっていない。教えるものが専門的になり、自由に教材を選べるからいいでしょうと言った人もいるが、いまの大学はどこも専門教育を必ずしも必要とはしていない。国文学科を出ていようと、文学者になるわけではないし、教師志望が圧倒的というわけでもない。普通の企業に勤めるものが多い。そうした学生たちに対して文学研究を教えるのが果たして彼らの人生に意味あることなのか。学問が現在とすぐに結びつくものでないことは分かっているものの、ひたすらな学問的情熱を身をもって示すか、うまくいって研究を支える〈知〉の運動を教授できれば僥倖ではないか。私自身はと言えば、近現代が専門ということもあって、むしろ現在をとらえることば、認識の枠組み、文化を探りあてることを目標に、そのために必要な一般教養を教えられればと思っている。むろん自分ですら「教養」があるのかかなり怪しいのだから、あくまでも「られれば」であって当てにはならない。

したがって教師であることは依然として変わらない。短い教師生活だから、あまり口はばったいことは言えないが、自分なりの教師のイメージもなくはないので、それをとっかかりに中学高校を離れてみて改めて感じたこと、確認できたことの一端を書いておこう。

学校と予備校

保護者会があるたびに話題になったのが予備校のことだった。有数の進学校であるにもかかわらず、クラブ活動に熱心すぎるのではあるまいか、高校にはいったらやはり塾か予備校にかよう方がいいのではないか、こうした質問がくりかえされた。いちがいに否定はできないが、子供の気持を無視して強制してもいい結果はでません、としごく当たり前のことを答えて来た。しかし、私自身、塾や予備校で教えを受け、世話になったにもかかわらず、内心、こうした「外の学校」に防御的な姿勢を隠せなかった（「内の学校」と「外の学校」は前の職場でしばしば議論されていたテーマである）。

防御的姿勢のなかにあったのは、やはり受験教育一辺倒の功利主義に対する反発であり、「本来の学校教育」を守ろうとする姿勢であった。しかし守るべき本来の学校教育など、いったいどこにあるのか。実際は自分の足元を見ずして発した反技術主義、反功利主義の感情的いらだちにすぎなかった。さらにその底には学校を上位におき、塾や予備校を下位におく無意識のヒエラルキーがあったように思う。だが、塾や予備校がほんとうに教育の場として劣っているか。

振り返って見回してみるならば、むしろ優れた人材が教師として塾や予備校に入っている。かつてのように教師が学校に隠れて兼任しているというより、そこを自分の生活の中心としている人々が多い。そのなかには心ならずもという人もいるかもしれないが、日常の時間は彼らをも仕事の充実へとむかわせるだろう。

あるいはまた学校自体が人材を殺してしまい、「外の学校」へ取られることもしばしば聞く。たとえば私立の学校で非常勤講師システムを採用し、人件費の抑制をはかっているところが多くある。ひどいところでは専任化の話をちらつかせながら講師を確保し、低賃金で専任教員の穴埋めをさせていくのだが、長年勤めたにもかかわらず、学校の事情で専任化は立ち消え、人間関係だけこじらせてやめていくことを余儀なくされる。組合も非常勤まではフォローしえず、教員採用試験を受けるには年齢がいきすぎた彼らの多くは塾や予備校に生活の資を求めていく。「内の学校」が人間を消耗品扱いにするとき、「外の学校」のクールな関係の方が当然すぐれて見えるわけだ。

また友人の一人は、学校も予備校ものぞいたすえに、教員室での話が知的な意味で刺激的なのは予備校の方だと断言した。個人的な体験をもとにしているだけに一般化はできないが、予備校の授業に生徒が集まるのは写真週刊誌を飾るようなパフォーマンスをやっているからだと思うのはおまちがいだ。自分の過去の体験から言っても、数学の授業のあいまに吉本隆明の『マチウ書試論』やドストエフスキーの『カラマーゾフの兄弟』について中学生に分かりやすく手ほどきしてくれたのは、すでに五〇歳をこえながら自分の生涯の課題を「世直し」とかたってはばからなかった小さな塾の教師であった。少なくともこういう話に授業の陣取り合戦や組合内の党派的論争で明け暮れる学校教師がかなうわけがない。

いや、もはやしがみついていた「本来の学校教育」という理念も、「内の学校」の専売特許ではなくなった。塾や予備校の一部は真剣に学校化をはかっているし、事実、組織面のみならず、カリキュラムや授業の内容においてもかゆいところに手が届く教育がめざされている。カウンセリングはもちろん、生徒とときには羽目をはずして語り合う。人生論をやる。一緒に山にも登る。こうした教育のすがたを、とにかく人気をとって生徒を集めなければクビだからな、と笑っていられるか。同じように生徒が集まらなければ、学校回りをして我が校の宣伝をしなければならぬのが、私たちの現実だ。笑うよりも、人気取りととるよりも彼らの真剣さを「内の学校」につなげてみる必要があるのだと思う。

たしかに「外の学校」を取り巻く現実は「内の学校」よりもっときびしいものがあるだろう。大手予備校による系列化、コンピュータを駆使しての教師・生徒双方の管理、圧倒的な功利主義。だが、それらの問題は形を変え、いささか当たりを柔らかくしてはいるものの、「内の学校」にも同じようにふりかかっている。入口（中学入試）と出口（大学入試）ばかりが話題にされて、かんじんの六年間の教育内容はなんら注目されず、数字がすべての学校評価の基準になってしまうなさけなさ。入口・出口論も前任校でよく話されたことであったが、まさに学校の予備校化がまぎれもない現実の姿なのだ。ところが、そのもっとも苛酷な環境、生活上の不安定のなかで、実質的な塾・予備校の学校化がすすんでいるとしたら、それは理念にあぐらをかいてヒエラルキーの上位に陣取っている私たちへの痛烈な批判に他ならない。

たとえば『岩波講座 教育の方法』全一〇巻別巻一（岩波書店、一九八七年四月―八八年二月）のシリーズは、赤瀬川原平も関わった「美の享受と創造」といったおもしろい巻もあったけれども、依然として学校 vs 予備校といった対立図式にとらわれていると思える論文も少なくなかった。もはやそのような図式はくずれている。

国語という厄介な授業

最近、話題になった清水義範著の短篇「国語入試問題必勝法」（『小説現代』一九八七年三月、講談社より同年同タイトルにて単行本として刊行）を読んでみた。なるほど選択肢中心の国語入試問題を解く上での技術的なノウハウが明快に書かれており、教師も顔色ないように描かれている。問題を解きにくいし、なんら内容を鑑賞する必要がなく、むしろ災いですらあるとして、もっと効率的に正解を導き出すための手口である選択肢の文章の長短や生徒を引っかけようとしている仕掛けなどについて懇切に教えてくれている。国語の苦手な主人公の少年も技術的な法則性を学んで、入試というサバイバル・ゲームを楽しみながら勝ち抜いていくというわけだ。まさにゲームの世界であり、出題者と受験者とのしのぎをけずる競技なのである。そこには《文学鑑賞》や《教育的配慮》のはいる余地はない。現在の形骸化した国語教育を風刺する恰好の題材といわれるゆえんだろう。

しかしちょっと考えてみれば分かるように、主人公に家庭教師が教えてくれる技術をいま現在の入試に応用できるかといえば疑問が残らぬわけではない。たしかに受験生を困惑させる選択肢問題についていえば、ある種の類推能力によって判断される場合もあろうが、入試自体はより多様化し、複雑化してしまっている。将来の学生数減少にむけ特色ある大学作りをめざすというもっと大きなサバイバル対策が、次第に画一的な入試を変容させている。それが受験生にとって有利かどうかはまた別のこと。むしろ新たな困惑を招き寄せてしまっていることも認めざるをえないところであるにしても。

この小説では描かれていないが、国語教育をめぐる問題はもう少し違うところにあるように思う。たとえばここで批判されているのは、本来、きっちりと教えることもできないのに続けられているとされる《文学鑑賞》的教育である。これまでにも丸谷才一や谷沢永一によってきわめて曖昧な《文学鑑賞》の押し付けにすぎぬとして批判の対象となってきたことがらである。実作者ですら答えられぬ問題を教えるよりももっと基本的な読み書きの教育が大事だという声は繰り返されており、必ずしも目新しいことではない。

丸谷は、先日も、予備校で使われた自分の文章に対する誘導的な解釈をめぐって議論をおこしたが、あの一件が予備校はむろんのこと、学校もまたはらんでいる国語の授業のむずかしさを端的に現していよう。

批判者もその都度、言っていることだが、《文学鑑賞》自体が悪いわけではない。すべて文学テクストは読まれ、鑑賞されてこそ成立する。むしろ批判されているのは、「的教育」の場面であり、曖昧で厳密さを欠いているにもかかわらず、教師の一義的な解釈が生徒にその自由な読みを強制しているということである。教師が、というのならまだいい。指導書や、生徒の用いているアンチョコの類いがなんらの批判や疑問も持たれぬまま、絶対無謬の解答として権威をもったりしているのだ。

すべからくテクストは多義性をはらむ。読者の参加を欠くことができないからだ。したがって読みは当然、ある曖昧さを余儀なくされる。これに論理性を加えるのは読者のそれぞれの内的座標系であり、その網の目の粗密によって、また編み方によってちがいがでてくるのは当たり前のことなのだ。ちがいがでてくることで、人間の精神や体験の固有性、多様性も見えてくる。評論的文章のもつ論理性はたしかにたどられねばならないが、それですら部分的に多義性をはらんでいる。

言わずもがなのことではある。しかし気になるのは、《文学鑑賞》的教育批判があいつぐことによって、《文学》それ自体が授業から排除されてしまうことだ。一方に文学作品を読む作業があり、他方、試験による評価があった。国語の授業はその両方を綱渡りしてきた。曖昧でヌエ的なところが、国語の持ち味だった。だが、その曖昧さの自覚が、国語教育に関する議論で繰り返し指摘されているにもかかわらず、うすくなっている。しかもそれはさきほどの批判者たちのような適確な提言によってではなく、きわめて情緒的な、曖昧さへの嫌悪としておきている。さらに制度や組織が、それに拍車をかけている。

どのような組織であってもシステマチックになれば、曖昧な領域は不要な、邪魔者となる。そのシステムにどっぷりつからされた生徒はあれかこれか、はっきりしないから国語は嫌だと言う。『国語入試問題必勝法』の主人公と同じだ。たしかにゲームはおもしろい。しかし、それが教師の一義的解釈への批判となるならばともかく、逆に一義的な法則性やそれを導き出す技術への待望となるとき、《文学》は教室から閉め出される。最低限の読み書きがきちんとできればいい、それすら若い人はできない。当たり前の意見のように聞こえるが、その底にこめられた一義性信仰は不安を覚えさせる。

商品としての教科書

「内の学校」をもっとも特徴づけるのが教科書である。教科書はある意味で国語の授業をほぼ決定づけることにもなる。

一九七八（昭和五三）年の学習指導要領改訂により「国語Ⅰ」「国語Ⅱ」「国語表現」「現代文」「古典」というカリキュラムに変わったとき、そこでも教科書の内容の質的低下が指摘された。とりわけ古文、漢文はダメージが大きかった。現代文も古典ほどではなかったが、内容の絶対量が減り、しかも高校三年の学年次には選択科目の形式をとるところが多くなった。この選択形式は完全に国語を、受験にむけて必要の程度に応じて科目を順序づける価値観の下に置いた。

こうした傾向のなかで、教科書の質的低下はますます衰えていない。これは別の会社の教科書編集委員の人と話していて教えられ、またこの業界をのぞいてみて改めて確認したことだが、実際の教科書販売部数をみるとだんぜん売れているのはもっともやさしい教科書なのである。小説でいうと、それを使う生徒は高校一年で『伊豆の踊子』や『山椒太夫』をならうことになる。もちろん両作品とも徹底的に読みこむならば、多くの研究者をも煩わせているようになかなか大変なのだろうが、それにしても高三でこれを教えるとは、生徒をなめているとしか思えない。

自分の体験から言って、教師ほど生徒の悪口を言うものはいない。それは中学から短大、大学までみなかならず一人や二人はいるものだ。むずかしい教材に生徒がついていけなかったのは、生徒のあたまが悪かったからだ、というように。

教科書の業界もごたぶんにもれず売れることが正しいことなのであり、その他に真理はない。現場の先生からこの教材はむずかしい、教えにくいという声が高く大きくあがれば、さっそくもう少しやさしい教材に変えましょうとなるのが一般のようだ。そして売れる教科書が決まって来れば、他の会社とて同じ方向へ流れるのは無理からぬところだ。つまり市場の論理が教科書業界をも貫いているのである。このことを私に語ってくれた人は、いずれ各会社の教科書、編集委員、全員が集まって、どのレベルで頑張るのか、きっちり議論しておかないと、暗黙の良識に従っているだけでは危ないのではないかと危惧をもらしていた。

さきほどの文学教育ということに議論を戻せば、教科書はどんどん文学から離れていく可能性があるということだ。分かりやすい、やさしい教材を求めるのは、一方で生徒の理解力を深めるという課題にむけてであろうが、実際は教師が教えやすいということでもある。多様な読みへ、生徒のなかに作品が開かれていく試みが行われていることを信じたい。しかし教科書の売れゆきを見ていると小さな疑問がわいてくる。教えやすさとは一義的解釈のしやすさではないかと。

私は生徒には多少むずかしかろうと、より多くの教材を読ませた方がいいと考えている。分からないと言いながらも、生徒たちは教師よりも敏感に教材に反応しているし、何よりも世の中にはいろいろな文学があることを知ってもらいたいからだ。実際に教えていて痛感したのは、教科書の器が小さくなった分、教材が少なすぎることである。現在の教科書は一年通して全部を教えることを前提にしているから、ピックアップ方式でやるとたちまち教材不足になってしまう。『高校生のための文章読本』以下の三部作や『現代の文章』『近代の文章』などの副教材はそのときさまざまな参考になる。私も同僚たちと自家製の教材集をつくろうかと話し合ったことが何度かあったが、結局その日その日の雑事に追われて言いっぱなしで終わってしまった。教科書は規制だらけの商品であると腹を決めて、商品の質が落ちないように努力する、それでも落ちていくならば、それに抵抗する方策を講じる。そうでもしなければ、とめどなく流されてしまう。ゲリラ的にやらなければ文化の継承も伝達もおぼつかない。

最近の生徒は本を読まない、乱読することがないと言う。しかし、これだけ情報が氾濫し、売れないと言われながらもつぎつぎに新刊本が出ているなかで、すぐれた文学を選べというのは、海に子供を放つようなものだと思う。まず教科書がすぐれていなければならない。教科書に載っている作品を読んで感心した覚えがない、そう言っていた覚えは私自身にもあるけれど、やはり教科書は生徒たちが出会う数少ない書物ではないか。安易なニヒリズムだけは避けよう。そして教科書が総体としてダメになっているならば、それにとらわれぬ方針をたてる必要がある。

国語の《曖昧さ》に固執する

かえりみて文学研究の世界を眺めると、学問と教育とが相互に干渉せずをモットーに互いのテリトリー維持でやってきたのだと気づく。かつて近代文学研究では、作家や作品を論じる上で近代的自我や主体性があたかも実体であるかのように語られてきた。それらが道徳的な理念となって一人歩きしたとき、文学テクストは忘れ去られたのである。自我や主体性の確立を求めるといったとき、その最初ののっぴきならない肉声は、強調され、語り継がれるうちに次第に権威的、抑圧的になる危険性を帯びた。教育の現場でその危険はより高かった。むしろそれを言い出した人たちの自由さに比べ、それを順守しようとした人において危うかった。

文学研究の世界ではいまやそうした事態は昔語りになろうとしているが、自我や主体性でなくとも、解釈の一義的強制はいつでもおこなわれうる。それが構造主義や記号論の意匠をつけてくる場合もあるだろうし、ポストモダンの言説として現れるかもしれない（もっとも後者の場合はあまりありえそうにないが、一部の教師の趣味として強要されることはあるかもしれない）。

全体の学校教育のありようは、ますます生徒の自由な領域を狭めており、彼らの、誰にも介入されない秘密の領域を奪っている。自治活動にしても、文化祭、運動会にしても生徒がきちんとできない、危険性が高いとの声に屈して、学校も生徒も保護者もそれぞれの関係を息苦しいものにしている。各教科も一部の科目を除いて、誠実な教師の努力ぬきには、解答のきまった「問い」と教師の期待通りの「答え」の往復運動に堕してしまいかねない。国語の《曖昧さ》はそれゆえにこそ意味を持つのだと思う。

やはり生徒の一人から国語の授業は息抜きだと言われたことがある。そのときは何を！と思って、必死に反論し、息抜きでないことを説得しようとしたが、いまは息抜きでもいいと思っている。しかし、その息抜きは手抜きではない。彼らにとって自分の内面を探っていくことや、ことばを通して自分と世界との関係を楽しく作り、見極めていくことが、息抜きであるならば。

ことばというものが、いったん世界を名付けてしまうと、その見方に縛られてしまうこと、そこからこぼれ落ちてしまうものをとらえていくためには、新しいことばの組み立てが必要であること。そして偶然のことば遊びから世界が開けてみえたりすることや、ことばの底にある沈黙のなかからことばを探ろうとすることは彼らの強張りをどこかで解き放つだろう。文学を読むことはそうした体験の喜びであり、その体験からみずからの倫理や生きる哲学をそれぞれに編み出していくものだろう。

いま少なからぬ大学では、教養の「国語」ないし「文学」の授業（これまでは必修だった）の廃止、見直しがおきている。国文学科でもないのに「文学」の授業をうける必要はないというわけだ。それ自体の議論としては十分交わされるべきだろうし、授業にもいろいろと問題があるようにも思う。しかしいずれにせよ、国語の《曖昧さ》は徹底して糾弾されつつあるわけだ。中学高校の国語科が頑張れるかどうかは、そこを離れてしまった私にとっても他人事ではない。

繰り返せば、国語の《曖昧さ》とは明晰の反対概念ではない。《曖昧さ》に徹することによって生まれる個々人の生の多様性を承認することであり、自分と世界との関係の編み直しにともなう緩衝地帯なのだ。ここに片足を置くことで、あらゆる科目を通底することばについて子供も大人も学んでいく。それは単純な読み書きの技術だけでは学べぬ事柄であり、文学教育が呼び戻されるのもそこである。雑談ばかりしていた半プロの教師であった私は、この一点において国語の《曖昧さ》に固執する。

第1部　暴走する教育改革——何が起きているのか

第１章

「国語」改革における多様性の排除

教材アンソロジーの意義

二〇一五（平成二七）年、教育再生実行会議の答申を受けて、安倍晋三内閣の下村博文文部科学大臣（当時）は「高大接続改革実行プラン」を発表した。高校教育、大学教育、大学入学者選抜をいずれも同時に改革するという。文相直属の「高大接続システム改革会議」が設置され、具体案が進められることになる。「学習指導要領」の改訂や、のちに共通テストとなる「大学入学希望者学力評価テスト」の導入、大学における三つのポリシー（アドミッション、カリキュラム、ディプロマ）の徹底などがこのとき提案された。かくして二〇一七（平成二九）年の文科省「大学入学共通テスト実施方針」の発表となり、「国語」「数学」における記述式問題の導入などが予告され、試行調査（プレテスト）が行われることになる。このエッセイは『現代思想』四七巻七号（青土社、二〇一九年五月号）、「特集＊教育は変わるのか――部活動問題・給特法・大学入学共通テスト」に向けて書いたものである。一連の改革は、試験の作成・実施・採点などの業務を民間事業者に委ね、民営化することを狙いとする一方、「ことば」とコミュニケーションのあり方を変えようという目論見があるのではないか。それに妥当性はあるのか、合理性や有効性はあるのか。私の疑問はそこに向かった。

手段としての入試改革

昨年（二〇一八年）秋に『国語教育の危機――大学入学共通テストと新学習指導要領』（ちくま新書）を出したところ、思いがけず多くの反響をいただいた。この本では、センター入試の廃止とその後継として予定されている大学入学共通テストについて、とりわけそのサンプルとされた試行調査の問題などをとりあげて論評した。

反響のなかには、大学入試の問題形式の変更が果たして「国語教育の危機」なのかという批判的な問いもあった。たしかにそのとおりである。大学入試だけであるならば、一〇〇万人近くいる一八歳人口のうちの半数、約五〇万人しかセンター試験を受験していない。受験しない、大学進学をしない半数の五〇万人を考えるならば、それは「国語教育」全体の危機というに及ばないのではないか、と言ってもいい。

数字だけをとればそれは正しい。しかし、実は大学入試の変更を手段として「国語教育」の総体を変えていこうという意図が根底にあることを考えなければならない。これは奇妙な転倒である。教育の結果をはかるかたちで大学入試のテストがある。ところが、今回は大学入試を変えてしまえば、生徒確保を進学実績に依存しがちな高校の教育も変わる。そうした兵糧攻めのような戦術をとると言っているのである。このことは戦後教育にいまだかつてない事態である。

国立大学が一期校、二期校に分けられ、二度受験の機会が与えられるとともに、学科試験によって当落が左右されるようになったのは、一九五四（昭和二九）年以降のことである。それから二〇年以上にわたって入学選抜を縛ってきた。一九七九（昭和五四）年、全国の国公立大学受験生に共通一次試験を課すことが始まった。マークシート式になったのもここからだ。大学入試センターによるセンター入試となったのが一九九〇（平成二）年からで、以来、二〇年以上、維持されていた方式が変更されるのである。

マークシート式の入試が学力を測るのに万能かといえば、だれもそんなことはないと言うだろう。四つか五つの選択肢のなかから正答を選ぶ、それだけで学力を測れることはない、記述式問題はできないのか、そういう不満はみんな共有していた。しかし、数十万人もが受験する入学試験である。そうした膨大な受験者数を前提にするがゆえに、やむをえない形式として認めてきたのだ。ここですべてを測ることはできない。だから必要に応じて二次試験を行う学校もあれば、センター入試による募集定員は数を少なくして、実際の入学者の質を見ながら判断する学校もある。そのように限定条件をつけながら利用してきたのである。

また、その限界のある試験形式とはいえ、その範囲のなかで人間の思考力や読解力、判断力を測るにはどのような問題がいいのか、さまざまな試行錯誤の結果、多少のぶれや偏りはあるにせよ、センター入試は洗練されてきたと言える。しかし、それに対して、今回の入試改革はセンター入試を廃止して、大学入学共通テストに切り替えるという。「国語」に関して言えば、記述式問題について大問一つ分を加えるだけのように見えるが、今回の改革はまだ暫定的なものであり、今後さらに改革することになると予告しているのだから、大規模な変化がありうると見なければならない。

多くの人たちは共通テストといっても看板の付け替えかと思い込んでいた。そのサンプル問題の公表や試行調査の実施は、ひとまずは来たるべき受験生のためを考えて行われている。しかし、それは受験生に対してだけでない。受験生を指導している学校の先生たち、塾や予備校の先生、その関係者、教科書や学習参考書を出している出版社にも示すためのものである。今後の教育はこのようなものであるという暗黙のメッセージを含んでいた。したがって、このテストの方法と形式は大学入学の選抜方法の変更というにとどまらない。日本の高等学校における教育をこう変えたいという文科省の目配せを「忖度」しなければならなくなったのである。

入試を変えないと高校の教育改革が進まない。高校の教育改革がうまくいかないと大学の教育がうまくいかない。大学の教育改革がうまくいかないと、日本の政治・経済・社会をリードする指導者や担い手が育たない。これが改革の旗振りをしている人たちの退屈な三段論法である。たとえば、中央教育審議会の委員長であった安西祐一郎は、映画『タイタニック』を例に引きながら、このままでは「日本の未来、国民の未来、世界の未来への責任」を果たせないと言っている（「「入試改革の争点」に寄せて」、『IDE現代の高等教育』六〇八号、IDE大学協会、二〇一九年二・三月）。安西は、「英語」の四技能を身につける必要を強調し、大学の入学選抜制度に英語の民間試験の導入をはかるとともに、共通テストの「国語」や「数学」に記述式試験を組み入れることを推進した中心人物のひとりである。

徹底した入試改革を行うことで、教育を改革する。この本末転倒は、共通テストを受験する半数の五〇万人を相手としか考えていないことを端的に示している。中学や高校を卒業して就職する、進学せずに社会に出て働く残り半分の五〇万人については、おまけの扱いしかしていないのではないか。そういう怒りの声があがるのも当然である。このことを批判するためにも、いまは手がかりとして差し出されている入試改革の実態を批評しなければならない、そのように思う。

結果的に、プレテストで示された記述式問題はどうだったか。浮かび上がったのは、記述式問題という形式のもたらす本来の可能性ではなく、採点処理と入試における公平性や正確さを維持することを優先するというものであった。しかし、それは記述式問題という形式に挑戦しようとしたときから見えていたことだ。いまや記述式の長所を削り、いかに公平かつ正確、そして最大の前提として、もっとも効率よく期限内に採点できるかどうかという観点に基づいて設問を作り、解答作成のために複数の条件を編み上げることになっている。

一方向に正答を出すような記述式ならば、マークシート式で十分ではないか。そういう声があがっているにもかかわらず、大学入試センターは共通テストの新方式に固執している。問うのは学力ではなく、「資質・能力」だという言い方にもその背後にある思想が表れている。マークシートでは人間の一部の力しか測れない。記述式をふくめた共通テストに改めることによって、人間の全人格的な「資質・能力」を測るのだ。そのような考え方がこの改革には流れている。果たして、それは正しいか。これで人間力が測れるのか。それこそ傲慢すぎる発想ではないのか。私たちは入試改革の裏にある、人間のすべての「資質」や「能力」を掌握し、点数化、序列化しようとする思想に対面しているのではないか。

「学習指導要領」による拘束

入試改革の背後にあるのは「学習指導要領」の大改訂である。文部科学省が告示する初等教育および中等教育における教育課程の基準が「学習指導要領」だ。この「基準」ということばに注意しておきたい。これは日本国内の小中学校で同じような教育内容を受けることができるように科目編成などの教育課程や各科目の内容などを定めたものである。この指導要領自体は戦後、日本の教育界に導入され、教育における「手引き」として機能してきた。さまざまな変遷をへてきたが、一〇年おきに改訂され、これをもとに教科書も編集され、文科省の検定を通過していくためには、「学習指導要領」に沿った内容になっているかどうかが問われることになる。

二〇一三（平成二五）年一月、内閣府のなかに「教育再生実行会議」が設置された。この私的諮問会議の目的は「21世紀の日本にふさわしい教育体制を構築し、教育の再生を実行に移していくため、内閣の最重要課題の一つとして教育改革を推進する」ことになっている。「いじめ」問題や教育委員会制度についての提言を矢継ぎ早にまとめたのち、この会議が第四次提言として打ち出したのが「高等学校教育と大学教育との接続・大学入学者選抜の在り方について」（二〇一三年一〇月）であった。ここで「大学入試に合格することが目的化し、高等学校段階で本来養うべき多面的・総合的な力の育成が軽視されている」、「大学入学者選抜で実際に評価している能力と本来大学が測りたいと考えている能力との間にギャップが生じ、学生にとっても大学入学後の学びにつながっていない」といったことが特にクロースアップされた。その指摘を受けて、翌一四年、文科省の中央教育審議会に「学習指導要領」の改訂をめぐる諮問が出されていくことになる。

いわゆる「高大接続」と「大学入学者選抜」制度の改変がここで一気に焦点化されたのである。中教審の答申は二〇一六（平成二八）年一二月に出され、それによってまず幼稚園、小学校、中学校を対象とした「学習指導要領」の改訂が一七年三月に発表された。したがって、初等教育、中等教育の前半段階においては、すでに新たな指導要領による教育への移行が始まっている。幼稚園については一八年度から全面実施となっているし、今年（二〇一九年）の四月には、新指導要領に基づく小学校の教科書検定結果が公表され、話題を呼んだ。一九年度はこの検定教科書のどれを採択するか、国公立の小学校では各自治体の教育委員会がこれから検討することになる。そうしたなかで中等教育の後半段階に位置づけられる高等学校の指導要領だけは、遅れて二〇一八（平成三〇）年三月に告示。いま、さかんにこの指導要領の解説がなされ、それらを読みながら、各出版社は教科書編集にあたっているところだろう。二〇年に検定に付され、二二年度からの施行が命じられている。

今回の改訂の大きな特色は、指導要領の拘束力を強めたところにある。なかでも高等学校の指導要領改訂がとりわけ焦点化された。小中学校の教育は「学習指導要領」に則ってかなり「改善」されている。けれども、高等学校の教育では「学習指導要領」が重視されていない、順守されていないという主張で、義務教育の小中学校と同じように、無償化された高校教育に「学習指導要領」の徹底が求められたのである。新たな指導要領で高校の「国語」は科目名称から変わることになった。

従来の必修科目「国語総合」四単位は、「現代の国語」二単位と「言語文化」二単位の二つの必履修科目に、選択科目は「論理国語」「文学国語」「古典探究」「国語表現」各四単位となった。それぞれの内容についての指示も出されている。しかし、とはいえどこまでの厳密な施行を要求しているのかが分からなかった。これまで指導要領は「基準」であって、絶対的ではなかった。ところが、今回はそうではないと言いだしたのである。

この間、「学習指導要領」をめぐってはたくさんの解説本が出た。「国語」に関しても、すでに要領の内容を予告していた大滝一登・幸田国広編『変わる！高校国語の新しい理論と実践――「資質・能力」の確実な育成をめざして』（大修館書店、二〇一六年一一月）や町田守弘ら編『高等学校国語科　新科目編成とこれからの授業づくり』（東洋館出版社、二〇一八年八月）、大滝一登・高木展郎編『新学習指導要領対応　高校の国語授業はこう変わる』（三省堂、二〇一八年九月）、大滝一登『高校国語 新学習指導要領をふまえた授業づくり　理論編』（明治書院、二〇一八年一二月）、『高校国語 新学習指導要領をふまえた授業づくり　実践編』（明治書院、二〇一九年三月）と相次いでいる。これらはすべて文科省のスポークスマンとなっている視学官の大滝一登が関与している本で、形は民間の出版社から出されているが、実質的には公認本と言っていいだろう。同じように共通テストについては大学入試センターの前理事（伯井美徳）と審議役（大杉住子）が書いた『２０２０年度大学入試改革！新テストのすべてがわかる本』（教育開発研究所、二〇一七年九月）という本も出されていて、文科省・大学入試センターは何とかこの改革についての普及啓蒙に努めようとしている。逆にそうした多くの発言を繰り出すことによって、この改革の実態もよく見えて来た。

先ほどの『授業づくり　理論編』にはこんな一節があった。「学習指導要領」には「一定の法的拘束力」がある。指導要領を踏まえない教育は教育課程の「水準偽装」に他ならない。そんな強いことばも出ている。大手ゼネコンや建築士による不正事件を思い出させるようなことばづかいで、指導要領を軽視する風潮に強い威嚇を与えている。とはいえ「学習指導要領は弾力的な基準であり、授業内容を詳細に縛るものではない」。この「弾力的な基準」と威嚇は明らかなダブルスタンダードで、学校や教師の「忖度」を強いるものだろう。ことばをめぐる教科の教育内容について、このような二重の言説が発せられているのである。

- 社会の加速度的な変化に教育が対応していけるのかが問われている。特に泰然自若としていた国語科教師にまず求められるのは〔…〕
- 社会の動きに敏感に対応しようとしてきたのが、学習指導要領である。
- 教師個人の趣味にも近い授業が行われるならば、教科国語の共通性は瓦解してしまうだろう。
- 学習指導要領の規定が、必ずしも学校の指導の在り方に影響せず、旧態依然とした指導のスタイルが連綿として生き残っているのではないか。

いずれも同じ書物から引用したものだ。どうやら、高校の国語科の教師の大半は「泰然自若」として我関せずを決め込み、「社会の動き」に敏感に対応せず、「個人の趣味」を生徒に押しつけ、「旧態依然としたスタイル」で生き延びてきた、鈍感で愚かで反動的な存在というように見られているようだ。そうした勢力を一掃することによって、新しい「国語」が成り立つというわけである。では、その指導要領がもたらす新しい「国語」はどのようなものなのか。

アンソロジーの否定

「学習指導要領」改訂においてキーワードになっていることばが「情報」である。『国語教育の危機』のなかで私は「テクスト」ということばが「情報」と同義であるように使われていることに疑問を投げたが、実は「国語」についてだけでなく、さまざまな教科においても「情報」がマジックワードになっている。

たとえば「地理総合」では、「地図や地理情報システムなどを用いて、調査や諸資料から地理に関する様々な情報を適切かつ効果的に調べまとめる技能を身に付ける」ことが目標となっている。「歴史総合」も同じだ。「現代的な諸課題の形成に関わる近現代の歴史を理解するとともに、諸資料から歴史に関する様々な情報を適切かつ効果的に調べまとめる技能を身に付ける」ことが掲げられている。「公共」では、「現代の諸課題を捉え考察し、選択・判断するための手掛かりとなる概念や理論について理解するとともに、諸資料から、倫理的主体などとして活動するために必要となる情報を適切かつ効果的に調べまとめる技能を身に付ける」とされている。あまりに似たような言い回しがくりかえされるので、思わずコピペして作成したのではないかと突っ込みたくもなる。これらは社会科に属する教科だからそうなのかと思っていると、実は「英語」などでも同じことばが繰り返されている。つまり、ほとんどの教科で「情報」を「調べまとめる」技能の修得が目標とされているのである。

こうした傾向の中心にあるのは、「学習指導要領」の総則第三款「教育課程の実施と学習評価」にある「1 主体的・対話的で深い学びの実現に向けた授業改善」という考え方である。

特に、各教科・科目等において身に付けた知識及び技能を活用したり、思考力、判断力、表現力等や学びに向かう力、人間性等を発揮させたりして、学習の対象となる物事を捉え思考することにより、各教科・科目等の特質に応じた物事を捉える視点や考え方（以下「見方・考え方」という。）が鍛えられていくことに留意し、生徒が各教科・科目等の特質に応じた見方・考え方を働かせながら、知識を相互に関連付けてより深く理解したり、情報を精査して考えを形成したり、問題を見いだして解決策を考えたり、思いや考えを基に創造したりすることに向かう過程を重視した学習の充実を図ること。

日本語として果たしてどうかと半畳を入れるのはやめておこう。このなかの「各教科・科目等の特質に応じた物事を捉える視点や考え方が鍛えられていくことに留意し」という部分が、学習の過程を目に見えるようにするという要請となって、先生や親と生徒、あるいは生徒同士の歯の浮いたような対話文となってさまざまな教科に出没し、教科に応じた見方・考え方を「鍛え」ていくプロセスの可視化という建前のすさまじい反復になっていることが分かる。また「知識を相互に関連付けてより深く理解」することが、一つの教材・問題文を教えるスタイルを駆逐し、複数の「資料」、図表やグラフ、非連続的な教材・問題文を扱うスタイルの、これまた驚きあきれるほどの反復となっている。

私はこうした特色について「学習指導要領」や「共通テスト」の〈金太郎飴〉化と呼びたいが、どの教科でも同じような能力を身につけることが果たして教育的効果のあることなのかどうか、はなはだ疑問に思う。しかし、これがあらゆる教科の「要」と文科省も位置づける「国語」に入ってくるとどうなるか。実に教材を読解する授業自体が批判の対象となっているのである。

確かに高校国語は、これまで我が国の国民の教養の涵養や伝統文化への理解を促す一翼としての役割を果たしてきただろう。教材としても、古典をはじめ、文豪による名作、時代の特色を体現したような評論などが数多く取り上げられ、かつては、国語の教科書教材を読み深めれば、古人の思想や知恵、時代の特徴、文壇の思潮などを自然と理解することができるようになっていた。高校国語の一部の教師が、「実用」としての国語を軽視し、「教養」や「文化」としての国語を重視するのもこうした点によるところが大きいと考えられる。（『授業づくり　実践編』）

しかし、そのような時代は終わったというわけだ。教材を読んで解釈する。それは「国語」の授業の一部であって過半ではない。科目名でいえば、それは「言語文化」においてやることであり、「現代の国語」はむしろそれ以外を中心にする。そうした考えがはっきりと打ち出されている。

「国語」において学習すべき言語活動の三つの柱は、「話すこと・聞くこと」「書くこと」「読むこと」とされている。これらをバランスよく学ぶべきだというのだが、「現代の国語」では「話すこと・聞くこと」が二〇―三〇単位時間、「書くこと」が三〇―四〇単位時間、「読むこと」が一〇―二〇単位時間とされている。単位というのは授業時間を示す。三割、四割程度が「話すこと・聞くこと」や「書くこと」に割かれ、「読むこと」は最大二割でいいと言っているのだ。多くの「国語」の教師からすれば、指導要領にそう書かれていても、実際は教材を「読む」ことを通して、教室で質問を交わしたり、議論したりしていたのだから「話すこと・聞くこと」の学習をしていた。宿題に感想文を書かせたり、時期を絞って小論文の書き方を教えたりしていたから大丈夫。これまでならそう思ったであろう。ところが、今回はそうではない。この割合の厳格な適用が求められ、かつ、「話すこと・聞くこと」や「書くこと」において教材を「読む」ことを前提にする授業が遠ざけられることになる。

実際に『授業づくり 実践編』の年間指導計画モデルや実践例で示されたのは、「聴き手にわかりやすいスピーチをしよう」「構成を工夫して意見文を書こう」「新書の書評を書こう」「説得力あるエントリーシートを書こう」「論点を共有して討論しよう」といったような内容である。書評を書く前に「新書」を果たして読み通せるのかどうかは棚に上がったままだ。

いや、「言語文化」があるから問題ないという反論が出るかもしれない。たしかに「言語文化」は「話すこと・聞くこと」については指示がなく、「書くこと」は五―一〇単位時間、それ以外の六〇―六五単位時間がすべて「読むこと」となっている。ところが、その「言語文化」が対象とするのは、「和歌や随筆に表れた「季節感」を読み味わおう」とか「時候・天文の季語をテーマにして季節のエッセイを書こう」といった伝統文化のオンパレードであり、日本礼賛の自国中心の文化主義を読んだり書いたりすることばかりである。川端康成の掌篇小説「バッタと鈴虫」が取り上げられているかと思えば、そこで課題となるのは「小説に表れている日本人の伝統的なものの見方を捉え、内容を解釈しよう」というものである。あるいは三浦哲郎「とんかつ」や江國香織「子供たちの晩餐」が日本の「家族観」を考えるための素材となっている。小説は読むものではなく、あくまでも他の目的のための素材にすぎないという。

「学習指導要領」が否定しようとしているのは、実は読むことをめぐる力であるように思う。「情報」を結び合わせ、整理する力を求めているはずだが、どうもそれは「読む」ことではない。これまで「国語」の教科書は教材アンソロジーの形式をとってきた。しかし、それがここでは否定されている。

アンソロジーの意義とは何か。異なる「他者のことば」を複数、並列させていくことだ。他の教科と「国語」との決定的な差異は、そして「国語」をさまざまな教科の「要」としてきたのは、一つのことばに収まりきらない複数の「他者のことば」を取り込んできたことにある。多種多様な教材に接することで、生徒たちの多様な声、複数の主体を刺戟する環境を用意してきたはずだ。そうした「他者のことば」を教室にとり入れることによって、教師―生徒という縦の、一方通行的な関係に終わらない力学を導入してきたのである。いま、そうしたアンソロジーの思想が教室から追い払われようとしている。教材に依存しないというのは聞こえはいいが、実際には生徒たちの「主体的」活動をコントロールする教師の一元的な支配を強化することになるのではないか。
「ことば」そのものの危機が来ている、私は強くそう感じている。

第２章

教科書が読めない学者たち

初出は『文學界』七三巻九号（文藝春秋、二〇一九年九月号）で、特集「「文学なき国語教育」が危うい！」の一篇である。前年に拙著『国語教育の危機』や伊藤氏貴「高校国語から「文学」が消える」（『文藝春秋』二〇一八年一一月号）が出て、この年は阿刀田高「高校国語から文学の灯が消える」（同、二〇一九年一月号）が書かれ、公益社団法人日本文藝家協会も「高校・大学接続「国語」改革についての声明」を発表。一連の教育改革への危機感を表明した。やがて『すばる』（集英社）、『季刊文科』（鳥影社）、『世界』（岩波書店）、『中央公論』（中央公論新社）などの雑誌でも、特集や対談記事が用意された。立場を超えて研究者も議論を重ね、日本学術会議では「国語教育の将来――新学習指導要領を問う」と題した公開シンポジウムが開かれた（二〇一九年八月一日）。その後、参議院文教委委員会でも論議が交わされ、結果的に「英語」の民間試験導入、「国語」「数学」の記述式試験導入は延期、見送りが決定するが、「学習指導要領」改訂だけは既定路線として進むことになった。

二年後に始まる大学入学共通テストと新学習指導要領の「国語」に関する改革に大きな問題が潜んでいることはすでに何度もあちこちで指摘してきた。

要点だけ言えば、共通テストで予定されている五〇万人を対象にした記述式試験の導入が異様な実験でしかない。この無理難題のために試験が劣化し、選抜としての公正性が失われるリスクがある。しかも採点の民間委託という選択に進もうとしている。そこでは一万人の臨時アルバイトが採点するという前代未聞の危険な賭けを始めるという。マークシート式の問題についても、非連続な複数資料の参照という形式を課すことによって、余計に問題作成の難度をあげ、センター試験における長年の作問の蓄積を反故にすることになった。「英語」の民間試験導入と合わせて考えるならば、大学入試センターの解体こそが本来の目的で、それに邁進するための大義名分として入試改革が計られているとしか思えない。

新指導要領については、従来の総合型の「国語」を解体し、実用文を中心とした「国語」の授業（「現代の国語」「論理国語」）と、伝統文化と文学鑑賞を中心とした「国語」の授業（「言語文化」「文学国語」「古典探究」）に分離し、「国語」から文学を切り離して隔離することが目指されている。かわいそうなのはこの二系列からぽつんと孤立した「国語表現」である。これは以前から存続する作文中心の科目で、むしろこちらが実用文を扱っていた。ところが、「国語」を実用型と伝統・鑑賞型に分けたために、この科目が何のためにあったのかが分からなくなった。進学しない高校向けの実用文と進学校向けの実用文というあからさまな階層固定化を浮き彫りにしたのである。学歴差別を露骨に示す一方で、進学を前提にした普通高校の「国語」を混乱に陥れることが狙いだと言われたら、そうだったのかと思わず頷くかもしれない。

直接、これらの改革を支持するわけではないが、陰に陽に文科省への側面支援をつづけているのが、国立情報学研究所教授の新井紀子である。その著書『ＡＩ vs. 教科書が読めない子どもたち』（東洋経済新報社、二〇一八年二月）は、ＡＩが人間を凌駕するという過剰な不安を解除するかと思いきや、ＡＩはすでに「MARCH合格レベル」には達しているが、その先には行けないと、ここでも入試による偏差値を前提にした上で、人間のみに可能な力が「基本的な読解力」だと言う。その「基本的な読解力」が最近の子どもたちから失われつつあるというのが彼女の主張である。「多くの仕事がＡＩに代替される将来、読解力のない人間は失業するしかない……」。

結局、新手のおどかしに他ならないのだが、漠然たるＡＩ不安に脅かされていた大人たちは、ここにある「読解力」という言葉に飛びついた。池澤夏樹ですら「ぼくは去年の暮れ、養老孟司さんに教えられてこれを読み、深く納得した」と書き、新井の提言をふまえて、そのエッセイの結びに「小学生から英語とかプログラミングとか、官僚の思いつきで教育をいじるのは止めた方がいい」と書きつけた（「終わりと始まり　ＡＩ時代の警告　教育いじりは止めよう」『朝日新聞』二〇一九年二月六日）。

しかし、池澤の発言に新井紀子は舌を出していたのではないだろうか。日本文藝家協会が新しい学習指導要領に懸念を抱いて、「高校・大学接続「国語」改革についての声明」を出したのが一月二四日である。池澤の文章もそうした声明をふまえて書かれたものと思われる。ところが、三月には新井は別の新聞でこんなことを書いている（「エリート男子の高校国語」『日本経済新聞』三月二四日）。

「生活に必要な国語を正しく理解し、使用する基礎的な能力を養うこと」を大目標に掲げる学校教育法の精神を生かすには、「論理国語」の導入は避けられないといえる。／学校教育法はまた、小説や詩歌などの文芸は「生活を明るく豊かにする」として、音楽や美術同様に芸術として定義している。今後も、生徒には親しんでほしい。だが、現代を生き抜く上で必須となる「事実について淡々と書かれた文書を正確に読解する力」を、すべての生徒が身に付けていくことが先決だろう。

つまり、新指導要領には大賛成、共通テストも大歓迎。いまこそ教育を「いじる」べきなのだと。新井は、教科書定番の「こころ」「舞姫」「山月記」のような「エリート男子の物語」にまったく共感できず、ひそかに向田邦子や森茉莉、金井美恵子を乱読したと回想している。その乱読の結果、「文芸」は「生活を明るく豊かにする」ものだという学校教育法の定義に深く共感したのだとしたら、実は彼女は彼女たちのことばを読んでいなかったのだと言うしかないだろう。

大学入学共通テストの「国語」の記述式試験で、最大の欠陥は、サンプル問題に出た景観保護ガイドラインや駐車場の契約書、プレテストの生徒会規約や著作権法といった公共あるいは特定集団内の法や規約をまったく疑わずに、設問の前提としたところにある。ルールの内のりのなかでどうするかだけが議論され、その法や規約が正しいか、そのことばが適切かどうかは一切考慮されない。

まさにこの記事でも新井は「学校教育法」を引用して根拠に掲げるが、そのことば自体に問いが向けられることはない。もちろん、残念ながら小説や詩歌は「生活を明るく豊かにする」ためだけのものではない。

しかし、「文芸」は音楽や美術のような芸術系の選択科目にすればいいと推奨し、本来の「国語」とは違うと切断を図っているのが彼女の主張である。大事なのは「文章の意味内容を理解するという、ごく当たり前の意味での読解力」であって、そのために係り受けや照応、同義文判定やイメージ同定などを学ぶべきなのだという。論拠となるのは、リーディング・スキル・テスト（RST）のテスト結果をめぐるデータなのだが、それは中学生、高校生、大学生を対象に行われたというものの、その成長過程に応じた教育プログラムをどうするかは棚に上げられたままである。中学生を対象に教科書が読めない状況にあると指摘するが、なぜ、それを高校でも大学でもくりかえし学ばないといけないかの根拠は示されない。スパイラル的に何度も係り受けや同義文判定を学ばなければならないとすれば、最初の読解力の教育が不十分だったからではないか。中学でも高校でも大学入試でもそうしなければならない理由がよく分からない。「現代を生き抜く上で必須」というのは、もはや教育改革の通俗な枕詞であって、真に必要性を解き明かすことばではない。

最近も新井の発言は変わらない。「新井紀子のメディア私評　文化繚乱時代　SNSがもたらした曖昧な不安」（『朝日新聞』二〇一九年七月一二日）でも、「正統派教養や権威」が揺らぎ、パロディが困難になったと言った上で、「そのせいだろうか。文化人が新聞やネット上で、高校国語で「文学」を教える時間を死守すべしとの声を上げ始めた」と、またもや日本文藝家協会などの反応を揶揄した上で、「今さら高校生に「こころ」や「山月記」を強要しても、文化の変質は止まりそうにない」と、変化に対応できない「文化人」と対応できる「私」の対比を際立たせている。

二〇〇二年に「文學界」は作家や評論家に「現行の『国語』教科書をどう思うか？」というアンケートをした。金井美恵子氏は「国語教科書に載っている文章に対しては、それだけで馬鹿にしていた」、橋本治氏は「人生を教えない学校で文学を教えたってしょうがないでしょう」と回答した。今やそんな余裕は失われたということか。

こうして『文學界』の過去の特集を引く。文科省や大学入試センターへの批判は「文化の変質」によって追いつめられた「曳かれ者の小唄」に過ぎないと言いたいのだろう。少なくとも、彼女が共通テストや新指導要領の「国語」を批判することはない。ほんとうの「文芸」は教科書の外にあるのであって、「国語」では実用文の読解力を身につけることをやればいいのだと言い続ける。失業が来るぞ、とおどしながら。そう言うことによって、今回の改革案を守ることが主たる目的になっている。

しかし、二〇〇二年の『文學界』の特集は、漱石や鷗外が教科書から消えると言われ、教材選択の偏りが誇大に唱えられたときに組まれたものである。今回のようにフィクションのすべてを囲い込み、定着していた評論類までをも、実用文中心の「国語」から外してしまう無理な改革とは大違いだ。必修の「現代の国語」、メインの選択科目「論理国語」から小説も詩歌も、まともな評論も一掃され、法や規約の内のりでどう対応するかだけがつましく議論されることになる。同じく必修の「言語文化」ではその大半が伝統的な自然観や季節感を味わう古典になり、近現代の小説・詩歌・評論をわずかなページ数とすることが推奨されている。一方、これ見よがしに選択科目になった「文学国語」は囲い込まれた稀少種の扱いで、いずれ芸術系の科目へ追いやられる運命にある。「人生を教えない学校」で、せめてもの救いであった「国語」から物語やことばの快楽を感じ取る機会がなくなろうとしている。批評や文学の棘を徹底して抜き取り、無色透明とすることがここでは目指されている。さらに教科教育学や教育工学者たちが文科省によってその啓蒙運動に動員されている。教科書が読めないのは果たして誰なのか。真に読解力を問う分岐点が訪れている。

第3章

新指導要領を「先取り」したテストに正当性はあるか

これは岩波書店の雑誌『科学』が「「大学入試のあり方」を問い直す」という特集を組むということで依頼された原稿である（原題「新指導要領を「先取り」したテストに正当性はあるか——「国語」をめぐる問い」）。『科学』九〇巻四号（二〇二〇年四月）に掲載された。入学試験は大規模なものになればなるほど、その設問の正当性や採点の公正さ、公平性が問われることになる。統計処理や問いと答えの整合性をめぐって心理科学的な分析が施され、客観性が保証される。しかし、ほんとうにそうか。学問的な緻密さや厳格さが問われれば問われるほど、一般人にはその正しさのゆえんが分からなくなる。複雑なデータ処理があると言われれば、何となく信じる気分になり、確かめる手立てを失う。しかし、複数の証言やデータを見比べていくと、明らかに矛盾やズレが見えてくる。「国語」の試験問題でも、複数資料の比較読みが問われ、それらを検討しながら、問題点を見抜くのが課題とされた。高校国語でも同じような比較読みや検証が問われていた。そうであるならば、大学入学共通テスト自体にその読み方を適用するとどうなるか。共通テストや学習指導要領改訂に関わった人たちの発言も並べてみることができる。浮かび上がるのは、その場その場をとりつくろったことばである。いったい、この国はどうなっているのだろうか。

テストの前提条件

テストとは当然、その対象と範囲を定めて受験者の能力を測るものである。大学の入学者選抜にかかる厳密なテストであれば、なおのこと対象と範囲は厳格に定められる。高校の「学習指導要領」はカリキュラムとその内容を規定した最小限のルールであるから、大学入試センターが運営するテストであれば、その指導要領に適応していなければならない。

当たり前すぎることであるが、制度の変更期にはこれがなかなかうまくいかない。「センター試験」を廃止して、二〇二一（令和三）年からは「大学入学共通テスト」に切り替わる。指導要領を改訂して、その要領のもとにカリキュラムが変わるのは、翌二〇二二年度からである。それから三年後、二〇二五（令和七）年一月に行われる「大学入学共通テスト」が新指導要領対応だというのならよく分かる。しかし、二一年から変えてしまうというのは、新指導要領を「先取り」することになるのではないのか。それは現行の指導要領のもとのカリキュラムで学んできた受験生にとって不公平ではないのか。そうした疑問が浮かぶ。

しかし、「先取り」ではない、現行の指導要領に対応したテストであるというのが、大学入試センター・文科省の一貫した回答である。大学入試センターの白井俊（試験・研究統括補佐官）は、「共通テストは二二年度から施行される新学習指導要領を先取りしているのではないか」という記者の問いに対して、「プレテストや来年の共通テストは全て現行の指導要領と教科書を前提に作問しています」と反論し、断言する。[*1] 二一年一月から「大学入学共通テスト」に切り替えるのは適切なのかという批判をはね返すにはそう言わなければならないのだろう。

「センター試験」の変化

プレテストや「大学入学共通テスト」以前に遡って、この数年間の「センター試験」の「国語」について検証してみよう。まず次に掲げるのは、二〇一五(平成二七)年度から一七年度にかけての「国語」の試験問題で用いられた素材である。

二〇一五年度
第1問　評論：佐々木敦『未知との遭遇』
第2問　小説：小池昌代「石を愛でる人」
第3問　古文：『夢の通ひ路物語』
第4問　漢文：程敏政『篁墩文集』
二〇一六年度
第1問　評論：土井隆義『キャラ化する／される子どもたち』
第2問　小説：佐多稲子「三等車」
第3問　古文：『今昔物語集』

第4問　漢文：盧文弨『抱経堂文集』

二〇一七年度

第1問　評論：小林傳司「科学コミュニケーション」

第2問　小説：野上弥生子「秋の一夜」（一九一二年）

第3問　古文：『木草物語』

第4問　漢文：新井白石『白石先生遺文』

知識の暗記・再生ではなく、知識の活用を強調するのが、これからの入試だと白井は強調する。[*2]しかし、これらの素材リストを見て分かるように、複数ある「国語」の教科書に採用されているような文章は一つもない。重ならないように選んでいるからだ。重なってしまえば、その教科書で学んだ生徒が有利になり、それ以外が不利になり、不公平が生じる。つまり、応用問題を作ることで、「国語」はつねに知識を活用できるかどうかしか、問うていない。知識の暗記・再生批判は、「世界史」や「日本史」、「政治経済」など、社会科の問題には当てはまるだろうが、「国語」ではまったく見当外れにすぎない。

その上で、この時期まで「センター試験」の問題文選択、設問形式に大きな変化はなかった。つまり、テストの形式は従来通りが踏襲されていたのである。しかし、その翌年から変化が起きる。

二〇一八年度

第1問　評論：有元典文・岡部大介『デザインド・リアリティ――集合的達成の心理学』
第2問　小説：井上荒野「キュウリいろいろ」
第3問　古文：本居宣長『石上私淑言』
第4問　漢文：李燾『続資治通鑑長編』

第1問の評論文はそれまでの素材と異なり、本文に二つの写真の図像が入っていた。文字以外の種類の異なる情報が挿入された文章が選ばれたのである。さらに問3で「四人の生徒が本文を読んだ後に図1と図2について話している場面」が別途、用意され、その生徒間の対話に空欄穴埋めが仕掛けられていた。複数の会話の流れを踏まえ、「弁証法」的に読解が深まったかのように見せるための適切なセリフを選択肢のなかから選ぶという設問になったのである。これはまったくいままでにない新しい形式の設問であった。

二〇一八年度試験の実施は二〇一八年一月である。幼稚園、小学校及び中学校の「学習指導要領」の改正が文科省から通知されたのが、二〇一七年三月。高等学校の「学習指導要領」改正の公示は、二〇一八年三月である。それ以前、この改正に向けた中央教育審議会への諮問が二〇一四年一一月、最終答申は二〇一六年一二月に出ていた。中教審が論点整理を二〇一五年八月に、審議まとめを二〇一六年八月にすでに発表していることから考えても分かるように、指導要領がどういう方向に向かうか、キーコンセプトふくめ、二〇一六年のうちには十分に想像できる材料はそろっていた。中教審答申から幼小中の指導要領改正までわずか三ヶ月であり、作業はほぼ並行して進められていたはずである。かくしてそれまでの試験内容とは明らかに違う要素を組み入れながら、二〇一八年度の「センター試験」も用意された。

「主体的・対話的」な身ぶり

それでも、年度毎に交替する作問委員はこうした流れに抵抗を示したのだろう。次の年の「国語」の素材は以下のようになっていた。

二〇一九年度
第1問　評論：沼野充義「翻訳をめぐる七つの非実践的な断章」
第2問　小説：上林暁「花の精」
第3問　古文：『玉水物語』
第4問　漢文：『杜詩詳註』

沼野の翻訳エッセイを素材にした第1問では、問5に「本文を読んだ後に、五人の生徒が翻訳の仕事について話し合っている場面」が取り込まれた。しかし、ここでは「五人の生徒」それぞれの発言が選択肢となっていて、「本文の趣旨と異なる発言」を選ぶという設問であった。一見、対話文形式だが、実は会話的な文章に変換してはいるものの、本文読解の問題になっている。つまり、作問委員は上からの指示に従うふりをしながら、無意味な対話文を換骨奪胎したのである。

こうした一部の抵抗を取り除いて、「センター試験」をさらに新指導要領よりに近づけたのが、今年（二〇二〇年）、実施された最後の試験問題である。

二〇二〇年度
第1問　評論：河野哲也『境界の現象学』
第2問　小説：原民喜「翳」
第3問　古文：『小夜衣』
第4問　漢文：謝霊運『文選』

第1問は、「レジリエンス」ということばをめぐって展開された評論を素材として、二〇一八年度版をさらに強化する問いを設定した。問5には、「本文を読んだ後に、三人の生徒が話し合っている場面」が用意されている。そこには、本文について「ずいぶん専門的な事例」が多いが、「皆さん自身の問題として具体的に考えてみることはできないか」という教師のセリフがまず掲げられる。続いて生徒A、B、C三人の会話がつづく。そこに「本文の趣旨を踏まえ」て、「空欄に入る発言」を選択肢のなかから選びなさいという問いが来る。

「皆さん自身の問題として」考えよと教師が言ったにもかかわらず、まず生徒A、Bの会話は本文の内容を客観的にかつ他人事として受け止めているように交わされる。それに対して、もう一人の生徒Cが「そういうことだろうか」と介入し、「こういう表現は何だか私たちのような高校生に向けられているみたいだね」と、自己認識につなげて表明する。そこで生徒Aが「たしかにね」と頷いて、空欄が来る。その空欄にどのようなことばが入るのかという問いが来る。正答は以下の選択肢であった。

② 私が部活で部長を引き継いだとき、以前のやり方を踏襲したのにうまくいかなかったんだ。でも、新チームで話し合って現状に合うように工夫したら、目標に向けてまとまりが出てきたよ。

これが「レジリエンス」というキイワードに関する生徒の受け止めとして掲げられた解答である。ここには本文の読解と、さらにそこで理解した論旨を身近なレベルで考える自身への問いかけと、そのサンプルを示した対話文のなかから見出すという三通りの知的作業が必要とされている。まさに、新指導要領で強調される「主体的・対話的な深い学び」であり、複数の情報を構造的に読むという課題がすでにここに表れている。つまり、「センター試験」に早くも新指導要領は「先取り」されていたのである。

自身にひきつけながら読むということは悪くないようにも見える。しかし、よく考えてみよう。河野哲也の評論は、「生態系」の「環境の変化に対して動的に応じていく適応能力」を論じている。脆弱な部分を持つことによって「環境の不規則な変化や攪乱、悪化」にいち早く気づくことの重要性を説き、病や傷を負い、弱さを抱えたものの「能動性や自律性」を伸ばしていくことを新たなケアの論理として提唱しているのがこの評論である。先の正答は果たしてこの評論の内容理解として正しいか。実は正しくない。「脆弱性」というキイワードがまるで消えてしまっているからだ。型どおりではダメだとしても、「現状に合うように工夫した」というだけだから、「柔軟な適応力」を示しただけで、まったく趣旨が理解されていない。

もちろん、他の選択肢がもっと的が外れている以上、「最も適当なもの」として②を選ぶしかなく、誤答だというわけではない。しかし、高校生の「私たち」に引きつけて自分たちの教訓として読むという、悪しき読解モデルを展開しただけだった。ただし、それを「主体的」とか「対話的」とか呼ぶのは誤りである。

ねじ曲げられたルール

このように「センター試験」自体がすでに新指導要領を「先取り」し、二年前から明らかな改変を加えられていたのである。たしかに「大学入学共通テスト」は「先取り」ではない。しかし、それはすでに「センター試験」できわめて問題含みのかたちで「先取り」が完了していたからである。

ただし、興味深いエビデンスがもう一つある。「大学入学共通テスト」の作問委員が例題集を出版し、「疑念が持たれる」という指摘を受けて辞任したという報道[*3]に関係する。ここでやり玉にあげられた著書が、『新時代の大学入試　国語記述式問題への対応』（幸田国広編、教育出版、二〇一九年八月）である。「10の問題例とその解説」と副題がつけられたこの例題集の編者・執筆者八人のうち、五人は、文科省『高等学校学習指導要領（平成30年告示）解説　国語編』（東洋館出版社、二〇一九年二月）の末尾に掲げられた「学習指導要領等の改善に係る検討に必要な専門的作業等協力者」と重なっている。つまり、指導要領の「専門的作業等協力者」が「新時代の大学入試」に対応した例題作りを行っていたことになる。

さらにこれらの人たちが「大学入学共通テスト」の作問委員だったかどうかについて、センターは「問題作成委員の特定につながりかねないことから、取材に対してはお答えしておりません」としている。ただし、「出版物の内容について国語の問題作成を担当している分科会長に照会しましたが、作成途中であった第1回大学入学共通テストの記述式問題の内容を類推できるような情報は記載されていないことを確認」したと発表した。[*4]「照会」しなければならない事態ではあったのだろう。ただし、報道にあったような「利益相反」にあたるかどうかは私の関心にはない。

注目したいのは、その例題集の冒頭一三頁にわたる「大学入学共通テスト国語記述式問題とは何か」という一章である。そこには「大学入試センター試験から大学入学共通テストへ」、「国語記述式問題の特徴」、「学習指導要領の改訂とどう関わるのか」という見出しが立てられ、参考書とはまったく質の異なる懇切丁寧な解説が付けられていた。そのなかに次のような驚くべき一節があった。[*5]

高大接続改革と併走しているのが、学習指導要領の改訂です。繰り返し述べているとおり両者は連動しています。〔…〕／共通テストは二〇二〇年度から始まりますが、新教育課程施行に伴う共通テストの第一回は二〇二四年度から、ということになります。それまでは現行課程に基づく実施ですが、新科目とりわけ「現代の国語」や「論理国語」の内容が試行調査の記述式問題には一部先取りされているように思います。また、マーク式問題でも、複数の文章を比較したり、学習や言語活動の場面が取り入れられたりと、新学習指導要領との関連が見られます。

この「協力者」の証言は重い。大学入試センターや文科省の担当者は、これにどう答えるのだろうか。内部で作業に従事しているものたちからしても、共通テストは明らかにまだ施行されていない「学習指導要領」を「一部先取り」しているととらえられていた。こうしたテストが現行の「指導要領」で学んだ受験生にふさわしい選抜試験と言えるだろうか。

同じ編者は、例題集の「あとがき」で刊行の苦労を語っていた。共著の「こうした有能で作問経験も豊富な先生方をもってしても、記述式の作問は難航」したという。そして「思考力を問おうとすると、解答に幅が出過ぎて公正な採点に支障を来たします。かといって、幅を狭めようとすると抜き出しに近いような問題になり、問いたい力が問えない。こうしたジレンマの中で作問担当者はもがき続けてきました」と何とも素直に述懐している。*6

「指導要領」改訂にも奔走し、その趣旨を理解したはずの経験豊富な教員たちが作問に苦労してしまうのは、そもそも与えられた問題形式に解決困難な条件が付けられているからである。あまりに率直で、政治的にもナイーブすぎるこうしたことばを見て、私はひそかに同情を禁じえない。無理が押し通され、道理が引っ込む。あえて愚かとは言うまい。晴れがましい仕事に従事したこうした善意の人たちによって悪しき改革が進められていくのである。

初めにふれたように、テストは作る者と受ける者のあいだでゲームのルールが共有されていなければならない。しかし、そのルールはこの改革の前段階からとうにねじ曲げられていたのである。

註

＊1　「「大学入学共通テスト」開発の実務担当者インタビュー」（『AERA』三三巻九号、二〇二〇年二月二四日）。
＊2　同上。
＊3　「入学共通テスト、問題作成委員らが例題集を出版　「疑念持たれる」と指摘受け複数辞任」（『産経新聞』二〇二〇年二月一七日、オンライン版では一六日発信）を筆頭に、以後、新聞各紙で報道がなされた。
＊4　「令和2年2月17日付け産経新聞の報道について」（大学入試センター、二〇二〇年二月一七日）。
＊5　幸田国広編『新時代の大学入試　国語記述式問題への対応――10の問題例とその解説』教育出版、二〇一九年八月、一一〇頁下段参照。
＊6　同上、一一七頁下段参照。

第4章

上野さん、これは間違っています。

上からの教育改革がいつも木を見て森を見ず、机上の観念論におわる傾向があることは言うまでもないが、今回はとりわけその悪弊が顕著だと思う。呆れるのは、エビデンスということばで統計的な裏付けがあるかのような書きぶりである。PISAテストで国際的な順位の低下が起きたときも、順位だけがひとり歩きし、参加国・地域数の前回との違いや問題の質の変化は棚上げされ、低下の要因が学校教育にのみ押しつけられた。「ゆとり教育」はそれによって消滅し、以後、あらゆる教育成果と方法が数値化され、データ化がそのまま「目に見える化」することだと喧伝された。論理性の非論理的な強調が教育改革をめぐる言説を貫くトーンである。くやしいことに、こうしたモードに一部のすぐれた学者やジャーナリストがそれぞれの文脈で同調している。「ｎｏｔｅ」に書いたこの文章（二〇二〇〔令和二〕年一〇月五日）も、そうしたことばに急いで反応したものの一つである。

『京都新聞』二〇二〇年九月二七日の「天眼」という一面のコラムに、フェミニストで社会学者の上野千鶴子さんが「論理国語が必要な理由」という論説を書いている。

高校国語が「文学国語」と「論理国語」に再編成されるという。反対する人が多いというが、今更のようにわざわざ「論理国語」と言わなければならないのは、これまでの国語教育がいかに文学的で、論理的でなかったかの証しだろう。

上野さんはこう書き出す。ここに出てくる「文学国語」と「論理国語」というのは、二〇二二年度から施行される新学習指導要領のもと、高校二年生以上になると教科「国語」において履修する選択科目の名称である。短い新聞コラムだから、詳細な説明ができないのは分かるが、正確に言うと、高校一年生は「現代の国語」（二単位）と「言語文化」（二単位）が必修になる。二年生以上になると、各四単位の選択科目になって「論理国語」「文学国語」「古典探究」「国語表現」の四つの科目から二つを選ぶというルールになったのだ。これはいままでにない新たな科目編成である。

さて、この書き出しからすでに疑問がある。「今更のようにわざわざ『論理国語』と言わなければならないのは、これまでの国語教育がいかに文学的で、論理的でなかったかの証し」だと言うが、これは勇み足が過ぎる。「これまでの国語教育がいかに文学的で、論理的でなかった」と思い込んでいる人がいることは確かだが、ほんとうに「これまでの国語教育」が「文学的で、論理的でなかった」と断定できるかどうかは別問題である。しかもここでいう「文学的」とはどういうことか、まったく分からない。

これまでの国語教育が論理的でないというその根拠は、文科省も示すことができていない。ただ、何となくそうだろうということである。いや、指導要領を作ったのは現場の教員たちだろうという反論がありうるであろう。たしかにそうだ。しかし、思い込んでいる人たちを集めて作成させればそうなるのは当たり前。そうではないと言っている人たちの声が反映されているかどうか。「反対する人が多い」のは、べつに文学業界の人たちばかりではなく、現場の教員の多くからも声はあがっている。そこは無視でいいかということが残る。

反対派は、「論理国語」では、法律の条文やマニュアルを読ませるのかと揶揄する。それだって、社会生活を送る上では重要なスキルだ。契約書を読めないばかりに大きな損失をこうむる人もいる。放っておいても身につく力ではない。

ここにも上野さんらしからぬ事実誤認がある。「法律の条文やマニュアル」が出て来たのは、センター試験に変わる共通テストのサンプル問題においてだ。たしかに「契約書を読めない」のは困る。それでは「大きな損失をこうむる人もいる」だろう。しかし、それを大学入試の問題文にするのかということだ。法律やマニュアルや契約書を読む力は必要である。誰もそのことを否定していない。しかし、この場所、この機会で、希望する大学に進学できるかどうかを判別する材料として用いるのかというのが私の投げた疑問だった。実際の設問を見ても、判定の精度をあげるにはあまりに粗雑な問題で、入試問題として拙劣である。むしろ、入試がこうした「実用文」の価値を強調するための象徴闘争の道具になっている。そこを批判したのだ。

「実用文」は今の国語教科書にもしっかり素材として入っている。それをもっと増やして、他を追い出せ、中心に置けというので議論になったのである。上野さんのこの記事はどうも事実をしっかり見て、全体を踏まえた議論になっていない。むしろ、経験から来る主観的な判断が先立っているように思う。

かねてわたしは、文学好きな国語の教師が情緒的な文章を読ませて「主人公はこの時どう感じたか」を尋ねたり、作文教育で「感じたことを思ったまま書きなさい」と指導してきたことを、困ったことだと思ってきた。こういう学生を大学で受け取るから、「考えたことを、論理的に述べなさい」という文章教育から始めなければならなくなるのだ。

これは何度か、上野さんが書いてきたことである。最近の著書『情報生産者になる』（ちくま新書、二〇一八年九月）のなかでも同様のことを書いていた。よほど、高校時代の国語教師に不満を感じたのだろう。

私自身も、高校の国語教師の思い出で言えば、上野さんと似たような感想を覚えたことがある。私は教材となっていた文章を「情緒的」だとは思わなかったが、その文章について解説する教師の語り方に「情緒的」で対話困難なものを感じ、ひとりよがりの世界にはまってるんじゃねえよと舌を出していた。しかし、それはもう四〇年以上前のことだ。いまもまだまったく同じと考えていいかどうか。

もちろん、「主人公はこの時どう感じたか」を尋ねたり、作文教育で「感じたことを思ったまま書きなさい」と指示したりするような教育が絶滅したかと言えば、まだゾンビのように一部に生き残っていると思う。しかし、それはかつてのように「情緒的」なものを重視しているからではない。教師のそうした質問や指示が内容のないまま反復されて発せられ、生徒の側からは形式的に用意された答えや作文スタイルで応答するところに最大の問題がある。教師と生徒の間で交わされるこのやりとりがダメなのは、思考停止のまま、質問と解答が決まったパターンや形式を出ないからだ。おそらく、そこでは「文学」の素材かどうかは関係ない。「論理」的な教材であったとしても、まったく同じことがより悲惨なかたちで起きてしまうだろう。では、この形式化を乗り越えて、どのように思考を活性化できるか。そこを見なければならない。

ところが、上野さんの批判は、典型として会社員男性の新聞投稿を取り上げて、そこに隠れた論理に向かう。

某紙の読者投稿欄に「53歳、会社員」による「論理国語」批判が掲載された。投稿者は「国語力とは人とやりとりする際、お互いを調整する能力だ」とする。言語はコミュニケーション・ツールだから、そこまではよい。その後、「社交辞令の多い日本では、言葉を額面通りに解釈していたのでは、ことがうまく運ばないことも多い。利害や思惑が複雑に絡み合う現実社会では、行間を読み、相手の心情を察し、共感する能力が最も重要」と続く。そのために「文学教育」が必要なのだと。

この会社員の投稿記事が上野さんを呆れさせたのは分かる。しかし、こうしたごく一部の発言をとらえて、全体にあてはめるのは、果たして正しい論理展開だろうか。しかも、ここで投稿者がいう「文学教育」とは、私もそのひとりと目されているだろう新指導要領批判派の「文学教育」とはまったく異なっている。上野さんはこの「文学教育」の意味を以下のように丁寧に解説している。

つまり日本は言っていることと伝えたいことにずれがあるホンネとタテマエ社会だと言っていることになる。こういう情報を、ハイコンテクスト性（文脈依存性が高い）という。言わず語らずのうちに共有される集団の暗黙知を知っていないと、メッセージを受け取りまちがえると。この会社員男性が、長い職業生活で学んできたのは、こういう集団の暗黙知なのだろう。それに通暁した結果、彼の情報読解能力は特定の集団に特化したカスタムメイドなものになり、他の集団には適用できないものになっているかもしれない。なぜなら暗黙知は、状況依存的で、変化するからだ。日本の企業はこういう解読能力に長けた「会社員」を育ててきたのかと、感じる。

ここで言われているように、もし、「文学教育」が文脈依存度の高い情報をさらっと理解する「集団の暗黙知」をマジョリティに刷り込むことに成功していたとすれば、日本社会に役立つとしてもっと重用されたはずだ。しかし、この五三歳の「会社員」の人が独特な「情報読解能力」を鍛えていたとして、それは中学や高校でのとってつけたような「文学教育」のおかげではない。上野さん自身が指摘するように「長い職業生活」での学びによるものだろう。そしてその学習効果はいまだに力を発揮している。現在の日本社会は依然として文脈依存度の高いまま、「察し」と「忖度」のコミュニケーションを求めている。それは最近のよく使われる「同調圧力」とも接続しているのではないか。

この「会社員」は学校のみならず、そうした企業組織や職業体験のなかで身につけた日本的なコミュニケーション能力を「文学教育」のおかげだと誤認した。しかし、それは誤認にすぎない。上野さんもそこを分かっていながら、あたかもほんとうに「文学教育」が日本的コミュニケーション能力の育成に関わりがあるかのような書き方をしている。

では、「文学教育」がいま指導要領の再編成によって排除や解体の対象となっているのはなぜか。指導要領推進派の人たちがこれから先の社会は「組織内ダイバーシティ（多様な人材活用）」が進み、「コンテクストを共有しない書き手と読み手が増え」ると考えているからなのだろうか。ことによると一部の人はほんとうにそう思っているのかもしれない。しかし、出された提案はそうなっていない。だから批判しなければならないのだ。悪しき日本的コミュニケーションの成り立たない社会を目指すべく、「国語」という教科の名称も変えていこう。そうであるならば、大いに私も賛成する。ところが、新指導要領の「国語」は「現代の国語」や「論理国語」などの科目名称であたかも論理を重視するようなふりをしながら、文脈依存度の高いコミュニケーションを温存させ、むしろ、ダイバーシティをなし崩しにしようとしている。目的とは異なる結果が予想されるから、批判の対象となっているのである。

文章を読むときに必要なのは、まず「額面通り」に理解する能力である。書き手としては、読み手に誤読を許さない一義的で論理的な文章を書くことが求められる。多義的な解釈や誤読を誘発するとしたら、それは書き手側の責任である。これから先、組織内ダイバーシティ（多様な人材活用）が進んで、ますますコンテクストを共有しない書き手と読み手が増えていけば、ハイコンテクストに依存する解釈は成り立たなくなる。暗黙知であったものを明示化し、誤解のないジョブ・ディスクリプション（職務記述書）を指示することが、職場でも必須になっていくだろう。「察し」と「忖度」で成り立つ、日本的「会社員」のコミュニケーション術は成り立たなくなるのだ。

すでに「読み手に誤読を許さない一義的で論理的な文章を書く」ことは、小論文の中心課題になっている。作文教育の大半はそれを目標にしている。しかし、「誤読を許さない一義的で論理的な文章」がいかに難しいかは、上野さんご自身がよく承知しているはずだ。いま専門用語やカタカナ語を駆使して大言壮語する文章が政府系の公文書のなかにいかに多く溢れているか。それらは誤読を許さない論理性をきちんと持っているかどうか。

新指導要領を推進している中心人物がある会合で、これからの社会は「Society5.0」なんだ、ことばの意味は私もよく分からないが、とにかく「Society5.0」だと言っているのを聞いて、椅子から転げ落ちそうになった。ことほどさように官僚や政府の公文書には、広告業界の営業プレゼンテーションと類似した言説が増え、「誤読を許さない一義的で論理的な文章」が消えてきている。むしろ、増えているのは、曖昧な比喩やイメージに寄りかかったことばであり、文脈依存度が高くて、しかも、その文脈を探りあてるのに苦労する文章である。何となく分かるでしょ、なぜ分からないのかと脅してくる文章群である。とすると、この記事の結びにある次のような皮肉はあまり効果的でないように思う。

そしてこういう「共感力」を強調する会社員男性が、おそらく妻には少しも「共感力」を発揮しないだろうことも想像に難くない。こういう男性は、妻には自分に対する「察し」と「忖度」を求めるのだ。夫婦関係は最初の異文化間コミュニケーション、「額面通り」口に出して言わないことは決して相手に伝わらないことを、肝に銘じるべきだろう。

『国語教育 混迷する改革』（ちくま新書、二〇二〇年一月）にも書いたが、新指導要領の推奨プランとして示された「国語教育」の指導案を見るかぎり、必修科目の「現代の国語」では話すこと、書くことに比重が置かれ、論理的な文章をしっかりと「額面通り」読むことを重視していない。力点の置かれた話すこと、書くことも形式的で、型どおりのことばのやりとりを交わすことで終わるようになっている。同じく必修科目の「言語文化」では、伝統的な自然観や文化の伝承が前面に出て、消滅しつつある四季の移ろいや季節感や情緒のあふれる語彙を覚え、使えるようになることが目指されている。それこそ日本的な文脈への高い適応能力が求められているのだ。

選択の「論理国語」は「現代の国語」の延長線上に現れる科目だが、おそらくここでようやく評論文の読解が中心となる。しかし、コンピテンシー主義を強調し、この教材で何の能力を身につけるかを強調しすぎることによって、ひとつの教材に含まれる複数の要素を的確に腑分けしながら読み解くよりも、分かりやすい単数の論理のみを抽出して、分かった気になることを進めていくことになるだろう。つまり、「論理」を強調しながらも、論理的な思考力を高める指導計画になっていない。

さらに「論理」と切断されることによって、「文学国語」はより「情緒的」な文章とその多義的な解釈の教育に追いやられてしまう。しかし、「論理」のない「文学」に可能性があるとは思えない。文学にはたしかに多義的な解釈を許容する部分があるし、誤読を拒まないテクストもある。ただし、教科書に載っている教材の多くは、解釈の多様性を認める部分と、そうではなく一義的に、どう逆立ちしてもそのようにしか読めないように計算されている部分とを組み合わせてできあがっている。コンテクストを共有できない社会の到来を見すえるのであれば、適切に解釈し説明のできる領域と、解釈を決定できない不可視の領域とを切りわけながら考えるように指導する方がはるかに役立つだろう。

もちろん、いま各社が教科書を編集しているところだから、具体的な結果が出ないと、まだ正確なところは分からない。おそらく、もはや動かしがたい「論理」と「文学」という不毛な対立をかいくぐって、さまざまな工夫をするものもあれば、文脈依存、指示に従順な内容のものも出てくるだろう。しかも、教科書編集の先には、文科省の教科書検定が待ち構えている。この検定の基準がどうなるか。それによって教科書はすっかり様変わりするだろう。だからこそ、いまの議論は重要なのだ。

上野さんのようなすぐれた戦闘的啓蒙家に、今回のような荒っぽい議論をされるのは困る。まさにご自身が批判している敵を利することになるからだ。上野さんは「新中学生へのメッセージ」(『朝日小学生新聞 特別増刊号 WILL ナビ next 首都圏』二〇二〇年二月一四日)でも、「論理的な文章を読み、理解し、人を説得できる文章を書く能力」が大事だと語っていた。それらの能力が重要なことは言うまでもない。しかし、その育成をより困難にするフェイクの改革にはもっと厳しい目を注ぐべきではないだろうか。

第5章

共通テストの「国語」をどう評価するか

この文章は、「国語教育の未来形――共通テストの「国語」をどう評価するか」(『兵庫國漢』六七号、兵庫高等学校教育研究会国語部会、二〇二一年三月)と「共通テスト「国語」の分析と批評」(『現代思想』四九巻四号、青土社、同年四月)とを合わせて加筆したものである。大学入学選抜制度における「センター試験」から「共通テスト」への変更は、その数年前、二〇一六年度のモニター調査からすでに鳴り物入りで喧伝されていた。翌一七年度には実施方針が公表され、第一回の試行調査(プレテスト)が行われた。ここで「国語」において記述式問題のサンプルが示されたのである。モニタリングによる調査と分析をへて、さらに改良が施されて二〇一八年度には第二回の試行調査も行われた。しかし、五〇万人を相手にする記述式問題の実現は針の穴にラクダを通すよりむずかしい。設問の的確さを維持しながら、採点の公平さをどのように確保するか。この不可能な課題をむりやり与えられ、大学入試センターも困惑しきりだったのではないか。多くの批判を浴びながら、しかし、一切、無反応のまま、事態は最後の「センター試験」直前まで進んだ。結局、国会でも所管の官庁である文科省は批判の集中砲火を浴び、記述式問題の導入は中止となった。当たり前のことである。では、「共通テスト」は問題なかったか。そうではない。記述式以外にも多くの難点を抱えていたのである。

水に落ちた犬は打て

大山鳴動、鼠一匹。

共通テストの問題について、そんな印象を持った人は多いだろう。大学入試センターのいわゆる「センター試験」（正確には大学入試センター試験）が廃止になり、二〇二一（令和三年）年一月一六・一七日、同センターによる第一回「大学入学共通テスト」が実施された。しかも、新型コロナウイルス感染症の影響に伴う学業の遅れなどを考慮し、一月三〇・三一日の第二日程まで用意され、これまでに二回分の問題が公開された。*1「国語」について言えば、これまでのセンター試験の「国語」とあまり変わっていないのではないか。試行調査（プレテスト）でさんざん話題になった記述式問題は導入延期となった。いわゆる実用文も出題されていない。プレテストをモデルにした問題集を急きょ作成したり、模擬試験をくりかえして準備していたりした受験生や高校・予備校関係者からすれば、肩すかしをくらい、何のための騒動だったのだと苦虫をかみつぶした思いでいることだろう。

教育改革の一環として進められた、センター試験から共通テストへの変更には、三つの眼目があった。

（1）「英語」の民間試験の導入

（2）「国語」の記述式問題の採用
（3）「数学」の記述式問題の採用

この三つの眼目については、導入をめぐって批判が相次ぎ、大揺れに揺れて、いずれも中止や延期となったことはよく知られているとおりである。改革の本丸がいずれも取りやめになったわけだから、提唱し推進していた人たちの面目は丸つぶれだし、大学入試センターとしても赤恥をかいたことになる。

批判・反対派としては勝ったようにも思えるかもしれない。私としても、共通テスト第一日程のまさにその日、すぐに新聞社から取材を受け、問題用紙を眺めながら、これまでのプレテストよりは悪くはなかった、作問委員も奮闘したのではないかと答えている。共通テストの問題も、印象としてはセンター試験と同じスタイルだったということで、ひとまず安心していい、そう言っていいだろう。しかし、それで終わってはいけない。変更予定であった課題については、文科省による「大学入試のあり方に関する検討会議」がまだ継続して議論している。さらに、共通テストのなかでも「国語」にはまだまだ修正すべき重大な問題点が潜んでいて、今回初めての共通テストの試験問題でもそれは明らかに修正されないままだった。*2

「水に落ちた犬は打て（打落水狗）」。これは魯迅のことばである。「水に落ちた犬を打つな（不打落水狗）」という中国の慣用句をあえてひっくり返して、フェアプレーや道義心に走りたがる知識人の態度を戒めたものである。これまでフェアプレーはどこでも実現されていない。にもかかわらず、吠えられていた側が急に騎士道精神を発揮したとしても、後になったら咬みつかれて死ぬのが落ちだ。水に落ちたとしても、悪しき犬、悪しき鼠はとことん打て。批判し尽くしてこそ、敗北のなかから鍛えられて立ち上がるものが出てくる。自己満足でしかない半端な温情は、不正義に復活の隙を与えるというのである。

非情なことばのようだが、暗殺や逮捕検束による拷問が横行した一九三〇年前後の中国上海の政治的状況を考えれば、やむをえない厳しさである。しかし、二〇二一年の日本はそれとはまったく違う平和な日々だから、温情をかけるべきなのか。そうではない。実際に役に立つとは思えないお題目を掲げた共通テスト推進の論理には、教育改革・入試改革と称しながら教育の現場を劣化させてしまう大きな危険性がある。背景には、自前で育成する余裕を失ったために即戦力の人材ばかりを求める経済界や、長引く不況と経済格差のなかで学者や知識人を口先だけで安全地帯にいるコメンテーターのようにとらえて眉をひそめるマジョリティの声がある。それを背後の力として、しかし、実際には目標をかなえることのできないお題目をまったくあきらめていない、そう見るべきであろう。であるならば、遠慮することなく、今回の共通テストについても、どこがダメなのかを徹底して追究していく必要がある。

授業改善に向けたメッセージ？

「国語」の試験問題について、共通テストが改革の旗印に掲げていたのは、記述式問題の導入だけではなかった。大きく分けて、次の三つが柱となっていた。

・実用的な文章の採用
・非連続な複数の資料（文章、図表、グラフ、写真など）の利用
・架空の対話形式の文章の導入

なぜ、こうした項目があがるのだろうか。大学入試センターがプレテストのときに発表した「『大学入学共通テスト』における問題作成の方向性等と本年11月に実施する試行調査（プレテスト）の趣旨について」（平成三〇年六月）という文書を見ると、こんな一節があった。

共通テストでは、高校等における「主体的・対話的で深い学び」の実現に向けた授業改善のメッセージ性も考慮し、授業において生徒が学習する場面や、社会生活や日常生活の中から課題を発見し解決方法を構想する場面、資料やデータ等をもとに考察する場面など、学習の過程を意識した問題の場面設定を重視することとしています。

つまり、「主体的・対話的で深い学び」の実現に向けた授業改善を行う、そのためのメッセージを入試問題の形式に込めているという。「授業において生徒が学習する場面」を想定するがゆえに「対話形式」が必要である。そして「社会生活や日常生活の中から課題を発見し解決方法を構想す

る場面」のために「実用的な文章」が、「資料やデータ等をもとに考察する場面」のために「非連続な複数の資料」が問題文となる。

マークシート式の問題についても、同じ文書にはこう書かれていた。

近代以降の文章（論理的な文章、文学的な文章、実用的な文章）、古典（古文、漢文）といった題材を対象とし、言語活動の過程を重視します。言語を手掛かりとしながら、与えられた情報を多面的・多角的な視点から解釈したり、目的や場面等に応じて文章を書いたりすることなどが求められます。大問ごとに固定化した分野から一つの題材で問題を作成するのではなく、分野を越えて題材を組み合わせたり、同一分野において複数の題材を組み合わせたりする問題も含まれます。

この考え方はいまなお生きている。悪くないじゃないか、そう思う人も多いだろう。この通りに実現できていれば。ほんとうに実現できるのか、実現できているのかは未検証のままだ。それはそのとおりだなと頷きたくなるような題目だから、掲げることに問題はない。しかし、それを実際にできるかどうかは別物である。理想を高く掲げるのはいいが、その理想をすべての人に、あらゆる場面で実現しろと言い出すと、一気に場面は変わっていく。政策というものは、理想を掲げることの一方で、現実的な実現可能性を十分に考慮しなければ意味はない。反対に不可能なことを押しつけることにもなるし、実現できていないのに実現できていることにしてしまうという本末転倒が起きてしまうからだ。

センターの説明文書には「論理的な文章」「文学的な文章」「実用的な文章」の三分類が言及されていた。前二つは分からなくはないが、「実用的な文章」の定義はよく分からない。ただプレテストでは、自治体広報の文書や法律の契約書、学校の生徒会規則、法律それ自体が問題文に使用されていた。こうしたものを念頭に置いているのだろう。その実用文は、今回の共通テストでは第一日程からも、また第二日程の問題からも消えた。とするならば、中止された記述式問題の形式とやはり基本的なセットとして構想されていたと考えるべきなのだろう。

さて、今回の試験の問題構成を見てみよう。出典をあげるとともに、残された非連続な複数資料、架空の対話形式という新しい試みが何らかの形で入っているものに★をつけてみた。

第一日程
第1問　香川雅信『江戸の妖怪革命』　★複数資料
第2問　加能作次郎「羽織と時計」　★複数資料
第3問　『栄花物語』　★複数資料
第4問　『欧陽文忠公集』『韓非子』　★複数資料
第二日程
第1問　多木浩二『「もの」の詩学』　★対話形式
第2問　津村記久子『サキの忘れ物』　★対話形式
第3問　『山路の露』

第4問『墨池記』『晋書』★複数資料

どうだろう、あまりの数にあきれてしまう。第一日程はすべての問題に複数資料の形式が導入されている。第二日程の方は、対話形式中心で、一問のみ複数資料形式である。第二日程の第3問『山路の露』だけは何も入っていないが、実は古文の歌物語は、散文と韻文（和歌）が組み合わされているのだから、そもそもジャンルの異なる複数のテクストから構成されていると言ってもいい。そう考えると、反対に第一日程の『栄花物語』など、散文・韻文（和歌）の上に、さらに人物間の系図があり、和歌鑑賞の文章まで設問につけられているという過剰なまでに複数資料が配置された問題文なのである。

では、このうちこうした新傾向の設問で、試験問題として成功しているものはどれだろうか。個人的な評価ではあるが、まがりなりにも合格かなと判断できたのは、どちらの日程でも第4問の漢文についてのみだった。他はいずれも文章の読解力や論理的な思考力を測るのにふさわしい設問かというと、首をかしげる内容である。つまり、役に立ってもいないし、設問としての効果もあがっていない。どういうことだろうか。

まわりみちの複数資料

とりわけ、今回は疑問だらけの現代文の出題を見ていこう。

第一日程の第1問は、香川雅信『江戸の妖怪革命』からの出題である。本の序章からの引用で、「本書では」が五回も連発される、問題文としてはいささか不格好な切り取り方をしている。しかし、そのよしあしよりも、設問が奇異なことに驚かされた。

問1は漢字、問2から問4まではこれまでのセンター試験の一般的な設問と変わりない。ところが、問5になって、設問は突然変化する。授業でこの文章を読んだNさんのノートが例示され、さらに四つの解答が求められるのだ。これは「学習の過程を意識した問題の場面設定」のつもりなのだろう。

最初の一問は各段落の内容を要約した見出しを空欄穴埋めで選択する問いである。つまり、本文をどう解釈するかではなく、本文を読んで解釈したNさんのノートの中味が問いの対象となる。ふつうは、Nさんの個人的なバイアスが入るので、このNさんなる人物の個性なり、キャラクターが見えてこないと回答はできないはず。ところが、そうした主観的バイアスは考慮しない。つまり、設定だけでNさんは透明人間にすぎないのだ。まさかNobodyのNというわけではないと思うのだが。

二つ目と三つ目は、本文の内容をノートにまとめたものを掲げ、やはり空欄穴埋めが問われていた。わざわざ、こじつけ的にそんな設定にしなくても、本文の各段落の内容を言い換えた選択肢を用意して、正しいものを選ばせればいい。本文読み取りができているかどうかはそれで問える。そこをあえてNさんなる人物を立たせ、かつ、この子の主観は配慮しない。正確にNさんが読み取っていることを前提にしている。無意味な虚構の設定はこれまでのプレテストでもしばしば見られた特徴だが、ここでも相変わらず生きのびている。

つまらない設定だが、もっと疑問なのは、最後の四つ目の問いである。ここでは、Nさんが出典の『江戸の妖怪革命』を読んだということになっていて、本文の一部と関連する別の章について言及がなされる。そしてその別の章で言及されていたという芥川龍之介『歯車』の一節が引用され、その部分に関するNさんのノートの考察に、ふたたび空欄穴埋めが用意されていた。

これは、アクロバットのような設問だ。受験生は『江戸の妖怪革命』はもちろん、他の章はまったく読んでいない。芥川の『歯車』も引用された一部のみしか読めない。しかし、評論と対象の小説をNさんが読んだという前提で、Nさんの考察を推測しなければならない。そこでヒントになるのが、受験生も読んだ問題文の一節――「「私」という近代に特有の思想」ということばである。そこに注目しながら、読んだこともない芥川の小説に現れた「ドッペルゲンガー」とつなげて答えるのが解答への道筋である。

受験生は、こんなアクロバットな設問にもきちんと解答している。ある高校で正答率を調べたところ、七五%にも及んだ。なぜ、正解にたどりつくことができたのか。答えは簡単だ。「「私」という近代に特有の思想」を言い換えた一節を本文中に探し、「謎めいた「内面」を抱え込んでしまったことで、「私」は私にとって「不気味なもの」となり、いっぽうで未知なる可能性を秘めた神秘的な存在となった」という部分に注目することができれば、答えはすぐ出る。これとくいちがうものを選択肢から除いていけば、正答が残るようになっていたからだ。

つまり、実際に問いに直面した受験生の思考は、複数の資料を読んでいるふりをしながらも、まず問題文の指定箇所の前後からポイントとなる文をピックアップし、それと異なる選択肢を除いていけば、正解にたどりつく、そのようになっていた。複数の資料を飛び越えて、選択肢を吟味すればいい。複数の資料を試験問題に採り入れたのは、非連続な資料の「構造的な読み」を促すためである。ところが、その目的とはほど遠い問題になっていた、これが実態だ。なんと複数の資料は見せかけに過ぎなかった。

作問委員の悲しい闘い

第一日程の第2問は、文学的な文章を素材にしていて、今回は一九一〇年代から二〇年代にかけて活躍した私小説作家・加能作次郎の短篇「羽織と時計」が題材になっていた。あまりに古い素材だが、それはひとまずおく。ここでも問1から問4までは、従来型の人物の心情や内容説明を中心にした設問パターンである。それに対して、突然、問5になって様相が変わる。

問5では、新たに一一行ほどの資料が提示され、この時代に文芸評論家として活躍した宮島新三郎の「師走文壇の一瞥」という新聞掲載の文芸時評が引用されていた。これには驚いた。しかも、その評論の一部（「羽織と時計とに執し過ぎたことは、この作品をユーモラスなものにする助けとはなったが、作品の効果を増す力にはなって居ない」）に傍線が引かれ、その批判の説明を選択肢から選ぶという設問が一つ。もう一問は、その評論で指摘された「羽織と時計」への執着に触れて、本文中でもこのことばが繰り返し出てくることに注目し、「評者と異なる見解」を示したものを選べという問いになっていた。

問題文になっていたのは短篇小説の一部である。小説全体ではない。宮島が時評で取り上げたのは、もちろん短篇小説まるごとだろう。受験生は一部のみを読んで全体を読んでいない。だから、ほんとうは宮島の批判内容を受験生が分かることはありえない。一部から全体への批評を類推せよというのは、ありえない問いである。

四つの選択肢には、それぞれの後半部で、①「W君の描き方に予期せぬぶれが生じている」、②「W君の悲痛な思いに寄り添えていない」、③「W君の一面だけを取り上げ美化している」、④「W君の生活や境遇の描き方が断片的なものになっている」といった違いが用意されている。これも本文と照らし合わせれば、②と③はすぐに誤答と分かる。そこで①か④かに絞り込んで、選択肢の前半部に注意すると、①は「多くの挿話からW君の姿を浮かび上がらせようとして」と、挿話の多い少ないがクローズアップされている。④の方は「挿話の巧みなまとまりにこだわったため」とあり、こちらは挿話が小咄っぽくなってしまったことを指摘しているのが分かる。こう見れば、すぐに正答は明らかだ。そもそも批判コメントの説明なのだから、④しかありえないのだ。

これも推論の過程はそんなにむずかしくない。となると、宮島新三郎の同時代評を引用する必要はそれほどなかったのである。たとえば、「この小説について、当時、「羽織と時計」に執着したことで、ユーモラスな印象は与えたが、小説として成功していないという批評がなされた。問題文の範囲のなかで考えたとき、この批評の説明として最も適当なものを選」ぶとすれば、同じ選択肢で設問が成り立つ。

受験生としては、同時代評を見せられて、とまどったと思う。しかし、新たな資料は傍線部だけのためにあるようなものだから、ほとんど気にとめる必要はなかった。本文と照らし合わせていけば正解にたどり着く。しかし、多くの受験生は面食らったことだろう。まじめに読めば読むほど、まわりくどい資料操作に惑わされる、そうした経験を強いていたのである。そもそも高校の「国語」で同時代の文芸時評を読ませることなど、一度もないはずだ。その意味では、現場の教育とはかけ離れた問題になっている。いや、複数資料だから、それが時評であろうと何であろうと、内容は問わない。だから、かまわないのだ。こうした論理が暴力的にふり回されているのではないだろうか。

宮島と「異なる見解」を提示した選択肢を選べというもう一つの設問も、問いとしては奇妙である。誤答はみんな「異なる見解」にあたるので、本来ならすべて正解になるはずだ。許容されたのは、問題文のなか「羽織と時計――」と二度繰り返される表現に「注目し」という条件が出されているからで、ここから本文に即した選択肢を探せばいいということになる。

選択肢では、「羽織と時計――」をめぐる表現について、①では「かつてのようにW君を信頼できなくなっていく「私」の動揺」、②では「生活の破綻を招いてしまったW君のつたなさ」の回顧が描かれていると指摘されている。③では「W君の思いの純粋さ」を想起させると言い、④では「W君の厚意が皮肉にも自分をかえって遠ざけることになった経緯について」の心情吐露になっているとされている。これは、小説中で反復された表現について考えさせる設問だから、実は宮島と「異なる見解」であるかどうかとは別問題になる。したがって、「問題文では、「羽織と時計――」

という表現が二度も繰り返されている。この表現にはどのような効果があるか、最も適当なものを選べ」という問いで十分に、その役割を果たすことになるのだ。

つまり、ややこしい設定は実際には意味がない。問題文だけをよく読んで、その表現効果をうまくとらえた選択肢を選べば正解に行き着けるようになっていた。宮島の資料にこだわらずに、本文を熟読したものはきちんと正答を見つけることができたはずだ。

こうしてみると、非連続な複数の資料の利用について言えば、ほとんど有機的なつながりは作ることができないまま、終わっている。あまりにひどいプレテストの問題と似たようなかたちにはしたくない。しかし、抗いがたい課題が出され、それに則った試験問題にしなければならない。こうした命令に作問委員たちが懸命に答えようとした苦しい闘いの結果がこれだったのだろう。これまでのプレテスト、共通テストなどを見るかぎり、良問ができていない。できないのだ。複数資料の利用という課題は、作問委員たちにとっても超難題だった。おそらく作問委員には、優秀な研究者や教員を集めているはずだ。それでもできない。にもかかわらず、無理矢理、作らせている。自分たちでもうまく作ることができない問題を受験生に課す。果たして、こうした出題のあり方は教育として正しいと言えるだろうか。

対話形式の虚構

では、架空の対話形式はどうだったのか。今回は第二日程の第1問と第2問でそれが試みられていた。第1問は、多木浩二の『「もの」の詩学』からの出題で、この出典は過去にさんざん入試問題にもなったものである。過去の大学入試の問題と重複するリスクもあるなかでの出題で、これはこの第1問が何かあったときの予備問題であった可能性をうかがわせる。

問1が漢字で、問2から問4までは、センター試験から変わらない説明や内容把握の設問で、問5で「文章の構成と内容」を問う、つまり表現形式にもふれた設問になる。しかし、この問5も、一般的な入試でありうる問いのスタイルである。

新しい傾向が現れたのは、問6で、「この文章を読んだ後に、教師の指示を受けて六人の生徒が意見を発表している場面」が用意される。教師が「この文章では「もの」と「身体」との社会的関係について論じていましたね。本文で述べられていたことを、皆さんの知っている具体的な例にあてはめて考えてみましょう」と呼びかけ、これに応じて生徒Aから生徒Fまで六人の生徒が意見を述べたところが、選択肢になっている。このなかから「本文の趣旨に合致しないもの」を二つ選べというのが問われるのだ。

挙がっている選択肢の①と②を抜き出して並べてみよう。

① 生徒A――快適さを求めて改良されてきた様々な家具が紹介されていましたが、家に関しても寒い地域では断熱性が高められる一方で、暑い地域では風通しが良いように作られています。私たちの「身体」がそれぞれの環境に適応して心地よく暮らしていくための工夫がいろいろ試みられ、近代的な家屋という「もの」の文化を生みだしています。

② 生徒B――身につける「もの」に複数の側面があるということは、スポーツで用いるユニホームについても言えると思います。競技の特性や選手の「身体」に合わせた機能性を重視し、そろいのデザインによって所属チームを明らかにすることはもちろんですが、同じ「もの」をファンが着て一体感を生み出す記号としての役割も大きいはずです。

こういう選択肢が六つ並ぶわけだが、一つ一つの選択肢の文字数はかなりの分量で、およそ一五〇字程度になる。実際の高校生が議論するときに、一五〇字以上の長いセリフを一度にするかどうか。大学生でもなかなかできないだろう。つまり、この会話自体が日常的な話しことばとはまったくかけ離れた、抽象的で虚構の書きことばなのだ。もちろん、演劇でも映画でも、リアルな会話というより、長いセリフを一気に話す場面を用意することがある。しかし、そうした場面はなめらかな会話としてではなく、抑えつけられたものがほとばしる、あるいは計算され尽くしたことばをまくしたてる、いずれにせよ対話形式の議論とは違う場面で用意されるものだ。ドストエフスキーか埴谷雄高の議論小説ならあったかもしれないが、その企みも個性化も施されていない平板な内容で、対話でも会話でもない、明らかに陳腐な書きことばだと言っていい。それを承知で、あえて対話だと開き直ったのがこの形式である。

では、本文内容の言い換えをめぐる選択肢と解釈すればいいのだろうか。そうではあるが、しかし、言い換えだとしても、選択肢は正解にたどり着きやすいようになっていた。

たとえば、引用した選択肢の①と②を比べてみると、②には「記号」ということばが入っている。

問題文のなかでも「衣装は一面では仮面と同じく社会的な記号としてパフォーマンスの一部である」という一節や、「もちろんこの衣装も本質的には宮廷社会という構図のなかに形成されるし、宮廷社会への帰属という、政治的な記号なのである」という一節があった。「記号」はこの文章のなかで、身体にふれ、身体をおおうさまざまな「もの」の意味作用を説明する重要なキイワードである。

そこに気づけば、この「記号」ということばは、選択肢の②の他に、④と⑥でも使われていることに注目するだろう。となると、残るのは、選択肢の①、③、⑤で、六つの半分になった。さらに見ていくと、③では、「箸」を例に「二本の棒という「もの」」を使う食事の作法にふれ、そこには「様々な「身体」的決まり事」があり、文化によって規定されているとある。この箸の使い方をめぐる所作の「決まり事」とは、文化的な「記号」の言い換えにあたる。つまり、これで③も消えてしまう。「本文の趣旨に合致しないもの」として推測されるのは、「記号」ないしそれに変わる言い回しを使っていない①と⑤の選択肢で、この二つが正解となる。

架空の対話形式の狙いであった「学習の過程を意識した場面設定」は生きていたか。いえ、まったく生きていない。では、「情報をめぐる多面的・多角的な視点からの解釈」という点ではどうだろう。こちらも「多面的・多角的」とは名ばかり、問題文のなかでキイワードを見つけて、それが選択肢に使われているかどうかを見れば、ほぼ正解にたどり着けるという単純な組み立てだったのだ。文字数の多さは、分かりやすい道筋を覆い隠すカモフラージュだった。つまり、まったく効果のない形式にだけこだわって、試験問題としての質を下げる結果になっていたのである。

試験が教育を代行する？

第2問の津村記久子の小説についてはどうだろうか。こちらも問1は語句の意味を問う設問。問2から問5までは、小説の作中人物の「心情」や内容理解を中心とした設問で、センター試験以来の、ある意味でオーソドックス、言い換えれば陳腐な問いに終始していた。小説を「心情」で読み解くこともある程度は必要だが、それ以外にもっと問うべき箇所はなかったのかとも思う。ところが、とってつけたように一変するのが、問6である。

問6はこんな説明から始まっている。

Aさんのクラスでは国語の授業で千春の描写を中心に学んできた。続いてもうひとりの登場人物である女の人について各グループで話し合うことになった。Aさんのグループでは「(1)女の人はどのように描かれているか」「(2)千春にとって女の人はどういう存在として描かれているか」について考えることにした。次はAさんのグループの話し合いの様子である。本文の内容を踏まえて、空欄［Ⅰ］・［Ⅱ］に入る最も適当なものを、後の各群の①〜⑤のうちから、それぞれ一つずつ選べ。

このあとグループで話し合う生徒四人の会話が並ぶ。生徒たちは、問題文の行数に即して、つまり初めから注意しながら、小説の描写の断片を指摘していく。一人目が「まずは表情に注目してみよう。本文の1行目で、〔…〕4行目で〔…〕」と指摘すると、二人目が千春という視点人物の心情を読みとることばがつづき、三人目が千春と「女の人」の「二人の会話」の始まりだとまとめる。そうすると四人目が「23行目で」こんな場面があったと指摘し、しり取りゲームのように小説を読解する会話がつづくのである。

空欄 I はこうした会話のしり取りのあとで、この「女の人」がどう描かれていたかのまとめの会話のなかに配される。つまり、小説のなかで視点人物の心情に焦点を当てるのではなく、他人物の断片的な描写を縫い合わせることで、人物像を探るという問いにしているのだ。こうやってまとめてみると、悪くないアイデアのように思える。しかし、もっと単純にすることができる。「千春が関心を寄せた「女の人」はどのような人物として描かれているか、問題文の前半部に注目しながら、最も適当なものを次の選択肢から選びなさい」。このようなシンプルな設問形式でも十分、代替可能なのだ。

ここでも、「学習の過程を意識した場面設定」を強調せんがための無理がなされている。この生徒たちの会話のしり取りが「学習の過程」で、「高校等における「主体的・対話的で深い学び」の実現に向けた授業改善のメッセージ」にあたるというわけだ。しかし、これは台本通りに用意された疑似会話にすぎない。このようにやってほしいというメッセージを、共通テストの「国語」の問題に仕込んでいる。まさかCMに仕組まれたサブリミナル効果狙いではないだろう。実際にはああ、そうですかと読み飛ばすだけで、まったく「主体的・対話的で深い学び」の実現に結びつくはずはない。

小説を読み解くときに、視点人物だけでなく、その人物のまなざしに映る他の登場人物に注目することは確かに解釈において重要な過程である。そうした描写のなかで点綴される微細な切片を拾い集め、そこから人物像をとらえていくことで、複数の人物がすれ違い、葛藤を重ねる関係の構図がむしろ浮かび上がることになる。人物の心情を読みとるだけでは、その人物の意識しているものだけしか見えてこない。しかし、関係の構図を読み解くことで、視点人物の意識にのぼらない微かな心の波紋や、自覚される以前の欲望なども見えるようになるのだ。

その意味では、問6の狙いはよく分かる。それまでの問いが心情中心でありすぎるのに対して、ようやく表現の細部から、登場人物の心情の背後にある「地」が浮かんでくる、そこを問おうとしたのだ。しかし、それに気づかせることこそ、教室における教員の役割ではないだろうか。生徒たちのもっと断片的で、きれぎれの議論のなかから、大事なものを拾い上げ、生徒たちにその意味を気づかせ、読解に導いていくのが「国語」の教員の仕事である。この問6の会話は、それを試験問題のなかで代行してしまっている。

なぜ、大学入学共通テストのなかで、そのようなことをしなければならないのか。これは教員の仕事をもはや信頼していないからだ。「主体的・対話的で深い学び」と言いながらも、教室内で行われる「国語」の授業を信頼していない。だから、あるべき生徒たちの「主体的・対話的で深い学び」を代行的に入試問題のなかで実演する。これが「授業改善のメッセージ」だというのだ。

ことばをめぐる異様な頽廃

共通テストにいかに破れ目が多いかはこれで分かるだろう。記述式問題がなくなった、実用文がひとまずなかったということに喜んでいてはいけない。共通テストを支えている思想は、実はまったく「主体的・対話的で深い学び」とはかけ離れた、むしろ、そのことばを裏切るような〈没主体的・非対話的で、機械的・形式的な浅い学び〉によって貫かれている。推進派の人たちがそのことにまったく気づいておらず、反省のかけらも示されていない。

センター試験時代の問題がよかったと言うつもりはさらさらない。以前にもっと知恵と工夫をこらして、問題の質をあげることはできたはずだ。しかし、共通テストがそのセンター試験を廃止し、改善された試験形態だとは名ばかり、設問の多くはそっくりセンター試験を踏襲している。

一方、新傾向の設問において、強制的に「複数資料」や「対話形式」の導入が課されたために、教育改革の目標や狙いとはまったく反対の結果に陥ってしまった。現場の問題作成者たちはうすうす気がついているはずだ。しかし、命令者たちは頑として気づかないふりをしつづけている。どこにも主体性や対話がないにもかかわらず、あると言い続ける。白を黒と言いくるめるとは、このような事態を指すのだろう。

生きたことばの使い方を教える教育の場面で、すさまじい言語的な頽廃が展開されている。私たちの目の前で起きているのは、生きたことばから死んだことばへの転落である。ことばを無価値化しようとする異様な頽廃を、教育改革の名のもとに社会の隅々に浸透させようとする悪意の瞬間に、いま私たちは立ち会っているのだ。

共通テストは、その一端にすぎない。公教育には、そもそも白を黒と言いくるめる形式主義や権威主義がついてまわる。だからこそ、ひときわ熾烈な相互批評が必要である。ことばの頽廃は、共通テストだけではない。いまや、国会議事堂のなかでも霞ヶ関でも、そして私たちの身のまわりにも立ちこめている。こうしたことばの頽廃にどう向き合うのか、国語教育はいま最大の試練に立たされていると言えるのではないか。

註

＊1　これに加えて、さらに二〇二一年二月一三・一四日には「特例追試験」として、何らかの事情で第二日程も受験できなかったものを対象にした追試験も行われた。わずか受験生が一名だったというこの試験の問題は公開されていない。

＊2　実は「国語」だけでない。他の教科の試験問題にも同じ問題点が現れている。

第2部　差異と反復——歴史をふりかえる

第６章

文章を読むこと・表わすこと

日常のことばと学校のことばの回路

このエッセイ（原題「文章を読むこと・表わすこと――日常の言葉と学校の言葉の回路」）の初出は、佐伯胖・藤田英典・佐藤学たちが編集した「学びと文化」シリーズの第二巻『言葉という絆』（東京大学出版会、一九九五年七月）である。佐藤学が中心となり、近現代文学がご専門の小森陽一と私、それに『一年一組せんせいあのね――詩とカメラの学級ドキュメント』（鹿島和夫編、理論社、一九八一年二月）などの著書で知られる小学校教員の鹿島和夫、『私が読む源氏物語――文学と時代と人間と』（未來社、一九九三年七月）などの著者で高校教員の松野由子が参加していた。これも二八年も前のものだが、読み返すと、私自身、一貫して文学を「解釈中心」に読むことには懐疑的だったことが分かる。当時の「学習指導要領」が人格修養的な発想で、それを肯定し、促進していることに不満があった。むしろ、読むことの定型化を壊し、そのためには日常生活のことばや文学のことばにもっと驚きと発見を見出そうと提言している。いま時代は逆転し、「学習指導要領」は社会に開かれた教育を提唱してはいるものの、今度は読むことを実に貧弱にとらえていて、軽視している。あいかわらずことばへの驚きや発見が企図されることのないまま、よりつまらない論理と実用文の偏重へと反動が起きている。

はじめに

暗い嵐の夜でした
そしてブリガム・ヤング（モルモン教の伝道師、一八〇一―七七）とブリガム・オールドが
焚火を囲んで座っていました。
お話してよ、おじいちゃん！
そしてこれが彼の語ったお話です

アーシュラ・K・ル＝グウィンは、一九七九年にシカゴ大学で三日間にわたって開かれた「物語」をめぐるシンポジウムの最後の講演を、この詩のような一節から始めた。*1 言うまでもなく、『闇の左手』（邦訳、早川書房、一九七七年七月）や『ゲド戦記』（邦訳、岩波書店、七六年九月―七七年八月）の著者として知られるアメリカの女性作家である。ヘイドン・ホワイト、ポール・リクール、シーモア・チャットマンら欧米の物語論者がその理論を競ったあと、文化人類学者の父とアメリカン・ネイティブの伝記を書いた作家の母のあいだに生まれたル＝グウィンは、物語や物語叙述についての形式的分析ではおさまりきれない物語への欲望、そして人から人へ声や文字を通して記憶に刻まれていく物語そのものの力について、多少のユーモアをこめながら話し始めたのである。

物語《イストワール》は何が
話法《ディスクール》はいかに
でも私の知りたいのはね、ブリガム、
なぜ《ル・プルコワ》、ということ。
なぜ私たちは焚火を囲んでここに座っているのでしょう？

お話してよ、大叔母さん、私が眠りにつけるように。
お話してよ、シェヘラザード、
お前が生きながらえるように。
お話してよ、私の魂、私の迷える、優しい魂、死に向かう小さな存在、
だって言葉は存在の始まりなのだから、
真ん中や終わりでないとしても。

ル＝グウィンの「なぜ」という問いは、さまざまな答えを誘い出す。抽象的になるか、経験論的な断案になるか、いずれにせよ十分な納得を与えることはできないかもしれない。しかし、なぜ「焚火」を囲んで座っているのかと自問したくなるほど、私たちはふだんに物語にひきつけられている。

文字で書かれた物語だとしても、読む行為のなかで、私たちは心中深く「お話してよ」という呼

びかけと期待を共有する。それは必ずしも波乱万丈のストーリーでも、空想的なファンタジーでなくてもいい。さりげない出来事を語った話が身近に心にせまり、身体を熱くするときもあるだろう。しかも、物語の世界に取り込まれることとそこからはじき出されることをくりかえしながら、そのときのことば、言い回し、語り方が他ならぬ決定的な体験として刻み込まれるのだ。やがてそれらのことばは意識の片隅から忘却の淵に滑り込むかもしれないが、しかし、ふいに記憶の層がはがれていったとき、まったく新たな文脈のもとに新しい陰翳を添えながら甦ってくる。近代になって読書は孤独ないとなみとなったと言われるけれども、おそらく多くの人びとは、胸をやくような物語の感動を誰かに伝えたくてやもたてもたまらぬ思いにかられるのではないか。ねえ、この本を読んでみてよと、呼びかけたくなる。

だが、物語への欲望が強くあるがゆえにこそ、「物語《イストワール》」と「話法《ディスクール》」をめぐる冷めたまなざしが求められなければならない。なぜなら物語そのものがいたるところにあふれているから。小説や映画、ドラマ、コンピューター・ゲームのみならず、新聞やテレビの報道、政治や社会、戦争、スポーツ、事件をめぐる言説の多くは、物語の要素を取り込んでいる。さらにいえば物語の枠組みに依拠している。人びとの欲望を刺激し、物語を通して人々のなかに浸透することを望んでいる。にもかかわらず、多くに人は物語の介在に気づかず、それを現実のように思い込んでいる。物語を物語として受けとめ、新たな文脈のもとに新しい陰影を添え、差異をつけながら新たな物語を再生産する。そうした自覚的な語り直しではなく、無意識のように同型の物語をくりかえしている。消し去られているのは、物語のなかのことば、言い回し、語り方それ自体との決定的な出会いであり、その認識である。本来、異物として記憶に刻まれたそれらは、いまここで展開しているのが他でもない物語であり、しかも、たとえ同型の説話が他にあったとしても、ことばとことばの固有の組み合わせによって成り立っているただ一つの物語であることを顕在化する重要な指標だった。その指標がほとんど意識されなくなるほど大量の物語がたいした差異もなく生みだされてきている。指標があってこそ、その物語のある部分に感動した自分が鮮明に浮き上がるのであり、その物語のある部分に違和を覚えるかたちで自己差異化がはたらくのだ。稀薄に浸透し、いつのまにか普遍化している物語に対して、一人ひとりの物語を取り戻すこと。「焚火」を囲んで、「物語論」の言説が交わされるのはそのためでもある。

物語への愛情と、物語への知的なまなざし。この矛盾する二つのことをともに担わなければならないのが、ことばと物語とを不可欠の学習素材とした「国語」の教育である。おそらくこれまで「国語」の教師たちは意識するにせよ、しないにせよ、この二重の課題に応えてきた。だが、人をダブル・バインドにかけるような二重課題は、まさに微妙なバランスが問われるところでもある。バランスを失したとき、どちらかが消え、一方にのみ吸収される。しかも、力を弱めて。より正確に言えば、二つの課題は、対立する二項というわけではない。つねに愛情は批評より上位概念としてある。なぜなら物語への愛情が平板さを超えたとき、そこにはこの物語とあの物語の差異をはっきりと見るまなざしが存在するにちがいないから。差異を見ながら、さまざまな物語にふれる喜びを共有できるかどうか。「国語」が問われているのは、いまそうした課題だと思う。では、その差異をどこに見るのか。物語を支えることば以外に他にないだろう。物語の力にふれるためにも、いったん溢れている物語群から離れて、ことばに向きあう必要がある。

教室で「読む」とはどういうことか

「国語」の授業は読むこと、すなわち理解することを必須の方法かつ目標としている。そこには文部省（二〇〇一〔平成一三〕年以降、省庁再編により文部科学省となった）の「学習指導要領」にもある「国語を的確に理解し適切に表現する能力」を身につけさせるためという外的な規定があり、また古典や現代文のさまざまな教材を読ませることが「国語」の教育なのだという教師側の信念もその前提となっている。だが、何をいかに読ませるのか。言うまでもなく「国語教材」である。具体的に何をさすか。おそらくほとんどの「国語」の授業では教材集として編まれた教科書がそれにあたる。

ところで、教師が教室に入って挨拶をすませ「さあ教科書の何頁を開いて。」と呼びかけのことばを発したとき、生徒たちはどのような表情をするだろうか。中学校から大学にいたるまでほとんど変わることなく、そのことばによってひきおこされるのは教科書に向かって物憂く手を動かしながら、これから始まる事態に対して早くもうんざりした表情だろう。教師経験者はいつもこうした反応に向き合っているだろうし、自分自身がそのように呼びかけられる生徒だったときの記憶をたどっても、その反応の正当性を否定することはできない。むろん教室とは制度上、暴力的な規制の空間である。「焚火」を囲んでいるのでもないのに、四〇人以上の人間が同じ部屋で、同じ方向を向いて、同じ書物を手にとり、同じ頁を読み始めること自体、異様な光景ではあるのだ。この異様さに鈍感な教師はべつとして、気づきながらもやはり多くは教室に入れば「さあ教科書を出して。」とやらざるをえない。そのとき、はたして「読む」体勢はできあがっているのだろうか。

新しい教科書を手にしたときの新鮮なワクワクする思いもたしかにある。日本独自の学事暦によって春四月の桜とともに用意される新しい教科書との出会いは、濃淡こそあれ生徒の心を多少は波立たせることもあるだろう。興味を持った生徒は教科書の内容を早くも一読するか、拾い読みする。それは当然のことではないか。初めて手渡された教科書はまだ「教科書」ではなく、何かを呼びかけてくる書物のひとつだ。みずからの興味と関心の発動するかぎりにおいて、呼びかけに応じて「読む」ことのできる書物でこそあれ、教室の空間で向き合わねばならない「教科書」としての機能を帯びてはいないのだ。したがってそこに収められたさまざまなことばや図像を自由に読み、あれこれ快と不快とを感じ分ければいい。ところが教師と生徒として教室で対面するとき、おもしろかったり、つまらなかったりしたそれらのことばたちは一様に「教材」に変貌してしまう。「教材」は文字通り教育のための材料だ。いったんは書物のなかから死んだことばを甦らせたはずの生徒たちは、冷え冷えとしたことばの死骸の列がむきだしになった風景の予感におそわれることになる。

島崎藤村の小説『破戒』（自費出版、一九〇六年三月）には、日清日露の戦間期の小学校のようすが出てくる。その後半、クライマックスの場面で、小学校教師の瀬川丑松が教室でいつもの「講釈」を半分ほどで終えて「国語の教科書」を閉じ、少し話があると言うと、生徒たちの「「御話、御話――」と請求する声は教室の隅から隅までも拡がつた」と書かれている。丑松の有名な、そして問題性のある「告白」がそこから始まるのだが、教科書のことばから離れたところで、個としての丑松のことばが生徒たちに向けて発せられるかたちになっている。もちろん被差別部落の出自を持つ瀬川丑松のことばは、パーソナルではあるが、生徒全員を対象としていて、生徒個々の固有の存在に向き合ってはいないという一方通行なものである。それにしても丑松が教師としての自分から離れたところで発しようとしたことばを期待の目で迎える生徒たちがそこには描かれている。日本で近代教育の体系がととのえられた二〇世紀の初めにおいてすら、そうだったのだ。

したがって「教科書」とは、その一冊の書物が「教科書」として見なされたときから「読む」意欲を失わしめるものであった。それを媒介に成立する教師の言説に対応して、みずからのことばを生徒の言説として調整していかなければならない。まして「読む」という個別的で快楽的ですらある体験をめぐって、言説のゲームが始められるのだ。教材の解釈を中心として成り立つそのゲームは、ただの書き取りではない分、ルールすら教師と生徒のあいだで不透明だ。その長年にわたるくりかえしが生徒たちの陰鬱な予感を用意している。

近代の出版システムのなかで書物は大量生産の規格品として生み出されてきている。だが、にもかかわらず読者一人ひとりにとっての願いはそれを読むことが固有のかけがえのない出会いとして体験されることである。出会いの一回性を確認しえた書物が「私」にとってすぐれて快い読書体験をもたらし、また読むことを媒介とした「私」の形成につながっていくのだ。それがいかにも規格品の文庫本だったとしても。しかし、「教科書」にはより以上のハンディがある。有償か無償かはおくとしても、この書物には手に取って読むかどうかを選ぶ読者の自由すらないのだ。読書という行為の根底にあるべき自発性が「教科書」にはない。それはただ与えられ、命じられる。生徒のみならず、同じような環境に置かれた読者はみなうんざりすることはまちがいない。「教科書」は書物としての輝きをもつことを許されぬまま、教室の空間を教室たらしめる必須のアイテムとして機能しつづけるのだ。

そんななかでときどき授業中に夢中になって「教科書」に悪戯書きをしている生徒たちがいる。各「教材」の著者紹介に掲げられた顔写真に髭をつけたり、帽子をかぶせたりする彼らの悪戯は、しかし、この規格化され、みんなにまったく同じように手渡された書物を、自分だけの書物に作りかえていく行為に他ならない。自分だけの書物――線をひいたり、書き込みをしたりすることで、私たちは書物を自己流に作りかえるのだ。むろん、その逸脱的な読書行為にしてもせいぜい悪戯書きに終わってしまうかぎり、結果的にはわずかなことである。「教科書」をバラバラにしてみたり、「教材」を切り貼りしたりすることは禁止事項なのだという暗黙の規制が生徒のなかにはたらいている。むりにそんなことをしたら、説教されてまた教科書を買わされるのが関の山だ。しかし、彼らはあいかわらず「教科書」を読む体勢には向かうことなく、その余白に、図像に自分の鉛筆の痕跡を刻みつづけるだろう。ではほんとうに「教科書」をバラバラにし、「教材」を切り貼りすることは禁じられているのか。

実は禁止を内面化しているのは、生徒だけでなく、むしろそれ以上に教師自身なのだ。教壇で「教科書」をバラバラにしてみるといい。どうということのないはずのその行為に驚くべき勇気がいることに気づかされる。ものを大切に、ゴミを出さないようにといった表面的な訓示が頭のなかをチラチラする。そんなことをする意味が分からないという人もあるかもしれない。しかし、バラバラにすることはゴミを出すこととはかぎらない。「教科書」を解体して初めてあらわれてくるもの、それがだいじなのだ。

それはひとつには印刷された紙を綴じ合わせ、貼り合わせた物質としての書物のかたちである。書かれたことばが紙に印刷され、綴じたり貼ったりする工程をへて、一冊一冊の書物が製本されてできあがる。頁のつながり、丁づけのしかた、表紙とアート紙、本文用の中質紙のちがいなど、ただの「教科書」がどのように造られているかがまさに物質的に分かる。いったん解体された印刷紙の束をもう一度綴り合わせるとなると、簡単なようでいて複雑な仕組みがより理解される。そのまままで製本するにせよ、もうもとのようなまったく同じかたちの規格品になることはないだろう。あらためて表紙になるような紙を探してきたり、糊やテープを用意しなければならない。どんな紙がいいか、どんな綴じ方がいいか。それぞれに不揃いの、きれいとはいかないが個性的な書物が立ち並ぶことになる。

この過激なうながしは、ひとつの比喩ではある。しかし、その比喩を現実化するくらいの想像力をもたないと、私たちのなかにある「教科書」を断ち割って、生きたことばをとりだすことはできないのではないか。もはやそこに厳然として動かしがたい現実のように授業の中心に「教科書」をおき、与えられたフォーマットに即しながら読むことが至上課題とされたとき、ことばは立ち上がってくることはない。

たとえばある先生は高村光太郎の詩「秋の祈り」を教室の外で読んだという。教室の空間を出て、外の空気にふれ、机と椅子にしばられたいつもの身体とはちがう身構えで、生徒たちの「読む」行為が揺さぶられる。「教科書」を読む場所を変え、定型に小さなひびを入れることによって、生徒たちの前で詩のことばが動きだしてきたのだ。それは「教科書」を中心に成立している「国語」という授業システムそのものに対する抗いと言ってもいい。ことばの意味をしらべ、段落にわけて主題の把握をすすめるといった授業の進め方は、たしかにオーソドックスではある。だが、それはあくまでも選択肢のひとつなのだ。しかし、授業のかたちとしてはそうした解釈中心主義が規範として蔓延している。蔓延したまま、その方法の有効性すら減退させて、読むことの喜び、ことばや物語との出会いがもたらす根源的な力から遠く離れている。はたして私たちはそれほど教室で定形通り「教科書」を読まねばならないのだろうか。

文学教育の陥穽

小学校の初めのときには楽しかった「国語」の時間が、中学校、高校に進むにつれて一気に魅力を失っていく。それは漢字の書き取りやことばの意味調べの煩雑にたえられなくなったという類のものではない。むしろ理解と解釈を中心にした「国語」教育の組み立てが結果としてもたらしている事態であり、その真ん中に「国語教科書」をめぐる読み方の制度がある。「教科書」を対象とした解釈中心主義とは、文学教育においてそのもっとも大きな弊害をあらわにしている。というより解釈中心主義による文学教育が文学への愛情を、物語への愛情を阻害していることをはっきりと指摘しておかなければならないだろう。

これまでの「国語」教育を支える枠組みが先にあげた文部省の「学習指導要領」である。この指導要領は、「学校教育法」および「同法施行規則」のなかの第五七条の二において「教育課程の基準」として定められている。つまり小学校・中学校・高校の教育内容およびその形式を体系化し、大きな統制の下におく根本の座標軸なのである。序列的な体系であるかぎり、最終段階の到達点がそこにいたる道筋を決定する。したがって「高等学校学習指導要領」がとりわけ注目されるが、その指導要領は教科の筆頭に「国語」をあげ、その「第一款」に次のような「目標」を掲げている。

国語を的確に理解し適切に表現する能力を身に付けさせるとともに、思考力を伸ばし心情を豊かにし、言語感覚を磨き、言語文化に対する関心を深め、国語を尊重してその向上を図る態度を育てる。(「高等学校学習指導要領」)

小・中学校との違いとして加えられたのが、この「言語文化に対する関心」という事項である。「言語文化」とは文部省による指導要領解説[*2]によれば、「言葉による創造的な活動とその成果」を指し、具体的には「古典に始まって現代に及ぶ各時代のもの」で「特に現代にあっては文学、評論、論説を始め、講演など」を含めることができるという。当然、これは「理解」に関する指導にかかわる。「国語Ⅰ」では、「理解」の事項として「話や文章の主題や要旨を叙述に即して的確にとらえること」、「文章に描かれた人物、情景、心情などを表現に即して読み味わうこと」といった六項目の課題が並んでいる。

小教科としての「現代文」の「目標」は「近代以降の優れた文章や作品を読解し鑑賞する能力を高めるとともに、ものの見方、感じ方、考え方を深め、進んで表現し読書することによって人生を豊かにする態度を育てる」と書かれている。他にも随所で同じ表現がくりかえされているが、「人生を豊かにする」のは結果としてついてくることではなく、目的として設定される。何をもって「人生」の豊かさを測る指標とするかが相対的であることは言うまでもないが、このような目標設定によって、たえず判定者の位置にあるもの（教師―学校―国家）が無根拠であるにもかかわらず、判断の座標を独占することになる。

むろん「人生を豊かにする」目的に向けて手段とされるのは、規範となるような古典的評価を受けたテクストである。「優れた文章や作品」とは「内容、表現ともに言語文化として価値が高く、現代の文化や思想に深くかかわるようなもの」だという解説がつくのは当然のことだ。とりわけ「文学的な文章」の「作品」については、「主題、構成、叙述などを確かめ、人物、情景、心情などを的確にとらえること」が求められ、より「明確な読み」が期待される。ここで「的確」とか「明確」といったことばがその実、不明確なままに威圧的に用いられる。その上で、次のようなことばが「解説」には付けられている。

文学作品の読解、鑑賞において、生徒自身の感動を大切にすべきことは、言うまでもない。また、人物、情景、心情などをとらえるためには、豊かな想像力を働かせることが必要になる。しかし、それらはあくまでも主題、構成、叙述などの上に立ったものでなければならない。作品の表現を離れた勝手な感想や想像からは、的確な鑑賞は生まれない。

いったい「文学的な文章」において「主題、構成、叙述」が「的確」に「確かめ」られるものだろうか。はたして「的確」ということばが含意するような明瞭さで一義的に決定しうるだろうか。しかし、それがすべての読みを支える絶対的な基底とされ、そこに立たなければ「勝手」であり恣意的であると烙印をおされてしまう。生徒の「感動」や「想像力」を認めるふりをしながら、それを限定し、方向付けようとするこうした条件こそ、これに規制される教育の現場において抑圧的に機能しうる最たるものだ。

「国語」における文学教育の成立を歴史的にさかのぼると、「国語」教育自体の成立期である一八九〇（明治二三）年から一九〇〇（明治三一）年前後の時期にいたる。[*3] つまり旧制の中等学校――高等学校がそれまでの流動的な時期と変わって勅令や文部省令によってきびしく制度化されたときである。中学校は実業教育から切り離されて、高校から大学、専門学校へ高等教育へのステップとして位置づけられ、それに応じたアカデミックな教育に絞り込まれていった。教育行政の立場から、就学熱・教育熱に対応すべく増加する公立・私立中学に歯止めをかけるため、中学校の組織や校舎、教室のすみずみにいたるまでが条文で規定され、中学校の全国画一化がはかられた。当然、この統制が教育内容にも及び、細かいカリキュラムの一つひとつにまで指示にしたがわなければならなくなったのである。

当時の「国語」科目は「国語及漢文」と呼ばれていたが、それまでの漢文素読を中心とした教育が見直され、国民国家を支える言語共同体の確立に向けて「国語」の統一と強制が目的化された。いわゆる「言文一致」文体の教育がここに開始する。「今文」と称された明治日本の思想家、啓蒙家、文筆家の文章がとりあげられ、とりわけ「言文一致」モデルの追求者として文学者たちの文章も教材化されるにいたった。呼応するように漢文学とは異なる日本の文化伝統のアイデンティティを求めて、『万葉集』以降、近世にいたるまでの古典が「国文学」として統括され、教材に組み込まれるようになった。教育学者の西尾実がいうところの「語学的教材期」から「国文学的教材期」への移行があったのである。[*4] しかも、「国語」教育のこの本格的な始まりは、すぐに「人間的陶冶」への期待を要求として生みだした。当時評価の高かった中学校用教科書の一冊は、その序言において明治日本の「中流以上の紳士」にふさわしい「品性」の修養を目標に掲げ、「我が国文学」の「花蝶風月のすさび」や「繊弱卑褻」に対する不満を明らかにしている。そして「文学史上の旧作」だけでは不足として「複雑精緻なる事物思想」を叙述した「現代の文豪、及び専門の大家」の文章を広く集めたと語っていた。[*5]

つまり「国語」教育のスタートにおいて、国家による教育の画一化と人格修養の提唱がセットとして登場したのである。その後の教育史の流れを見ると、第二次大戦の敗戦をはさみながらも、驚くべきことにこの基本的な組み合わせに大きな変化はなかった。しかし、文脈が異なると同じことばでも意味がずれるように、画一化と人格修養というセットの実践的な抑圧性はむしろ戦後においてより深まったのである。

「人物養成」をうたいあげた明治後半期の「国語教科書」を開くと、実にバラエティにとんだ文章群が載っていることに気づかされる。その時期は学校での言語的な一元化が目標に掲げられ、方言などの固有語が弾圧されたわけだが、それは逆に言えばそうしなければならないほど生徒たちのなかに強固に言語的な多層性・多様性が生きていたことの証しでもある。しかも、「教科書」にのった規範たる文章もその多くが幸田露伴や尾崎紅葉、大町桂月、高山樗牛らの「言文一致」以前の文章を含んでいた。またその後も夏目漱石の『草枕』が長く教材となりえていた。こうした時期においては厳しい排除と規制がありながらも、「帝国教科書」の枠内では画一化の実態はゆるやかだったと言える。

これに比べて戦後の「教科書」を見るならば、素材のレベルにおいて制約がゆるめられたとはいえ、言説のレベルにおいては戦前にありえた言語的な多様性が失われ、画一化の傾向を強めていったことが分かる。一九七〇年代以後、漱石は『こころ』の一部か、『現代日本の開化』の一節となり、明治文語文にしても森鷗外の『舞姫』があればいい方で、形式的にのみのせられていることの方が多い。

学校以外のメディアにおいても均質化の進んだ現在にあって画一化がより徹底する一方、それを克服して「人生を豊かにする」ための「修養」の観念が肥大化したのである。反戦平和というスローガンにせよ、疎外された人間性の回復というテーマにせよ、人間的成長が目的化されていたことには変わりはない。その結果、いわゆる文学作品がこうした文部省の方針と教師集団の理想の双方から求められる教材となったのである。もはや文学は個別のテクストの表情にふれられることなく、かろうじてとらえられた表情も内面の心理に還元されつくし、要約しうる数十語の一般論的な主題へと概括される対象になったのである。

日常のことばを発見する

こうした条件下にある「教科書」を断ち割り、読み方の基本原則をはずしていくには、どのような戦略が必要なのだろうか。まずは解釈中心の思考習慣に足をすくわれないためにも、ことばというメディアの物質性を意識的に前に迫り出してみよう。ことばがある人からある人へ、何かを伝えるためのただの媒体としてあるだけでなく、ふいに媒体としてのことばが突出して、になっていた意味からはずれて浮き上がってくる。それは社会的な交換の文脈からいったん切り離されたことばたちだ。

たとえば身近なところから学校のなかの「言語環境[*6]」を考えてみてもいい。分かりきったことだが、話しことばは場面や人物相互の関係によって大きく異なってくる。では生徒たちが家族で話し合うとき、生徒同士で話し合うときのことばは、性差や親密度によってどう変わるか。また教師がいるときの生徒同士のことば、教師に対するときのことばはどうか。まったくちがってくるだろう。教師のことばはどうか。教師のことばも性差、個人差が大きくあるし、世代や経験年数、職掌によってもちがってくる。ひとくくりに大人のことばとしてのみくくりきれない複雑さがある。

おそらくそうした場面や関係に応じてことばが使い分けられていることに敏感なのは、生徒たちの方だろう。教師の差異を瞬時に見抜いてその授業をどのように受けるかを決めていく彼らにとって、それは日常茶飯事のはずである。ただし、その使い分けの技術を対象にするのでなく、さまざまなことばの異質さを明らかにすることで、どのようなことばに自分の感性が反応するかが問われ、ことばを発するものが自らをいかなる役割や規範と結びつけているかが分かってくる。自分が発したことばによって規定される自分を知ること。それはコミュニケーションの行為の場面を意識化することによって、意識されざる自分のことばを明るみにひきずりだしていくことでもある。

また学校という「言語環境」は書かれたことばの多い空間でもある。むろん「教科書」は「国語」のみならず、どの教科のものも文字を中心に、それを補う記号や図像でおおわれている。そんな他の学校でも使われているような「教科書」のことばは別にしても、この学校の固有の名をつけて出されている多くの文書がある。入学案内や便覧から始まって、生徒手帳もいろいろなことばでうまっている。校則もことばで書かれているし、朝礼の訓示があたかも文書を読むようだったりすることもある。廊下に貼りだされた掲示物、諸注意、案内板の類、教室の壁に貼られた標示、スローガン、時間表、ポスターなどなど。学園新聞や学級新聞、保護者宛の通信、成績・内申書もそのなかに入る。ダイレクト・メールで送られてくる塾や予備校の宣伝までふくめれば、学校関係はことばでいっぱいだ。

そこで個別のそれぞれのことばに魅力か反発が感じられるとすれば、それはどこに起因するのか。言い回しがいいのか、命令調に不快を覚えたのか。レタリングか、レイアウトか。意味不明の曖昧さか、とぼけたおかしさか。とにかく自分たちを取り巻くことばの環境を総ざらいしてみよう。それらのことばはほとんどが意味の伝達を目的とした実用的で功利的なものである。しかし、実用的なことばをあらためて意識的に対象化してみると、そこで展開されていることばの質が問い直されてくる。命令なら命令のコミュニケーションの文脈があって、そのことばは意味を獲得するが、文脈をはずすと命令は命令でなくなっていく。「廊下を走るな。」という文字の形や配列が意識されたり、そのあまりに率直なことばの選択に辟易させられたりする。廊下を走っている生徒がいるにもかかわらず、壁に貼られて風に吹かれているという別の文脈におかれると、文字よりもかえって黄ばんだ紙の色合いが意味ありげに浮かんでくる。

実用のことばの最たるものが「ハリガミ」である。ここで学校を離れて「ハリガミ」のことばにアプローチしたひとつの例を見てみよう。赤瀬川原平が『芸術原論』（岩波書店、一九八八年七月）で紹介したイラストレーターの南伸坊による「ハリガミ」採集である。ちなみに注釈をつければ、八〇年頃に日本中が都市の再開発に騒がしくなり始めた時期、赤瀬川原平や藤森照信らによって産声をあげたのが「路上観察学」である。南伸坊もそのなかのひとりだった。『超芸術トマソン』（白夜書房、一九八六年五月）や『路上観察学入門』（筑摩書房、同年同月）などの彼らの仕事は、都市というテクストが再開発の名のもとにあらためて一義化されようとしたときに、都市をさまざまな生活文化の歴史的な錯綜体としてとらえ直すことだった。そこには功利的な解釈を拒み、意味に還元できない不透明な物体《オブジェ》（「純粋四谷階段」や「無用門」、煙突頂上の拓本やマンホールの盗の図像など）が都市のあちこちに発見され、テクストとして報告された。それは多く「見立て」のおもしろさをともない、それゆえにまた都市の探検として消極的にあつかわれる側面も持ってはいたが、しかし、マルセル・デュシャンに通ずるモノと遭遇する貴重な一瞬がとらえられてもいたのである。

さて南伸坊は、ふつうならば「犬の糞お断り」「ゴミは決められた時に出しましょう」と書かれるハリガミが次のような多様なヴァージョンを生んだことを採集して報告している。

(ア) 飼い主の人格を知る犬の糞

(イ) 単なる散歩
犬の散歩

(ウ) Don't ウンコ

(エ) 燃えないゴミは
(金) だけです

(オ) 夜の中からゴミを
出さないで下さい

(ア)は東京台東区の寺の門前にあったという。赤瀬川はハリガミを出しても出しても効き目がないまま「ある種の諦観をともないつつ、結局はこの見事な川柳の境地にまで達したのであろう。」とコメントしている。そのもっともらしい評言によれば、ハリガミは「その住民のやむにやまれずに貼り出す意欲と、その結果の効き目のなさが繰り返しを生み、それが次第にハリガミ表現の爛熟へと向かわせる。」という。

（イ）は京都の寺の境内で採集された。「メッセージが独り歩きしながらあたかもそれ自体が散歩のように爛熟し、怒りも軽蔑も超えた最終的な境地に達した」一種の名品だという。（ウ）は外国人の居住者の多い港区広尾の近辺。「二ヵ国語の教養」（！）が要求される高度なハリガミだ。（エ）は品川の高級住宅街。金曜日を略した「(金)」の記号が文字通り「金」の意味になると、「金もゴミ」になってしまう驚くべき上流階層の家庭の風景が浮かんでくるというわけだ。

もっともシュールなのは（オ）だろう。おそらく「中」は「うち」と読ませるつもりで書いたのだろうが、「夜の中から」と誤記されることによって、ごくありふれたハリガミが不思議な光景を現出する。通りすがりの人が道端の「ブラックホールのような夜の固まり」に手を入れてゴミを引き出していく。それは宮沢賢治の『銀河鉄道の夜』のなかに紛れ込んでしまってもおかしくないようなことばのつらなりになっている。

冗談のようなこれらの例は、しかし、ことばと文脈、コードをめぐるたいへんシンプルでかつ原理的な考察を与えてくれる。採集者や論評者のコメントがおかしいのは、これらのハリガミを書いて貼り出した住民の視点をわざとずらしているためである。目的をかなえるためにもっとも効率的かつ経済的に書かれるはずのハリガミのことばでさえ、そのコミュニケーションを支える文脈から切り離され、別のコードで読まれたときには、まったく異なる意味を発生させる。少なくともそこには注意を発した書き手、想定されていた注意されるはずの受け手がまずあり、ついで文脈から切断してきた採集者、さらに読み換えていった論評者がいる。これらの視点の交錯するなかに、このハリガミをめぐる読みがあるのだ。

だいじなことは見立てのおもしろさではない。文脈やコードによって、書いたり読んだりする人間によって意味が変化しうることばの特性に対する認識である。どのようにことばを配するかが意味の伝達においてもちがいを生むし、同じだと思っていることばがまったく異質で不透明な存在に変わることがある。学校のなかで交わされていることばもその特性を共有している。その認識にたったとき、ことばはあらためて読む対象として、また書く対象として前面に浮上する。そこにはいかなる言い回しが使われ、どのようなレトリックが駆使されているのか。書き手の文脈は、立場はどこにあるのか。読者はどこに想定されているか。また逆にそれらのことをどのように生かして書けばいいのか。

ハリガミというもっとも実用的なメッセージのことばの組み立て方、ことばの選択と配列、文字以外の図像などの情報の使い方を意識することによって、ハリガミのメディアそれ自体の利用価値とともにそのハリガミの固有の表情が浮かんでくる。そしてこうしたことばの不透明なややこしさを意図的にかつ最大限に生かしたところに、他ならぬ小説や物語を始めとした文学の領域が開けているのである。

刻み込まれることば

初めにふれたように学校の外では、さまざまな物語があふれている。ストーリーを中心としたそれらの物語はなめらかに語られて、いつのまにか自分の語ることばのなかに溶け込んでしまう。詩や小説のことばはそうした同化することばとはちがう。詩でいえば、だいたんな比喩によってふつうとは異なることばを選び出し、組み合わせ、「主題」となるような意味内容を越えて、暴力的にそれらのことばの音、形、リズムを読者の心身に彫り込んでしまう。あるいは小説ならば、物語のストーリーに惹かれながら、ありふれたことばの選択と配列が錯綜するコードのなかで多彩な輝きを発する瞬間を刻み込むのだ。

「国民文学」として親しまれてきた漱石の『坊っちゃん』（『鶉籠』所収、春陽堂、一九〇七年一月）を例にあげようか。短篇としての独立性も有しているように見えるその第一回は、しばしば中学校の「国語」教科書にも採用されている。ストーリーとしては、これまでにも映画化や演劇化、ドラマ化されてきたことを見ても分かるように、他のメディアに翻訳可能な内容を持っている。だが、変換しきれないところにこそ小説の他にかえがたい差異がある。最大のそれは、一人称の語り手である「おれ」だ。四国の中学に赴任してからもついに固有名で呼ばれず、名を明かさない「おれ」は「おれ」であり「坊っちゃん」である。この二つの呼び名こそ、語り手のこだわる名前である。「私」でも「わたし」でも「ぼく」でもない「おれ」は自己に対する呼称であり、同時に聞き手に対する関係の取り方を示唆し、みずから選んだ自己規定のありようをも暗示している。

そしてもうひとつの「坊っちゃん」という呼称は、下女の清が「おれ」を呼ぶときの呼称である。一般的には身分の低いものや使用人が、身分の高い家あるいは主人の家に生まれた男の子を呼ぶ呼称でもある。そうした使い方から転じて、いわゆる「坊っちゃん」育ちという世間的な揶揄や冷笑のまなざしにさらされる負の価値を帯びたことばであるけれども、清が呼んでくれたことばとして「坊っちゃん」の呼称があり、それが「おれ」という卑俗な自称の語り手の語る物語全体の固有名としての題にもなっている。結び付きにくい二つの呼称がこの物語で出会う。「おれ」が「坊っちゃん」であり、そのむずかゆくなるような呼称で呼ばれたときを懐かしく思い、そう呼んでくれた人との関係のなかで二つの呼称の隙間から「おれ」が新しい「おれ」を生みだしていた時間への愛惜が全体を貫いているのだ。この「おれ」と「坊っちゃん」という二つの呼称をめぐる重なりと隔たりは、紛れもなく日常的なことばそのものへの意識的なアプローチによって見えてくる。

あるいはまた第一回ではさらに悪戯ざかりの「おれ」の育ちとともに家族との関係が語られていた。そこには「おやぢは些ともおれを可愛がつて呉れなかった。母は兄許り贔屓にして居た」と家族の記憶が概括され、「こいつはどうせ碌なものにはならない」という「おやぢ」の断言や、「乱暴で乱暴で行く先が案じられる」という「母」の懸念のことばが回想される。それを聞けばたしかに両親の愛情のうすさを思わざるをえない。しかし、小説の「主題」からは周辺に追いやられるこの家族の一人ひとりに焦点をあてるならば、必ずしもそうとばかりは解釈できなくなる。

「金満家」に譲って相当の額になるような家屋敷を持ちながら「何もせぬ男」だったという「おやぢ」はいったい何を屈託していたのだろうか。小使に背負われて帰った子供に「二階位から飛降りて腰を抜かす奴があるか」と叱りつけた父親は、その子供に「おやぢは頑固だけれども、そんな依怙贔屓はせぬ男だ」と評される人物でもある。「実業家」になりたいと言って勉強ばかりしている長男と、悪戯ばかりして粗暴な次男をかかえた彼の「心情」は、それこそ一顧だにされることはない。あるいはまた母親が、ナイフで自分の指を傷つけるなど自らの身体からわきだす力を持て余し、いつもハラハラさせられれどおしの次男よりも、おとなしくて「女形」の真似をするのが好きだというより女性的な長男により親近感を持っていたとして、それはいかにもありがちなことではないか。自分が死の床についているそばで、宙返りをして肋骨を痛めたという息子に「御前の様なもの丶顔は見たくない」と激怒するのも、母親として無理からぬことだ。したがって「例の兄がおれを親不孝だ、おれの為めにおつかさんが早く死んだんだと云つた」のも、けっして虚妄の言いがかりとは言いきれない。

「おれ」は親や兄に対して「なぜ」という気持ちをいつも持っているが、逆の立場からすればまた別の「なぜ」が「おれ」に発せられている。それが双方ともに解きほぐせないまま、家族の歴史は経過してしまう。母親は早く死に、父親は卒中で倒れ、兄とは人生を異にしていく。とりかえしのつかない時間のなかで別れがあり、しかも「おれ」は家族についてこのくらいのことしか語れないのだ。その決定的な情報量の少なさは、ついに家族の一人ひとりが「おやぢ」「母」「兄」といった家族内の関係を越えたその固有性においてとらえられることがなかったことを示唆している。

そしてわずかに残された情報を「おれ」の視点から切り離してみたとき、この家族が迎えた不幸の質がかいまみえる。つまりこの小説の物語が背景に沈めてしまったもうひとつの物語が、家族に焦点をあてることで呼びだされてくるのだ。そのとき「成程碌なものにはならない。御覧の通りの始末である。行く先が案じられたのも無理はない。只懲役に行かないで生きて居る許りである」という現在の「おれ」の納得と諦めのまじったような述懐のことばが陰影を増し始める。親の叱責や非難のことばが現在の「おれ」のことばに取り込まれ、その意味においてしみじみと肯定される。まさにそうした叱責や非難のことばによってしか親と「おれ」とのつながりがなかった。その記憶の貧しさ、悔しさが漂いだすのである。

　生前の母が兄を「贔屓」していたとすれば、母の死後、「おれ」を「贔屓」にしたのが清である。よく納得できない理由で、つまり無根拠であるにもかかわらず愛情を注ぎ、「贔屓」をしたことにおいては、母も清も同等である。ただ清からひたすら身の回りの世話を受け、期待と励ましのことばを与えられる対象となった「おれ」は、よくわけの分からないまま好意に満ちたことばを受け入れていった。その清のことばのなかでもっとも意味不明なのは、四国の中学校に赴任することになった「おれ」の土産に「何が欲しい」との尋ねに答えた「越後の笹飴が食べたい」ということばに尽きるだろう。方角もちがうし、中学校教師になるという文脈もよく分かっていそうにない清の答えは、小説の読みにはとくに関係がない。だが、「元は身分のあるもの」だという清の愚かしさをきわだたせながらも、「越後の笹飴」ということばを放り込むことによって、江戸以外の土地をほとんど知ることのなかったらしい清がかつて笹飴を記憶に刻み込んだそのときの出会いの体験の固有性が想像されてくるのだ。「越後」という地方の固有名が、清のなかで地方そのものの一般名詞に変じる瞬間がきっとあった。それが形を変えて「おれ」の記憶に刻まれ、いままた読者の記憶のなかに刻まれていく。「随分御機嫌やう」[*7]という清の別れのことばもあまりにさりげなくはある。しかし、ありふれた挨拶ことばが、もはや二度と会えないかもしれない人と人が交わすことばのもっとも美しいものの一つとしてそっと置かれるのである。

こうした清のことば、あるいは家族のことばに対して、「おれ」はほとんど十分なことばを発していない。「おれ」との別れにがっくりきた清を、「おれ」は「持て余し」ているし、駅での別れでも清の親切のこもった餞別に対して要る要らないをくりかえすばかりだ。その「おれ」が教師になるというストーリー上の設定は皮肉でもある。「おれ」は最終的に教師をやめて「街鉄の技手」になることによって清との生活を獲得し、そして清を失うことによってこれまで自分に寄せられてきたことばの数々をあらためてたどり直すこの物語を語り始めたとも言えるのだ。

ここで指摘したことは、教科としての「国語」で『坊っちゃん』をこのように読むべきだということではない。小説としての『坊っちゃん』を構成している無数のことばのなかから、いくつかのことばを拾いだしてみただけのことだ。「おれ」の語る「焚火」のまわりに人は集まっている。「死に向かう小さな存在」にすぎない私たちが、闇のなかで赤々と燃える「焚火」に瞳をこらしながら物語に耳をすます。その物語は分かりやすいように見えて、分かりにくい。分かりにくい多くの不透明なことばと、そのことばに結びついた謎をふくむがゆえにこそ、魅力を増していく。

「言葉は存在の始まり」とル゠グウィンは言った。ことばならざる大洋を漂いながら、しかし、ことばを通してしかその世界を名指すことができない。ことばが存在を存在たらしめる最大のメディアである。しかも、そのメディアは十分な機能を備えている完成品ではない。たえず補修され、改められ、それでも雨漏りしつづけている。「暗い嵐の晩でした」。夜の闇のなかから滴りおちることばのしずく。それはつねに新鮮で、かつ不安を誘う。カンテラの光で照らしだしたなら同じように白く耀くしずくが、さまざまな角度からの「焚火」の光によって多彩な輝きをみせるとき、学校という空間はことばそのものがもたらす力に一瞬ふれることができる。おそらく課題はそこへ向けての軽やかな一歩なのだ。

註

＊1 アーシュラ・K・ル＝グウィン「暗い嵐の晩でした、あるいは、なぜ私たちは焚火のまわりに集まるのか?」(『世界の果てでダンス――ル＝グウィン評論集』所収、篠目清美沢、白水社、一九九一年六月)。ル＝グウィンの講演をふくむシンポジウムの全体については、邦訳としてW・J・T・ミッチェル編『物語について』(海老根宏他訳、平凡社、一九八七年八月)がある。

＊2 文部省『高等学校学習指導要領解説 国語編』(教育出版、一九八九年一二月)。

＊3 「国語」教育の胚史的な発生に関しては、のち「明治三十年代・私立中学校における文学言説の展開――麻布中学校『校友会雑誌』を例として」で詳しく論じた(『投機としての文学――活字・懸賞・メディア』所収、新曜社、二〇〇三年三月)。

＊4 西尾実「国語教材史 明治以後【中等教育】」(『教育学辞典』所収、岩波書店、一九三八年。『西尾実国語教育全集』第2巻所収、教育出版、一九七四年一二月)参照。

＊5 当時、たかく評価された三土忠造編『中学国語読本』(金港堂、一九〇一年)の三土忠造「編纂余言」による。

＊6 『高等学校学習指導要領』第一章「総則」の第六款「指導計画の作成等に当たって配慮すべき事項」の六の(1)に「学校全体を通じて、言語に関する意識や関心を高め、言語環境を整え、生徒の言語活動が適正に行なわれるよう努めること」とある。これについては『国語編解説』においても、第三章「各科目にわたる指導計画の作成と内容の取扱い」の三の(2)で教科としての「国語」の指導の他に、「生徒の経験、他教科等の学習

などの学校生活全般において養われる国語能力の実態」をふまえた指導の必要が説かれている。

＊7　原稿に基づく本文校訂を謳い文句にした新版の『漱石全集』第二巻（岩波書店、一九九四年一月）所収のテクストによると、この清のことばは「存分御機嫌やう」になっているが、ここではこれまで読まれてきた初版本の表記にしたがう。

第７章

教材の多様化と文学主義の解体

この文章の初出は、日本文学協会の機関誌『日本文学』（四五巻四号、一九九六年四月）である。この前年秋の大会シンポジウムで報告したものをもとにしている。この学会には古典文学、近現代文学の他に国語教育の部会があり、少人数ながらもさかんに活動していた。ただ、それが形骸化し、閉鎖的になっていないかという疑問があり、他方、文学の理解や鑑賞を中心とした国語教育全体への批判を込めて報告に臨んだのである。私の『国語教育の危機』や『国語教育 混迷する改革』といった著作の主張を文学擁護派からの批判ととらえた意見があったが、四半世紀前から私は教材の定番化や小説ばかり重視することに批判的であった。文学の理解や鑑賞に偏した国語教育を脱して、「ことばの教育」に向かうべきだというのが前からの私の主張である。現在の「学習指導要領」が求めている国語教育の方向と、このときの私の主張は近いように見える。確かに近いが、新「指導要領」はまったくそうなっていない。文学中心主義もダメだが、文学の隔離や排除も「ことばの教育」において弊害こそあれ、効果はないだろう。より悪化しただけである。どちらも文学を狭くとらえていて、他者の不在とナルシシズムが表裏一体となっている。この古い文章もその意味においてまだ一定の意義を持つはずである。

文学という固定観念

いまは大学生を教えているが、一〇年前まで私は中学生、高校生に国語、それも現代文を教えていた。教師としてうまくやれたという自信はないし、それはいまでも変わらない。もどかしさを抱えながら模索してきたようなわけで、以前に教えた生徒が大人になって久しぶりに会うと、授業の本筋の話よりも当時さかんに語った雑談の方をよく覚えていると言われて腐ったりする。

たとえば定番教材である『羅生門』や『山月記』や『こころ』で悪戦苦闘した記憶よりも、授業の大半を費やして語った東映の時代劇や日活のアクション映画のジャンルの成立と崩壊の話の方が記憶に残っていた。かれらが見ていない映画であるにもかかわらず、そして目の前に映画を上映したわけでもないのに、へたな話し方で語った方がおもしろかったという。そのことを、私は若いのに変な教師が妙に夢中になって話しているので、生徒が逆に関心を持ったのかもしれないと思っていたのだが、最近は考えを変えるようになった。「国語」の時間に文学作品を教材にして杓子定規にのぞみすぎたことに、私自身、無意識に抗い、生徒も同調したのではないかと。

かなりいろいろな教材をあちこちから引っ張ってきて、大江健三郎や安部公房などの定番以外の小説もとりあげた。うまく行った場合もあったが、いろいろ試みてみても小説を教えたという手応えを感じられるまでには至らなかった。教材として扱うような小説では、どうしても人物が若くて、悩んでいて、恋をしていたりすればもっといい。そういう期待のなか、会話の場面での心情を読み取ったりする。しかし、果してそれが小説の教育だろうか。小説のかたちや構造とか、表現なども教えなくていいのか、世界モデルや太田豊太郎的な「自我」とは何か、平易なことばに置き換えて教えなければいけない。そう思っていた。だから、小説を教材として使うと、生徒はおもしろかったと言ってくれるときはあっても、こちらはどこか消化不良であった。

しかし、ふりかえってみていろいろ教えなければならないと考え過ぎていたことに問題はなかったか。小説のことばを多種多様な角度から教えることができずに、小説を教えるという意識のこわばりがなかったか。最近では、どうやら小説教育で心情の読み取りばかりではまずいのではないかという意見の方も多いようだ。だが、いまの私はなぜまずいのかをよく考えたい。小説のなかで人物相互が会話している場面をもとに、具体的にありうる人物間の関係を想像してみることは大いにありうる。人は人とどのように会話するか、それを具体的に考えるサンプルだと思えばいい。それだけだと小説を冒瀆するなどと考えずに話せるように思う。むしろ教える教師側のこわばりが問題ではないか。そんなことから国語教育と呼ばれる授業のなかで、文学の比重が高く、文学教育が中心化されていることが気になってきていた。

『日本文学』の国語教育関係の論文を見ていると、実にほとんど文学、それも小説教材の分析が多い。先にあげた定番に、近年は宮沢賢治を加えると、ほぼ過半が該当するのではないか。しかし、そんなに「文学」ばかりにこだわっていていいのだろうか。教材はもっとさまざまなものに多様化されるべきで、価値あるといわれるような特定の教材、それも定番の小説に絞られる必要はないのではないか。

初日の発表で、国語教育の高野光男は授業実践の例として連句を作らせたことをあげていた。ことば遊びとして何よりも「ことば」そのものに触れる機会となる。ゲーム的でもある。生徒の反応もとてもよかったという。しかし、高野はそれが「みんなで一緒」に何かしたという気分になって、バイクに乗って何か孤独な思いを吐き出したような詩を書いた生徒のもうひとつの物語を排除してしまったのではないかと語っていた。しかし、そうした議論の立て方に躊躇を覚える。私はそのいかにも詩らしい顔をしてしまった内面吐露の詩よりも、連句の実践を評価する。連句は物語にはつながらない。連句より内面的な詩が文学的に上位にあるといった規範に縛られていないか。つまり、いろいろな試みを教室で実践しているのに、国語教育の言説のレベルに移したときに、文学が現れてきてしまう。それもかなり古めかしい文学の固定観念に配慮した認識や言説の場ができあがっているのではないか。

国語教育部会の中心にいる田中実は、『日本文学』（一九九四年八月）に「教材価値論のために」という文章を書いている。そのなかで、田中は「読者」である生徒の読みの多様性に下駄をあずける方法を批判している。そういう授業が実際に成立しているのかどうか知らないが、テクスト論や読者論を援用した授業理論があるとした上で、これは「読みのアナーキー」につながり、単なる「新しものずき」なだけだという。そして太宰治の『走れメロス』や芥川の『羅生門』などを例に「ストーリィ（お話）を超えて」「ことばの仕組み」をとらえ、「語り」を問題化することの重要性を指摘している。

もし、生徒に読みの多様性を委ねている授業があるのなら、なるほどそうかと思いもするが、でも、ほんとうにあるのだろうか。かりにそういう授業があったとして、それはテクスト論や読者論の実践なのではなく、たんにいいかげんな授業をやっているだけなのではないか。そうした議論は国語教育の限られた人たちの想定のなかでのみ交わされていて、現実が見えてこない。

田中の言うように「語り」の問題だけを扱うなら、「走れメロス」や「羅生門」ではない方がいい。体系的に「語り」の意識化をさせる場合、もっとあらわに語り手が前に出ている小説がある。物語世界のなかにいる場合、世界の外にいる場合、いろいろあるけれども、そういう例を持ってきて、バラエティを見せた方がいい。それも書き出しだけを並べて、いろいろな小説のナレーションのパターンがあるというふうに。ありふれているが、探偵小説などは最適である。コナン・ドイルのホームズものをつかって、なぜワトソンが語り手なのか。ホームズが語り手だとどうなるか。あるいはワトソンがいない場合はどうか。当たり前すぎる陳腐な話題だが、その方が効果的である。

新聞の文章や役所の文章で語り手の問題を考えることもありうる。映画やテレビドラマのナレーションもある。倉本聰の「北の国から」の純のナレーション。朝の連続ドラマにしても必ずナレーションがある。「北の国から」とどう違うか。なぜ必要なのかを考えると、ドラマの差異や、技法の一端が見える。シンプルだけど肝心なことを教える、それが大事だと思う。応用は自分たちでやれと。ところが、小説だけで語りのことを問題化し、しかも厳密にするとなると、ひとつの小説のなかでもさまざまな語りのレベルの移動があり、説明は煩瑣になる。文学研究の世界でも必ずしも用語の確定ができているわけではないから、確信を持って教育の場に持ち込むのはむずかしい。ある文の語り手は誰なのか、曖昧なケースもあるし、視点をからませるとより複雑になる。語りや視点を教育に取り入れることは大賛成だが、そこで考えられている理論が一元的で、むりやり当てはめてしまう危険性がつきまとう。そもそも多様な読者の「読み」の自由を認めないという、もう一つの制約がせっかくの「語り」論の導入を怪しげに見せる。小説に書かれざる空白を設けることはいくらでもありうるし、そこをどう想像するかは読者に託される。特定の人物を人称のある語り手に設定したら、その語り手から見えない、分からない領域もまた必ず用意される。それは「語り」論のイロハではないか。

田中実は「新たな〈作品〉論」を提唱するという。しかも、「私の考える〈理想の読者〉とは、テクストをずらし、造り変えていく読者ではなく、〈作品〉に造り変えられる読者、例えば漱石の小説『行人』なら『行人』の小説を読者が読んだとき、テクスト論のように意図的にずらし、文化のコードに置き換えるのでも、また作品によって知識を得、自分に何かを付け加えるのでもなく、その〈作品〉に衝撃を受け、読者自体の世界が作品の力によって変容させられる読者であり、ここに読書の極意があると私は信じています。〈読みのアナーキー〉と言っている難問を超克する道はここにあります」と書いている。個人的な信念の表明ならばありうるかもしれない。しかし、自分が自分でなくなるような読書の瞬間――それは至福のときでもあるし、自己解体の瞬間でもある――は、まさに劇的なときだと言っていいが、そういう瞬間を国語教育に求めるのは筋違いではないか。毎週二時間、三時間の授業というきわめて散文的で日常的な学習としてである。もっと凡庸でいい。生涯に一度起きるか起きないかのときのために、国語の授業を手段にするのは、はっきり言ってつらい。つまり極度に文学的ロマンティックであり、同時に教祖的な断案になりすぎている。

文学がもたらす力が神聖なものだとしても、それは固有の一回かぎりのものとしてである。しかし、教育は反復である。生徒にとっても反復して学習する。教師にとって複数のクラスで反復して教え、毎年くりかえすという意味で反復である。これは神聖さとはほど遠い、平凡で世俗化をまぬがれない営みである。学校の場で教えられる内容はその徹底した反復と世俗化に耐えられなければならない。高度に複雑になるのではなく、シンプルでだれにでも使えるようにすること。それに対して文学との出会いは生徒たちひとりひとりの固有性において担われる。教師としては、その方向をオリエンテーションし、スタートラインのまわりを掃ききよめるぐらいができる範囲ではないか。だからこそ、ことばと楽しく出会い、ことばのもたらす快楽を知ることが重要なのである。

経験主義による国語教育

この数年間、高校生向けの「国語」の教科書を編集する仕事をしてきた。さまざまな制約があるなか、正規の教科書ではやれないことを副読本のアンソロジーに盛り込んで、二冊ほど実際に作ってみたりもした。*1 そのなかでますます小説の理解と鑑賞を中心とし、その周囲に評論やエッセイ、詩歌などを配置していくばかりの文学教育的なあり方に疑問が強くなった。個別の教師と生徒の組合せに応じたさまざまな授業がありえていいはずだが、まず中心に置かれるべきは、むしろ「ことばの教育」ではないだろうか。次の五つの項目は、そのトピックとして考えられる。

1　コミュニケーションとしてのことばの教育
（関係のなかで習得されることば。意思の伝達とともに、交換のよろこび。快楽の再発見へ。）

2　ことばの不透明性・物質性をめぐる教育
（実態としてのディスコミュニケーションの認知。伝達の稀少性。ノイズ、誤解・誤読の価値。）

3　ことばの多様性をめぐる教育
（一民族一言語の幻想を超えて。日本語のなかの言語的多様性。異質な言語体系との出会い。翻訳。）

4　メディアとしてのことばをめぐる教育
（新聞・雑誌・書物といった文字メディアへのコンタクト。文字のかたち、活字、印刷、編集、レイアウト・デザイン。）

5　メディア・リテラシーの教育
（音楽、テレビ、映画、演劇のことば。政治のことば、広告のことばに対する認識の養成。）

本来ならこれらの問題について、きちんと説明すべきなのだろうが、それには時間がない。ここでは「ことばの教育」の実現を阻害していると思われる文学教育が、戦後どういう力の錯綜するなかで現れてきたか。文学教育の「戦後的」起源を探り、そこから「ことばの教育」への道筋を逆照射するかたちで考えてみたい。そこで戦後の国語教育の結節点を四つほどとりあげてみる。ひとつはアメリカ軍占領下の「学習指導要領」にあった「経験主義」という考え方。そして以下、柳田國男、時枝誠記、そして日本文学協会というファクターをあげよう。

まず、高等学校の教育課程の変遷をたどっておく。敗戦前には存在しなかった「学習指導要領」がGHQの指示のもと、初めて文部省の「試案」として登場する。一九四七（昭和二二）年のことである。学制の変更もあったからだが、このとき対象は義務教育である小学校中学校で、新制高等学校については教科課程のみの指定であった。したがって、第一回の「学習指導要領　国語科編（試案）」は高等学校を扱っていない。ただ、このとき中学校の部では、「話しかた」「作文」「読みかた」「書きかた（習字をふくむ）」に加えて「文学」という節を立てていた。戦前には「文範」という、名文モデルの提示はあったが、「文学」というカテゴリーが存在しえなかった。しかし、「文学の学習指導上注意すべき点」などを見ると、「現代のものを主にし、ごくわずかの古典を加える。」「現代作家については、二三の著者にかぎらず、なるべく広く選択する。」と、明らかに近現代の文学を読むことを推奨していた。内容と形式については「文学的形式についてあまり分析をしないほうがいい」として内容優先を唱えてはいるが、「鑑賞や批評はなるべく生徒自身の手で行われるようにする。教師はその方向を暗示すればよい」と、いまから見ればはるかに自由で多様な教育の実現を期待していたのである。

高校も含めた「中学校・高等学校学習指導要領　国語編（試案）」が出るのは、一九五一（昭和二六）年。敗戦から六年もたってからである。その高等学校の章では、「聞くこと」「話すこと」「読むこと」「書くこと」を掲げた上で、単元例として、第一学年では「古典はわれわれの生活とどんなつながりがあるか」、第二学年では「短編小説」、第三学年では「国語・国字をよりよくするにはどうしたらよいか」というテーマをあげ、それぞれの課題に込めたものを説明している。総じて古典、近代小説、言語に焦点を当て、学年ごとに分けてはいるが、それは便宜上で、これらを一例として計画を立てよという大まかな内容になっていた。文学、それも小説を重視しているように見える。

実際、「短編小説」では、「現実を超えた経験を持つ」こと、「余暇を楽しく過す方法を知り、これを高めていくこと」、「人間社会を理解すること」、「適当な表現の方法によって、自己の思想・感情などを表現する手段を習得すること」の五項目を教育の中心に置くことを求めている。しかし、そう言いながらも、国語科で使用に適した資料は、教科書の他に、「辞書・参考書」「生徒の作文や製作物」「図書館の蔵書」「新聞・雑誌・記録類」「幻燈・写真・絵画・図表」「ラジオ」「レコード」「映画・演劇」などがあげられていて、生徒を取り巻く言語文化の多様性に応じて、これらの資料を組み合わせていくことの必要性が説かれていた。

この時期に発行された「高等言語」という教科書を見てみよう。目次すべてを掲げるのは余裕がないため、「高等言語一」のみに限る。

［高等言語一　目次］

ラジオのことば（波多野完治）

二　放送用語（田口泖三郎）

ラジオのしかた

ラジオの威力——音だけのことばの表現技術

物語放送のコツ（徳川夢声）

三　演劇と映画

演劇と映画の種類とそれぞれの特色——正しい鑑賞の方法

四　新聞・雑誌について

五つのWと一つのH——新聞の構成——新聞の役割——雑誌の種類

研究と報告

一　図書館の利用

図書館とは何か——学習と図書館——利用の方法

二　調査・研究の報告文の書き方

①テーマについて　②レポートの構造　③資料を集める　④レポートを書く

三　聞き手を前にしての報告

口頭語としての配慮——話す態度——聞き手の数と質に則して

四　話の聞き方

話じょうずは聞きじょうず——態度と方法

文章をめぐって
一　文章についての考察
すぐれた文章とは——散文と韻文——現代の文章——名文と悪文
二　小説とは何か
小説の描こうとするもの——小説の文章の変遷
西洋の文章と日本の文章（谷崎潤一郎）
創作のよろこび
一　創作の動機（川端康成）
人生観とテーマ——作家の感銘と読者の感銘
二　短歌管見（木下利玄）
三　直接経験から——俳句にはいる道（荻原井泉水）
真の俳句とは——経験の世界——日常の句作
国語のほねぐみ——文法とは何か——
一　言語の奇跡　二　文化的遺産　三　言語の働き　四　社会の慣用
五　言語と思考　六　指頭　七　ことばのわく　八　働きの名
九　網の目——語　十　本居宣長「玉勝間」より
十一　「鶏が卵を生む」——文　十二　かかりあい　十三　品詞
十四　すぐれた文体——ことばの効果的な使い方——　十五　言語と民族

これは一九五一（昭和二六）年一一月発行の「新学習指導要領準拠」を謳った教科書である。好学社から出ていて、「高等文学」という教科書とセットになっていた。中扉には「昭和二十六年七月二十三日　文部省検定済　高等学校国語科用」とある。監修は辰野隆、久松潜一、編集委員には都立や私立の高校教員三名の他に、竹下数馬、長谷章久といった東大国文出身の古典研究者や演劇評論家の肩書きで戸板康二の名前が見える。著者名がない部分は編集委員によって書かれたのだろう。「高等言語一」では「ことばの文化」「研究と報告」「文章をめぐって」「創作のよろこび」「国語のほねぐみ」と柱が立てられていて、当時最大のメディアであったラジオ、放送、演劇、映画そして新聞、雑誌について授業がなされるようになっている。経験主義の考え方をかなり反映している。

経験主義は、戦前の教育が「話す・聞く・読む・書く」という言語行為のなかで「読む」ことが中心となり、せいぜい「書く」が綴り方としてばらばらに取り入れられていたのに対して、総合的に四つの言語行為を体験させていくというきわめてプラグマティックな方針であった。おそらく新聞を作らせたり、会議を開かせたりといった実践がこれに加えられたのだろう。もちろん、現場からすれば、木に竹をついだような印象はあったかもしれない。しかし、メディアに対する取り組みといい、そこには解釈や鑑賞を中心とするべつの教育のあり方が探られていた。

しかし、これは一部にだけ見られる傾向ではない。ほぼ同時期に作られた教科書、教育図書の

「高等総合国語」の目次を見てみよう。こちらは一九五二（昭和二七）年度の使用本である。やはり紙幅の関係で、「高等総合国語」（教育文化研究会編、教育図書発行）の細目掲載は割愛する。なおこの教科書は全六巻から成り、一学年で二巻を学習することになっていた。そのうち一、三、四巻の章立てのみを掲げる。

［高等総合国語一］
一　読書について――新しい豊かな読書生活をいとなもう――
二　随筆――随筆はどんな味わいをもっているか――
三　談話――どう話したら効果があるか――
四　映画――映画の選びかたと見かた――
五　長編小説――長編小説はどう読んだらよいか――
六　口語と文語――今のことばと昔のことばとの違いを調べる――

［高等総合国語三］
一　近代詩――近代詩の成立とその生長を調べよう――
二　自然の文学――自然についての文学はどのように人の心を豊かにするか――
三　会議のしかた――会議はどう運営したら効果をあげることができるか――
四　短編小説――短編小説の読みかたと味わいかた――
五　編集――新聞や雑誌は、どのように編集したらよいか――

六　放送――放送の巧みなしかたと正しい聞きかた――
七　俳句――俳句はどう鑑賞したらよいか――
八　宣伝と広告――宣伝の真偽の見わけかた――
九　劇――劇はどう演出したらよいか――
［高等総合国語四］
一〇　手紙――実用的な手紙はどう書いたら効果があるか――
一一　中古の文学――中古の文学の特質をつかもう――
一二　国語の変遷――国語はどのような変遷をたどってきたか――

評論、エッセイも収録されているが、やはり経験主義の立場からする単元が用意されているのが分かる。長篇小説、短篇小説が会議のしかたや編集、放送、宣伝と広告といった単元と並ぶ高校二年用など、いまでも見習いたい組み立てである。むろん内容は啓蒙色が強すぎて、そのままでは通用しないところはたくさんあるが、これが戦後出発期の国語教育のひとつのベースを作っていたのである。

柳田國男と時枝誠記

ちょうどこの戦後すぐの時期に、国語教育についてさかんに発言した学者がいる。柳田國男と時枝誠記である。柳田は戦前から標準語教育がさかんに議論されていた一九三〇年代から国語教育について発言していた。「日本人はこの小学校令発布よりも以前から、聡明にしてかつ機敏な、物の道理のよくわかった国民であった。遠い西洋の文化の片端を嗅いだだけでも、たちまちその有利を感知して続々とこれを採用し、時には心酔の危険に瀕してまでも学ぶべきものは皆学んで、ついに今日の対等状態に漕ぎつけて来た。言語感覚の精緻にしてよく滑稽と諷刺とを解し、人心看破の術に長じている点では、世界無比と言っても誇張ではないとさえ思っている」(「国語教育への期待」、『国語の将来』所収、創元選書、一九三九年九月)。

ここで柳田は日本人の「言語感覚」を「世界無比」と言っているが、注意したいのは、同じ文章のべつのところで口語の教育を提唱していることで、これは戦後になっても変わっていない。柳田は「喜談日録」(『展望』一九四六年一月—四月)において、「思うことの言える者をできるだけたくさんに作り上げる必要」があると言い、同時に「聴き分ける能力」と「考えるという習慣」「思う言葉」の蓄積がだいじだと語っている。「国民総員の自由に思いまた言い得る国語」を説き、それが戦争下の言論統制に内面的にも従った「国民」を変えることになると述べている。さらに方言の重要性を説いたのも柳田で、彼は地方語の多様性を認めた上での共通語教育を主張していたと言えよう。ことばそのもののさまざまなかたちを見せ、そこから興味をもたせる教育法の提唱など、いかにも「ブランコの話」や「赤とんぼの話」といった子供向けの方言に関するエッセイを書いた柳田らしい発言になっている。

その柳田が編集・監修にあたった教科書がある。柳田国男編『国語　高等学校一年』(東京書籍、一九五四年、監修・柳田、編集・林大、増淵恒吉、大藤時彦）である。

一年上

1　随筆・随想　浅春随筆（杤内吉彦）／大蛇小蛇（片山広子）／地図をいろどる（鏑木清方）／かみなりさま談義（東条操）／ろくをさばく（三淵忠彦）

2　生活と記録　わが家の商売（吉野作造）／本邦における賃仕事（渋沢敬三）／私の受けてきた教育（山川菊枝）

3　小説　城のある町にて（梶井基次郎）／イブリの山波（有島武郎）／文芸鑑賞（芥川龍之介）

4　古文入門　文語文と口語文／用言の活用／係結びと接続／つれづれ草（吉田兼好）

5　紀行　江漢西遊日記（司馬江漢）／東遊雑記（古川古松軒）／ガン河に沿って（吉良竜夫）／フォールの旅（安倍能成）

一年下

6　学問への道　学問の起源（寺田寅彦）／思考と論理（中村克己）／無知の相続（柳田国男）

7　古典（中世）　沙石集（無住一円）／平家物語／桜川（謡曲）／新古今集

8　文章の筋道　今の世を生きぬく道（天野貞祐）／用と美（柳宗悦）／人工衛星（中谷宇吉郎）／師の説（韓愈）

9　劇　検察官（ゴーゴリ）／舞台のことば（岸田國士）

10　言語と社会　ことばと生活（桂広介）／ことばと表現（喜多史郎）／ことばの生地を生かすこと（西尾実）

これは一九五四年版だから、先の『高等総合国語』や『高等言語』から三年後である。しかし、経験主義の教科書と比べると違いが目立つ。鏑木清方の「地図をいろどる」や紀行文のセレクトにおいてはなかなか魅力的である。二年ではジョセフ・ヒコの文章など魅力はあるが、教材として署名のある文章を読むことに比重が移っている。たしかに柳田は口語教育の必要を説いた、そして方言の重要性を説いた。しかし、それから数年後の教科書においては平談俗語的な文章の教材に傾いている。少なくとも経験主義が始めた言語生活、言語体験を多様な機会やメディアとの関係において与えていくといった試みはすがたを消そうとしている。

もちろん教科書編集の責任を柳田個人に帰することはできない。しかし、柳田国男編集と表紙にもうたいあげられているのだから、その責任の一端を柳田に求めるのは無理もない。柳田は話し方の教育の重要性を説きながら、同時にそれが聴き方を背後に持ち、聴き方は思い方につながっているとも書いていた。ふたたび戦前の文章の一節を思い出そう。国語教育の「目的は各人が口でなり筆でなり、自分の言おうと思うことがいつでも自由に言われて、しかも予期の効果を相手に与え得ることでなかればならぬ」。こうした考え方はコミュニケーションを重視した発想ではあるけれども、ここでは話し方の教育はそのまま聴き方、思い方につながって、いかに思い考えるかの教育にスライドしているのである。

乱暴な言い方をすれば、柳田にはことば以外の二〇世紀的なメディアは私たちの文化に変容をもたらすものと映ったのかもしれない。メディアのもたらす変容にきわめて示唆的なエッセイを多く書いた柳田は、しかし、みずからの国語教育においてはそれらの導入を退けたのである。メディアに意識的になることを退けたときに、柳田が描く「常民」のエッセイは、書かれたものとしての絶対条件をはずれていく。ことばに過ぎないという認識が後退し、記述された対象自体を一人歩きさせていく。いわゆる「常民」の実体化である。日本人の「言語感覚」を「世界無比」とする発言を思い出してもいい。そこで「日本人」はアプリオリな存在として前提されている。

柳田自身はのち教科書の編集からは離れるが、そのテクストは教材として長い生命を保った。理解と鑑賞を軸にした文学教育のなかで、柳田のテクストが「常民」のすがたを詩情あふれるかたちで描いた教材として愛されていったことは周知のとおりである。魅力的で、かつ危うい。したがって、必要なことは「清光館哀史」などを額面通り読むことではなく、書かれたものとして、その語りの形式や説話の構造を通してみることである。そのとき近代化とともに、失われた生活文化が再発見され、「日本人」の神話として甦るさまが手に取るように見えてくる。

さてもうひとりの学者、時枝誠記の果たした役割を見てみよう。時枝言語学の成立と、日本帝国の朝鮮植民地支配の関係は注目すべきことである。敗戦後、京城帝大から引き揚げて東京大学に移った時枝が精力的に関わったのが、国語教育論であった。

「戦後国語教育界に対する私の立場」(『国語教育の方法』所収、習文社、一九五四年四月)で、時枝は次のように言う。

教育は、社会生活に必要な知識技能を、最も短い期間に、最も有効に習得さすことを目的としてゐる。そのためには、教育を社会の連続と考へたのでは不可能なのであつて、教育の場を、社会の場から切離し、その外に別に設け、教育的経験を、社会的経験とは別に用意する必要がある。先づ、渾然とした総合的経験を、社会科的経験、理科的経験といふやうに、教科に分けて教育する。それは、その方が知識技能の習得に有効であると考へられるからである。

いかにも植民地から帰ってきた言語学者らしい。彼は経験主義の批判を全面的に展開する。学校空間を社会との連続性からいったん切り離し、能動的な実践行為を通じて言語の習得に焦点をあてていく。総合よりも分割して、段階を追って教える。時枝の言語過程説は言語行為の主体を起点とするから、「技能」や「技術」を重視する。いわゆる「能力主義」という考え方で、これが次第に教育の理論において経験主義を上回るようになっていく。ちょうど一九五一（昭和二六）年の講和条約以後、アメリカの占領からとりあえず部分的に解放されたなかで、生徒の学力低下が議論された。漢字や語彙の能力調査がおこなわれ、アメリカ占領下の経験主義教育の結果、言語能力の著しい低下が見られたというのである。

時枝はアメリカ占領軍の掣肘から離脱した文部省による一九五五（昭和三〇）年の「学習指導要領」改訂において高等学校部会の委員長となる。以後、五年後の再改訂にいたるまで、国語についての文教政策の中核に位置することになる。そのかれが一九五五年に編集した教科書がある。「一年上」の章立てが「詩」「評論」「日記・手紙」「伝記・小説」「短歌」「小説」「随筆」というように文芸ジャンルに分けられていることからも分かるように、その後の「国語」教科書の基本的な枠組みができあがっている。ここでは明らかに文章の理解や鑑賞が中心である。単元の終わりや巻の終わりに「会議の進め方」のような実用文があるが、もう微々たるものである。教材を読み、学習することによって言語能力を身につけるという流れができている。

時枝の関心はコミュニケーション技術にあった。したがって彼は文学教育を重視していない。戦前の皇国教育にせよ、戦後のアメリカ一辺倒の民主主義教育にせよ、それらは「感化主義」であり「惚れさせる教育」だという。言語学者の彼にとって言語と文学は一元的なもので、当然、文学は言語のなかに包摂される。つまり言語の形式が重要なのだ。そのため大正期的な人間形成の観念を信じていた国語教育学者の西尾実と論争しているが、言語技術の教育という立場からはきわめて当たり前のことを時枝は言っているように見える。

しかし、時枝は「文学はある修飾語を以て限定された言語である」という反面、文学教育とは「与へられた作品を、作者の意図を踏み外すことなく、正しく素直に読みとること、作者の与へようとしてゐるものを、正しい方法によつて我がものにすること以外にない」とも言っていた(「国語教育と文学教育」、『国語科文学教育の方法』所収、教育書林、一九五二年二月)。そこで「時枝は、文学教育を決して軽視してはいなかった。言語過程説の立場から、その正しいあり方を追求し、主張したのである。」(田近洵一『戦後国語教育問題史』大修館書店、一九九一年一二月)といった時枝理解が成立する。つまり、たしかに言語技術を強調した時枝は文学教育を無視してはいなかった。むしろ文学教材を言語の面から「正しい方法によつて」理解し鑑賞しようというのである。この「正しさへのこだわりは「作者の意図」を読みとることを目的とするかぎりにおいて、読者の受容の多様性を認めない。

植民地における言語学者としての経験をつんだ時枝には、人間はついにことばを介しても伝達不可能なものがあるというニヒリズムがあったと言われている。柳田が日本人をアプリオリに前提していたのとはまったく反対である。そのニヒリズムを時枝言語学にきちんと理論的に取り込みながら考えていく方向がなかったことは残念である。その影響下にあった国語教育論は能力主義への路線転換に大きく寄与した。しかし、柳田にしても時枝にしても、その影響は限定的になった。部分において取り入れられ、異なる部分のパッチワークのように、国語教育の議論は繰り広げられることになる。形式よりも内容を重視する人間形成的な国語教育がふたたび復活してくるからだ。ときとして内容がだめなら形式があるさとばかりに、つごうのいいかたちで甦るのだが、それこそ批評的な摂取が必要なのではないだろうか。

日本文学協会の役割

さて一九五一年から五五年にかけての時期に変化が起きていると言ったが、国語教育の実質的な再編に力を発揮したのは、日本文学協会であった。敗戦の翌年に創設された日文協が機関誌『日本文学』を創刊したのが一九五二(昭和二七)年一一月のこと。すでにその前から「国民文学論」をめぐる論議がさかんに起きていたが、日本文学協会はその拠点として機能し、そのなかで国語教育をめぐる論議が展開されていった。創刊前の一九五二年八月に岩波書店の『文学』が「国語教科書の問題と批判」という特集を行なっている。この時期の『文学』がほとんど日文協の編集といっていいことは周知のことである。この前哨戦ともいうべき特集の座談会「教科書に現われた文学」(西尾実・篠原利逸・増淵恒吉・竹内好・猪野謙二・高木市之助・中野好夫・西郷信綱)で、議論になっているのが文学教育である。そこには猪野謙二のように「型破り」な「冒険」的教材を求めるような発言もある。「あくまでも現在の学生の生活ということの方が基準にならなければならない。そういう点からみるとかなり問題があるのじゃないでしょうか。〔…〕一般にそういう型破りのものを教科書に取上げていこうとする冒険が足りないんじゃないか、あまりにも惰性的でイージーじゃないかと感じるのです」(猪野謙二)。だが、いろいろな人を集め過ぎていささか散漫なこの座談会で増淵の文学教育への信念が中核をなしているのは言うまでもない。

文学教育の目標というものをわたしは次のように考えています。文学を通して人間の生き方とか、考え方とか、感じ方というものを学んでいくのだということがまず挙げられる。それから文学を通して、他人の経験に接する、それによって人生への興味・探求の心を深め、人生において何が真実か、何が虚偽であるか。前向きのものと後向きのものとを識別していく。人生の観察を深めて社会生活の向上に協力する。そういう心構えが養われていく。〔…〕こういう文学教育の目標を考えるとき、文学観が問題になってくるわけですが、それがはっきりしていないと、文学教材

として何を取り上げるかも、はっきりしないと思います。（増淵恒吉）

そして機関誌『日本文学』の「創刊のことば」は「民族の未曾有の危機の中で、父祖の遺した文学遺産を建設的にうけつぎ新たな国民文学を創り出すための困難かつ重大な任務」を歌い上げている。

そうした初期『日本文学』を繰ってみると古田拡のような発言もある。時枝的な言語技術を中心とした国語教育論に対して、文学教育の重要性を説きつつ、「思考感動」を盛り上げるだけではイデオロギー教育に堕してしまうという。

言語技術ということはわるい事ではない。〔…〕しかし技術といっても、こころとむすびつき、人とむすびついている言語の教育が思考感動という事をよそにして考えられるものでない事は自明の事実である。まして、文学教育においてである。／〔…〕／かつての国民的思考感動は国家主義とむすびつき、それ自体絶対的至上価値なものとした。ゾルレンとしたのである。しかし、これを、そのままことば通りに批判も超克も可能なザインとして受けとり伝統と創造という立場から考え直せば、文学教育の指標がはっきりするのではないか。（古田拡「国語教育の伝統」、『日本文学』一九五二年一一月）

これに対して益田勝実は、きわめてラジカルな立場をとる。益田の立場は、はっきり経験主義批判が反アメリカとしてあらわれている。熱い文学こそが「青年期の生徒達の興味」をひくのであり、それが「民族の明日」につながるという。たとえば、次のような一節。

はっきり言えば、その所謂言語生活教育なるものが、どこまでも言語生活本位であるところに問題があるように思われます。放送の聴き方や、映画脚本の読み方や、日記とか小説とかいう文芸の形態について知ることが貪欲な迄の知識欲と烈しい理想を追求する精神をもち、悪く言えば平凡なことは嫌い、ここぞと武者振りつくのでなければすっかり放棄して怠けたい、というような青年期の生徒達の興味の対象になるわけがないのです。〔…〕わが民族文化の伝統を現象の立場から継承し、更に克服して、新しい人間形成が行なわれるための場は何処にもないのです。国語こそその学科であるとのさばりかえる必要は毛頭ないのですが、その学科の内容からみても、国語がこの点重要な任務を荷うものであることに異論はないと思います。ところが「話す・聴く・読む・書く」の言語生活教育だけでは、あまりに隔りすぎているのです。わが民族の明日は誰が荷うのでしょう。（益田勝実「文学教育の問題点」、『日本文学』一九五三年一月）

これは、長く日文協で「画期的」といわれた発表報告の一節である。これを読んでみると、有島武郎の「生まれ出ずる悩み」の一節「ふぶきの一夜」をもとにした授業実践が紹介され、明らかに政治的なイデオロギー注入教育がなされている。しかし、いまになってそうした益田の政治性を批判しても意味はない。ここには東西冷戦という政治的状況というコンテクストを配慮しなければばいけないからだ。

おそらくそうした熱気を受けて広橋一男の「高等学校国語科教科書批判――平和教育のために」(『日本文学』一九五三・二、三合併号)も書かれている。広橋は、「学校教育において、基本的に重要な部分を占めているのは、国語教育であり、その教育課程のなかにあって、教科書は、中心となるべき重要な資料である」とした上で、現今の国語教科書の特色を「教材の約二割を占めているのが、言語技術に関するもの」であり、「翻訳文学が非常に多い」、「古典に対して近代文学がきわめて大きい比率を占めている」と整理したのち、次の三つの点をあげて批判する。

・「人間形成を無視した内容のからっぽな言語技術からは、何が生れてくるであろうか。〔…〕日本の歴史的現実に無知であり、そっぽをむいてなされる抽象的な技術教育というものは、危険なものをもっている」。
・「ロシアを除外するところのコスモポリタニズムという卑しい根性のあらわれ」を指摘。「日本の現実に責任をもち、自主的観点に立って、外国文学を選ぶのではないならば、『無国籍日本人』というあざけりの言葉を耳にするか、そのような日本人を作る結果になるであろう。このようなことで、どうして日本の国を日本人の手に取りもどすことができるであろうか」。
・「近代文学に関する教材をみると、まことに種々雑多なもののよせ集めであり、文学をとりあげる目標が明確になっていないと言える。しかし、ここでも、かなりはっきり言えることは、われわれが、最も必要としているところのものが、かえって故意に避けられていると言うことである。民主主義のためにたたかった文学、戦争に反対した文学、つまり人間らしい幸福な生活をきずこうときびしい努力をしているものがほとんどないと言うことである」。

古さを笑うのは簡単だが、方向を別にすれば、いまも同じようなことばがくりかえされていると も言えるのではないか。

荒木繁、広末保、益田勝美、古田拡、増淵恒吉、西郷信綱、日向秋子、西尾実による座談会「文学教育をめぐって」(『日本文学』一九五三年九月)はかなり大事な座談会である。そこでは益田、荒木といったラジカル派に対して、広末保が批判を投げかけている。そしてこれに西郷が同調し、西尾が中をとるような発言をしている。広末の立場は文学の文学性を守ろうとするものである。魂の問題とか、形象の問題といったことばが使われている。西尾のまとめ方によれば、「作品」の分析から始めるという結論が共同見解になっている。実際の彼らの発言を抜き出してみよう。

・荒木繁「現在の日本が置かれているいろいろな政治的状況からやはり生徒達には民族に対する意識が薄れておりますし、国民一般からも民族に対する誇りとか愛情というものが失われている。それは非常に嘆かわしいことです」。

・益田勝実「文学を教えることは、ただ文学を理解させるのではなくて、社会の変革をさせることでなければいけない。これは決して行きすぎではない。文学そのものの機能の中にあるのです。また教育というものは、もっと現実に生きることを教える場だと思うのです。だからこそ、今まで西尾先生がやって来られたような生活を重んずる教育が成り立つので、あそこでは現実の生活に実際につかえることが問題になって来たのです。それを理解すればあとで役立つということじゃなくて、現実の生活にそのまま生きなければいけない。〔…〕文学というものを、そのように理解し、教育というものを、そのように理解するならば、どうしても、文学教育というものは初めから社会を変革する実践というものをふくめてなされなければならないということを考えるわけです」。

- 広末保「文学のもっておる大事な性質、つまり人間の魂に働きかけて行く文学独自の豊かな働きというものを、もっと自信を持って考えて行かなければならない」、「形象の問題を扱わないといけない」。
- 西郷信綱「民主主義革命というものと民族の解放の問題を統一的に摑まなければならない〔…〕（半封建的な）我々の生活が解体と挫折を含んでおるということです。そういうところから、どうして立直って行くかというところに文学教育の問題も出て来るのだろう」
- 西尾実「広末さんにしても増淵さんにしても、作品によって、喚起された生活の問題を追求するために、作品の分析から行こうという考えをもっておられる。生徒の問題意識を方向づけるものを、文学自身から導き出して行くことができると予定している。ところが、益田さんは、教材なんかどうでもいい、喚起した問題は、すぐに現実の問題として、実践の問題として、じかに指導していこうといっておられる。」

益田勝実だけが違うというようないい方になっているが、このあと「作品の分析」から始める文学教育について、社会変革を第一としているかのように見えた益田も、最終的には納得している。つまり文学の自律性は認めるというかたちで。批判するとすれば、まさにこうした「文学」の認め方にある。

政治的な熱量を背後に置きながら、文学の自律性は認め、その構造や形象をとらえ、そこから自分たちの生活や社会の把握を行なって、やがては政治的主体として立ち上がるという図式。しかし、この図式をもっているかぎり、そのなかにとらえられる文学は限られたものになるだろう。

そもそも政治的熱気のある季節が過ぎたらどうなるか。文学は「民族の遺産」とされているのだから、それ自体の政治性は棚上げにされている。文学を教材にするスタンスだけが残る。文学を扱い、文学を教えていることが何か政治的にも意味があるかのように錯覚される構造すら、生みかねない。教科書もこの時期を境にして変化が見られる。何がなくなり、何が加わったかについては、もうこれ以上詳しいことは言わない。定番と呼ばれるような教材群が出てくるのはこの後、六〇年代後半である。詩歌や小説をちりばめ、評論やエッセイが並ぶ。『羅生門』や『山月記』『こころ』が文学教育のメインとなり、宮沢賢治がせりあがる。それらの読解が教育の中心になり、タテマエとしての人格主義や修養主義が蒙古斑のようにくっついている。

むろん初期日文協における益田勝実は乱暴である。しかし、そこで出された問題を、文学教育に収斂させてしまうと、「社会を変革する実践」とも距離が生まれたとき、定番教材の「作品の分析」のみが残る。文学を特に神秘化せず、さまざまな言説のなかで位置づけ、多くの文化的な布置のなかでとらえ返すことは棚上げになってしまった。それは最近にいたるまで変わっていない。

パッチワークのなかの「文学」

さて、文学教育の起源においてはたらいたいくつかの力を見てきた。言語生活や言語経験といったことばは残されたけれども、経験主義の教育が持っていたことばの実際的運用をめぐる問題、他のメディアとの関わりのなかで批評を獲得していくような姿勢はなくなった。柳田の口語教育は、心のなかのことばと俗語で表したことばが重なるという信念のもとにあり、それゆえ俗語の多様性を取り入れる志向を持ったが、反面、その俗語の向こうに対応する心と実体があるという確信に囚われていた。さまざまな差異に彩られた固有の個人が消え、抽象された「常民」が立ち上がることになった。経験主義から能力主義へと切り換えた時枝誠記の唱えた言語教育も、体系化をもたらす一方で、ことばの正しい読み取りの問題に変換していった。そしてもっとも政治的であったはずの日文協はこれらの力を受けとめながらも、文学教育という方向づけを行なっていった。

経験主義にも、柳田國男にも、時枝誠記にもそれぞれ死角があり、盲点があった。経験主義は高校までは自由に学ばせ、大学で鍛えていく発想で、アメリカ的な高等教育のカリキュラムには効果があったかもしれないが、中等教育の充実をはかり、中間層の教養と技術のレベルアップを狙った日本のカリキュラムとは齟齬が生じた。最近になってこの日本文学協会は文学それ自体を問い返す新たな段階に移ってきたようだが、少なくともいまの問いは日文協自体に差し向けられねばならないだろう。「文学」の概念をもっと広くとって、「ことばの教育」のなかに位置づけることが求められる。「教科書の文学、教室の文学」というタイトルが、昨年（一九九四年）度[*2]からの後退でないことを祈るばかりである。

註

＊1　金井景子・川口晴美・朴裕河との共編『女子高生のための文章図鑑』（筑摩書房、一九九二年六月）、金井・川口・材木谷敦との共編『男子高生のための文章図鑑』（同、一九九三年一二月）。

＊2　この前年度の日本文学協会大会のテーマは「〈文学として読む〉とはどういうことか」であった。もちろん、このときも「文学」は自明のものとなっていたので、「文学として読む」ことを相対化するというより、具体的な「文学として読む」ことの実践例の発表が主であった。

付記

一九五一年に発行された『高等言語』は、二〇二二年度から適用された新たな「学習指導要領」が唱える「論理国語」に近いように見える。しかし、この教科書が優れているのは、『高等文学』というもう一種類の教科書と対になっているが、二項対立的ではなく、『高等言語』のなかにしっかりと「文章をめぐって」の単元に「すぐれた文章」についての問いを立てながら、「小説とはなにか」という問いが並び、「小説の文章の普遍性」が説かれていることだ。収録された教材文には、谷崎潤一郎の「西洋の文章と日本の文章」の他、「創作のよろこび」と題した単元では川端康成「創作の動機」、木下利玄「短歌管見」、荻原井泉水「直接経験から――俳句にはいる道」が収められ、言語と文学をめぐる議論が交差するようになっていた。

第８章

国文学ナショナリズムと「危機」の言説

初出は『Gyros』三号（勉誠出版、二〇〇四年六月、原題「国文学ナショナリズムと「危機」の言説──少数派としての国文学」）。近世文学研究の諏訪春雄（当時、学習院大学教授）が編集する国文学系の雑誌だった。一号で「一神教の功罪」、二号で「子どもの反乱」といった特集を組み、三号の特集テーマが「国文学の死と再生」となっていた。一読してお分かりのように、この文章はそうした特集そのものへの疑義を出している。国文学・日本文学研究の「危機」を唱えているが、実質的には自分たちの学問、自分たちのテリトリーを守ることにしかつながらないのだとすれば、そこに意味はない。学問を守るくらいのことであれば、現行の制度のなかできちんと闘えば十分可能なのではないか。むしろ、この時期、私は学生や学生を取り巻く現実のなかでとらえる「必要性」ということを考えていた。すでにこの頃から中教審や政府報告のなかに「実学」「実用の学」ということばが飛び交い、教育界に押し寄せていたが、私のとらえる「必要性」とまったく違っていた。

存亡の危機

まず、今回の『Gyros』の特集企画に答えることから始めよう。この企画の趣意書は以下の衝撃的な文章から書き出されていた。

国文学が存亡の危機にさらされています。

ほんとうに「国文学」は「存亡の危機」にあるのだろうか。近代文学研究を専攻している私から見て、残念ながらこの認識を共有することはできない。「危機」はもっとべつなところに訪れているのではないか。

『Gyros』三号の趣意書の全文はこうなっていた。

国文学が存亡の危機にさらされています。少子化や大学変革の波をまともにうけて、国公私立の各大学・短大では国文学科（日本文学科）の看板がおろされて、他学科への併合、吸収を強いられていています。中学・高校の国語教科書からは古典文学や漢文が姿を消し、入試問題で古文や漢文を出題する大学は少数派になっています。国からの科学研究費の配分でも減額がつづいていることはご存知のとおりです。しかし、何よりも憂慮すべきは、実学尊重の時流のなかで、国文学の存在の意味を説得する理論を国文学者がもちあわせていないようにみえることではないでしょうか。前身の国学からわかれて国文学が学問として自立してきたのは、明治二十年代から三十年代にかけてのころでした。この時期、国文学は帝国大学国文学科教授芳賀矢一らの主導のもとに、強力な自己規制の道をあゆみました。対象を日本文学に限定したこと、方法論としてドイツにまなんで文献実証学を採用したことの二つです。近代、現代の百年、国文学はこの二つの本質を墨守することによって、日本の学問の中枢を占めてきたのでしたが、今、その本質に疑問符がつきつけられています。このときに、国文学関係者は時代を生きのびるだけの理論的根拠を提示できないでいます。

国文学は坐して老衰死を待つのか。それとも自己変革をとげて、新しい時代の学問に生まれかわることができるのか。再生する方途はいずこに。各方面の有識者の忌憚のないご意見をうかがおうとしてこの企画を立てました。

（執筆依頼時に各執筆者に送られた趣意書）

学会について考えてみよう。アカデミズムの組織としての学会はみごとなまでに順調に発展してきている。現在、近現代文学を専門とする最大の学会は「日本近代文学会」だが、この学会の発足は一九五一（昭和二六）年、会員数一五〇名前後でのスタートであった。その後、七〇年代に急成長し、一九九〇（平成二）年には会員数一四〇〇名を数え、さらに上昇をつづけて、二〇〇三（平成一五）年では二〇〇〇名に届こうかという会員数になった。逆風といわれるこの一〇年でも増加しつづけているのだから、学会としては順風満帆だといっていい。しかも、春秋二回の大会では、五〇〇〇人近い参加者が集まり、さらに東京では年間三回の月例会を開催し、一〇〇名前後の人々が熱心に参加している。大小の差はあるものの、北海道、青森、東北、新潟、北陸、東海、関西、九州の各支部があり、それぞれがまた支部大会や研究集会を開いている。「存亡の危機」とはほど遠い隆盛ぶりである。

さらに専門が重なる学会としては、「昭和文学会」「日本社会文学会」などの学会組織がある。古典領域もふくめた「日本文学協会」でも近代部門の活躍は目立っている。こうした複数の学会は古典文学の研究においても同様ではないか。これに樋口一葉研究会、北村透谷研究会、島崎藤村学会、泉鏡花研究会、国際石川啄木学会、宮沢賢治学会、川端康成研究会、横光利一研究会、中野重治研究会、「新青年」研究会、坂口安吾研究会など、作家個人の名や雑誌、ジャンル名を冠した大小さまざまの研究会が群雄割拠し、多少の疎密があるにせよ、大きな学会組織ではこれまでなされなかった詳細な作家別事典編集や研究発表、研究史の整理を行なってきている。したがって、それが果たしてどこまで必要なのかという意地悪な問いさえ投げなければ、こと学会組織から見れば、近代文学研究において「国文学」の「存亡の危機」などどこにもないと言えるだろう。

趣意書によれば、「少子化や大学変革の波」をうけて各大学・短大では「他学科への併合、吸収」が強いられているという指摘があった。また「中学・高校の国語教科書」や大学入試における古文・漢文の縮小が第二の「危機」の現実とされている。そしてもうひとつ、科学研究費の配分の減額が第三の問題点としてあげられている。たしかに、これらの一連の事態はこれまでの「国文学」

が受けてきた既得権を損なうものであるかもしれない。しかし、それは、趣意書のことばを借りれば「少数派」への転化ではあるが、「存亡の危機」とまでは言えない。そしてまた「少数派」になることは果たして損失であり、不当なことなのだろうか。

日本では居住民の約九八％が日本国籍で、その他に北海道など北方地域の先住民であるアイヌ、ニブフ、ウィルタの人々、さらに韓国籍、朝鮮籍、中国籍、台湾籍、ブラジル国籍などの人々が長く生活している。したがって、大多数は日本人で、非日本人は少数派ということになるのだが、それぞれの少数派のなかには各々の言語と文化、宗教や習俗を大事にしている人々がいる。歴史的経過のなかで混成は進むかもしれないが、伝統の維持と見直しをつづける少数派の志向は尊重されなければならない。少数派になることを怖れる心情には、むしろ、少数派を不当に圧迫してきた多数派の記憶が潜んでいるのではないか。しかし、人類の歴史がそうであるように、ひとつの国家の歴史に栄枯盛衰はつきものであり、将来において日本がより大きな社会的構成体に組み入れられることもありうる。そのときの共通言語が日本語である可能性は決して高いとはいえない。その折には、日本文学の研究はいやおうなく少数派になる。あるいはまた、日本というこの国家が複数の構成体に分かれることもありうるわけで、そのときは国境を越えて、日本語を表現手段とするものたちが研究対象となるのだろう。少数派になることは、長いレンジで見れば不可避のことでもある。「滅亡」という概念を重要な思考の種にしてきた武田泰淳らの戦後文学を文学的な伝統として抱えた近代文学研究では、そうした想定は決して虚妄ではない。

したがって、多数派のなかに安住し、少数派への想像力をまるで欠いていたこと、その多数派のなかでのみ学問を自足させてきたことに、むしろ最大の問題があるのではないか。

文学の自明性を疑う

企画趣意書には、危機についての具体的な記述のあと、次のようなことばも書かれている。

何よりも憂慮すべきは、実学尊重の時流のなかで、国文学の存在の意味を説得する理論を国文学者がもちあわせていないようにみえることではないでしょうか。

つまり、「時代を生きのびるだけの理論的根拠」が要るという後段の主張につながるのだが、ここでも次の問いを差し向けなければならない。果たして「国文学」の危機を救済するような「理論」が必要なのか。そしてそれは危機に対して有効な手だてとなりうるのだろうか。

学科統合や学部再編といった大学改革の現実があることは確かだ。都立大学の解体といった事象をとりあげてみれば、いま目の前で展開していることはあの滝川事件以来の大学自治への壊滅的な攻撃であり、全国の大学に対するスケープゴート的な見せしめ行為以外の何ものでもない。おそらく石原慎太郎の名前は、この間の東京都教育委員会の中等教育への政治的介入・弾圧とともに反動的な教育政策を展開した、愚劣な政治家として歴史に記憶されることになるのだろうが、これは何よりも未曾有の「大学自治の危機」ではあるけれども、決して「国文学」の「危機」ではない。むしろ、研究対象でもある「国文学」のなかから石原慎太郎という作家出身の為政者が登場してきたのだから、同根であることを徹底して痛感しなければならないと思う。「国文学」を盛んにしてきたアカデミズムと文壇と出版資本、メディア資本が相互に連携していったそのなかで、石原慎太郎も生み出されたのである。

しかもまた、都知事である石原慎太郎や、それに類似した多くの大学経営者たちは、「理論」でもって説得しうる対象ではない。そもそも理論をもって対話するには、相応の土俵を共有しなければならないが、かれらは対話そのものを拒絶し、この国でしばしば「文学的」と言われてきた、論理性のかけらもない心情的な反応やイデオロギー的な先入観で動かされているにすぎず、これに対抗するのに「国文学」の存在意義を説く「理論」ではほとんど武器になりえないだろう。

要するに、イメージに左右されてしまう大衆政治家たちには、「国文学」がいかに価値あるものであるかを示すには、記号としての社会的なブランドを作り上げるしかなく、この切羽つまった段階で、そのような悠長な戦術を採用する意味がない。また、無理してイメージ作りを行なうとすれば、やはり「国文学」がいかにナショナリズムに有益であるかという、きわめて単純で、これまた論理を超えて心情に訴える手段以外になくなるだろう。それこそ、「実学尊重」といいながらもナショナリズムだけは手放そうとせず、ほぼ国家／機械のひとつの装置になった政治家たちの待ち望んでいるところである。

残念ながら、都立大学の闘争は敗北し、二〇〇五年度より首都大学東京に変わることになった。しかし、この新たな大学は成功するだろうか。計画や構想の内容を見るかぎり、その保証はなく、むしろ悲観的だと思われる。おそらく、かれらの考えた「実学」がどの程度のものであったか、結果は数年後に明らかになるだろう。しかし、そのときいま（二〇〇四年）七二歳の都知事は老いと死を前にしているばかりであろうし、実行部隊となった都の官僚たちはそれぞれ栄転し、尻拭いをさせられるのは都知事が罵倒した「木っ端役人」たちになっているだろう。西新宿の都庁の建物がそうであるように、後に残るのは荒涼とした廃虚ということになるのだろうが、こうした政治家を支持したのがまぎれもなくふつうの都民であることを忘れてはならない。この状況で多数派になることは身を売るに等しいことなのだ。

では、都立大学を全国の大学で展開している大学改革のシンボルとして見ることは正しいか。もちろん、違う。たしかに「国文学科」「日本文学科」から「〇〇文化学科」や「言語情報学科」などの看板替えを強いられた大学や短期大学が数多くある。しかし、改組から名称変更までのさまざまなケースを、悪質な都立大学解体と同じに見なすことはできないし、その具体的なケースを見ないで一概にいいとも悪いとも論評することはできない。その改組がどのような文脈で提案され、どのように指示されて実行に移されたのか、あるいはまたいかに安直に学科名称が書き換えられたか、その過程で発せられた言説や役割演技についてある程度の想像ができないことはないが、その大学を取り巻いているさまざまな条件によって、同じパターンも異なる様相を呈していく。したがって、複雑にからまった諸条件への分析を抜きに一般化することは誤った解釈を導き出すことになる。

全体にこの特集は、「国文学」についての専門学科のある四年制大学を前提にし、その学科の上に大学院が設置されている組織を念頭に置いているようだが、四年制大学と短期大学とではその教育目的や理念、実態が大きく異なっている。また、研究者の多くは、四年制大学でも専門の学科に所属するよりも、法学部や経済学部、理工学部といった専門の異なる学部や、一般教養部を改組した教養学部のような組織に所属している。かれらの置かれている立場や求められている教育内容も、専門学科の研究者とは異なる。「国文学」を掲げた学科に配されている研究者でも、その大学、学部、学科の位置づけによって異なるのである。

「国文学」の存在意義を説く理論を求めることは、こうした差異を見ずに、等しなみに考えることにつながってしまう。その危険性を認識することがまずもっとも重要な第一要件なのだ。大事なことは、求められているいくつかの改革の選択肢について超越的に批評することではなく、いま、自分が依って立つところの所属機関がどのような条件のもとにあるかをめぐる冷静な分析なのである。

文化ナショナリズムの陥穽

中学・高校の教科書から古文・漢文の比重がへり、現代文でも「文学教材」への偏りが指摘されている。一部の高校生が夏目漱石や森鷗外らの小説を読まずに卒業するようになった、そのような中等教育の変化が起きているのはまぎれもない事実である。しかし、これについても情緒的に反応するのではなく、よく実態を見なければならない。「国語Ⅰ」「国語Ⅱ」という教科書に分けられてきた高校一年、二年での学習内容が「国語総合」に一元化された。たしかに教科書二冊分が一冊になるのだから、分量は減少している。内容的にもカラーページが許可され、見やすく、文字よりも視覚を重視した編集になっている。しかし、「国語総合」を一年生のみとし、二年生になってからは別な教科書を使用することも可能であるし、高校三年では「国語表現」以外に国語の授業を受けない高校生がいる一方、高校によっては「国語総合」をへて「古典」と「現代文」を学習する高校生もいるように配されている。高校の教員たちが十分に協議して選んでいくかぎりにおいて、選択肢が増えたことは必ずしも悪いことではない。

もちろん、総体として教科としての「国語」の授業時間が減少し、それに応じて学習内容も減少しているが、二〇世紀初頭からの近代の教育史のなかで国語教育の変化を見れば、時代をへるごとに古典の占める割合が徐々に縮小されてきたことは間違いない。これまでの縮小は許容される範囲内だったが、今回の縮小はそれを逸脱し、根幹を揺るがすと言えるのか。それをうまく立証しないかぎり、縮小反対論を提起するのは困難であろう。

いま、むしろ反対するべきなのは、国旗・国歌問題に見られるような、ナショナリズムの名のもとに教条的な規律主義が導入され、平然と少数派の意見を排除してしまう暴力的なまでの多数派中心の思考が教育現場で大手を振っていることだ。「ゆとり教育」が主張されながらも、中学・高校の教員がむしろ労働強化に直面し、新任研修のもとに長時間残業を要求されたり、思考停止に追い込まれるほどの過重労働を強いられたりしている現実がある。また人件費の削減と負担の転化のために、経営者と専任教員が手を組んで、非常勤教員を大量に雇用し、専任職への採用をえさに消耗品扱いをしている現場がいくつもある。そこでは労使が互いの異なる利益のためにみごとに協調し、もっとも弱い立場のものたちを利用している。

こうした教育の現実を見ないまま、部分的に国語教育だけをとりあげ、古文・漢文の縮小に反対することは、いっけん政府の教育政策を批判するように見えながらも、より強固なナショナリズムの陥穽に落ちることになるだろう。こうした二重三重の罠に陥ることなく、錯綜した問題を切り分けて考えていくことが絶対に必要である。

第三の問題点としてあげられた科学研究費の配分削減については、どうだろうか。日本学術振興会のホームページに掲げられた公式発表によれば、二〇〇三年度の科研費の予算経費配分を研究分野別に見ると、総額一七六五億円に対して生物系が四九・四％、理工系が三八・四％、これに対して人文・社会系は一〇・九％となっている。さらにその人文・社会系のなかの人文科学系は全体の四・七％（約八三億円）である。二〇〇二（平成一四）年度は一七〇三億円のうち人文・社会系一〇・六％、人文科学系で七・一％（約一二一億円）、二〇〇一（平成一三）年度は一五八〇億円のうち、人文・社会系一〇・三％、人文科学系で六・九％（約一〇九億円）となっている。たしかに二〇〇三年度は突然少なくなっているが、人文・社会系の総額が増えているのを見ても分かるように、社会科学系が前年度の三・五％から六・二％へ大きく伸びたことが要因となっている。

二〇〇一年度から〇二年度にかけては、六・九％から七・一％へ、額としても一二億円増えていたのだから、二〇〇三年度の三八億円に及ぶ減額が一時的なものなのか、審査において何らかの重点化の指針があったのか、慎重に見きわめなければならない。とりわけ、二〇〇二年六月には科学技術・学術審議会より「人文・社会科学の振興」をめぐる報告書も出されている。この減額については、日本学術振興会の審査委員経験者の証言がもっと求められるところだ。

しかし、それ以上に、「国文学」の研究者がそもそも科学研究費補助金の申請にどれだけ積極的であったかについて、私自身は疑問を抱かざるをえない。研究費の配分が申請件数に左右されることはよく知られているところである。過去の申請件数が多ければそれに応じて採択率でも徐々にあがっていく、あげざるをえなくなる。日本政府の官僚機構はきわめて多くの問題点をかかえているが、もっとも汚職率の低い文部科学省とその出先機関である日本学術振興会は良くも悪くも数字としてあらわれてきたものに忠実ではないだろうか。やはり公開されている分野別の申請および採択件数を見ると、配分の少なさは申請数に比例し、「国文学」研究者が総体として研究費補助に対して消極的であったことをうかがわせる。

これは何を意味するのだろうか。たしかに研究費補助の申請には多くの書類作成が必要であり、その書類の求められる内容も「国文学」の研究者には書きにくいことが多いかもしれない。その書式はこれまでそうした研究費補助をもっともよく受給してきた自然科学系の学問分野のなかで作られてきたからだ。しかし、書式の変更を実現するにしても、いったんその書式のなかで申請をくりかえし、どこを変えるべきかを見定めていかないかぎり不可能である。「国文学」に都合のいい書式ができあがるまで、研究費補助を求めないのであれば、そのような学問分野は特に補助を求めていないと判断されてもしかたない。

書式ばかりではない。補助金の使用法についても、細かいルールの適用が求められるし、年度末の「研究実績報告書」や研究期間終了後の「研究成果報告書」など、やっかいな書類作成が山のように押し寄せてくる。しかし、本来、日本語による表現について研究してきている「国文学」の研究者にとってみれば、研究課題すら巧みに設定することができれば、特定の言説モードを駆使した申請書や報告書の作成がそれほど困難なはずはない。にもかかわらず、申請件数が少なかったのは、ただひたすら、みずからの課題について採否を委ねることを嫌い、自分のリズムと感受性のままに自由に研究することを望んできたために他ならない。こうした自由人、文学者気取りがその讃仰者がいなくなった段階でなお空回りしている。

さらに近年、文科省が推進する研究補助の重点化についても、「国文学」は対応しきれていない。二一世紀COEプログラムがどう見ても安売りのバーゲンのようであったとしても、その募集に応じなければ、研究補助を手厚くすることを求めても難しいだろう。研究の学際性と高度化を謳い上げているかぎり、「国文学」プロパーで挑戦しても壁が高いのは言うまでもない。とすれば、どのような組み方が可能なのか。二〇〇二年度COEプログラムに人文科学分野で選ばれた二〇件の拠点に注目しながら、新たな計画と構想を練らなければならないはずだ。

たしかに、このCOEプログラムにしても、研究補助制度にはもっと改善すべき点がたくさんある。予算配分額についてだけでなく、補助金の複数化や運用についてまだまだ問題が多く不自由なところが多々あるだろう。しかし、手をあげないかぎり、要求は認知されないし、存在しないのだ。だれか、もっとも都合のよいかたちに改めてくれるのを待つのは、あぐらをかいた多数派の発想である。それでは、みずからの意思が都民の意思だという石原慎太郎を選んだ都民多数派と何ら変わるところがない。

「国文学」の内からの再編

では、どうしてもナショナリズムに接続され、みずからを外部の言説に開くことのできない「国文学」は廃棄されるべきなのか。イエスであり、ノーである。私は、そのように答えることになる。

私が教員をつとめているのは、日本大学文理学部国文学科というところである。いまや東京大学文学部も学習院大学文学部も、国文学科という名称を日本語日本文学科のように改めているにもかかわらず、なぜ「国文学科」と名乗りつづけているのか。もちろん、あからさまに言えば、総長・学部長以下がまだ名称変更を言い出さず、強制してこないからではあるが、学科内部でも変更案が可能性をもって浮上したことは一度もない。保守的といえばこれ以上、保守的な姿勢はない。

私自身、一〇年前にはこの「国文学科」という名称を変更するべきではないかと考えたことがある。しかし、相前後して、他大学で同様の名称変更が行なわれていったのを見ながら、変更の意味がないと判断した。「国文学」は「国史」と同様に、一国中心主義のナショナリズムと結びついた学問名称である。しかし、これを「日本文学」「日本語日本文学」と変えたところで、ナショナリズムは克服されるのだろうか。そうではない。逆にナショナリズムと結びついたあらわな名称を廃棄することによって、その痕跡を消去してしまうことになると思う。一〇年前に考えたとき、私は学問のあるべきかたちを想定した上で新たな名付けがなされることを期待した。しかし、そうした未来からの視線は逆に学問の歴史性を覆い隠してしまう。そうであるならば、すでに同じような名称変更がある以上、差異化においても効果はない。結局、あとから「日本文学科」「日本語日本文学科」に変えることは労多くしてマイナスだと考えたのである。

「国」や「日本」を削り、「文学」から「文化」に変えて「○○文化学科」や「言語情報学科」としても、事態は変わらない。歴史的な記憶を切断したまま、ナショナリズムを温存させ、拡散と強化を推進していくかぎりにおいて、名前を変えることに意味はない。問題は学問の歴史性をどのように意識していくかだと覚悟したのである。変えても変えなくても同じだという認識にあるのだから、経営的な必要において名称を変えることはいくらでもありうる。したがって、学科名称を変更した他大学の事情を知らないかぎり、嘆くことも批判することもない。ただし、以後、私は変更しなければならない戦術的な必要がなければ、変更の労力をできるかぎり省いていこうと考えるようになった。学科名称の変更ひとつとっても、文科省の認可を必要とする大学では膨大な量の書類提出を求めてくる。その労働の対価が予期されない以上、無駄な仕事に意味はない。

したがって、文理学部の国文学科は、私のなかでは、当面しばらく国文学科のままである。むろん、こうした判断が同僚教員とまったく同じだとは言わない。それぞれの判断の結果、このままで行こうということになったのである。

そのかわり学科の教育内容はこの一年で徐々に変化した。試行錯誤ながらも、「ジェンダー論」「戦争論」「映画論」「メディア論」「学校論」「大衆文化論」「言語と身体」「演劇実践」「物語研究」などの幅広い総合教育科目(旧・一般教養)を専任・非常勤講師で担当し、専門科目においても、従来の講義や演習科目の他に、「創作方法論」「創作演習」「編集・ジャーナリズム特論」など創作や編集にかかわる視点の導入、「書誌学」を特化することによる書物のメディア学への解放、古書店などの文献探索とコンピュータ検索の並列、情報処理のスキル獲得、調査や統計を重視した語学系の専門科目の強化、書道教員によるカリグラフィーへの見直しなど、これまでの「国文学」に入ってはいたものの周縁化されていたさまざまな知恵をもう一度、活発にしていくことを目指してきた。それがうまくいっているかどうかは、まだまだはっきりしない。全体を運営している私たち専任の力量不足もある。しかし、不安を抱えながら当てにならない空疎な新領域の学問創設に時間と労力を費やすより、これまで「国文学」が蓄積してきた伝統的な知恵や技術を再活性化することの方がどれほど楽しいか。

さらに隣接する学科との共同研究やオムニバス授業の実践などを通して、「国文学」自体が「国文学」の概念から自由になり、内実において変容していくことこそ、ナショナリズムの思考からの離陸につながるのではないか。ファカルティ・ディベロップメントを推進する委員会に国文学科の教員が率先して参加することによって、学生の反応はビビッドに伝わってくるようになった。授業評価アンケートについても、全授業における画一的な導入を拒絶し、ティーチング・アシスタント（TA）制度との相互関係のなかで授業評価を選択することで、TAとなる大学院生への奨学金の意味合いと学部学生の授業への反応を把握する機会を兼ねるようにしていった。

また、短期間での応募であったため、COEプログラムについては不採用となったが、情報科学と人文・社会科学にまたがる複数領域の研究者たちにより学術フロンティア推進事業に応募し、「デジタルアーカイブ・インフラストラクチャの構築と高度利用」プロジェクトが採用された。ここには情報科学以外に、歴史学、中国学、心理学、体育学、地理学などが参加しているが、国文学科の若手メンバーを中心に「日本語貴重資料のデジタル・アーカイブ」を目指すサブプロジェクトとして加わり、『明月記』『大斎院前御集』『落窪物語』『倭玉篇』や喜多村緑郎文庫のデジタル・アーカイブを構築する作業が開始されている。人文科学分野で初めて学術フロンティア推進事業に選ばれた立命館大学のアート・リサーチ・センターほどではないが、学際性を示すための員数合わせではないかたちで、ささやかながら「国文学」から足を踏み出していこうとしている。

「国文学」と切断したところで新規まき直しをするには、あまりにも理想から遠い場所に私たちは立っている。「国文学」のなかで積み重ねられた学問知は十分に自負するに足る質と内容を持っている。近現代の文学研究しか知らず、それも十分に身に付けていない私はそう思う。しかし、それはともすれば権威や形式に制約され、小さな学問共同体のなかで縮小再生産を繰り返してきた。実は「国文学」のアカデミズムが組織こそ巨大化しながらも、狭い師弟関係を中心とした人事のなかでますます小さな学問へと収縮していったのではないか。少なくとも、この数十年をふりかえるときその感を強くする。それこそが「国文学」の「危機」の内実なのではないか。

外部への閉鎖と内部のヒエラルキーによって守られてきたその再生産システムを内側から作り替えていくこと。そのプログラムの創出こそが、「国文学」を実質的に変える上でもっとも欠かせないことのように思う。

少数派の戦略

さて、当初、本誌から与えられた課題は「近代文学と海外文芸理論」であった。特集テーマから考えるに、日本の「近代文学」と「海外文芸理論」の関係、その意義と歴史を現在の視点から語れという要望と推測される。しかし、この場合の「海外」とはどこを指すのだろうか。幸か不幸か、西欧ではない文化圏に属したこの地において、「文学」とは、その概念自体が一九世紀の西欧の衝撃によってもたらされたものに他ならず、やがて学問として成立した「文学研究」も西欧の「文芸理論」を参照しながら、ことばと文化をめぐる過去の資料倉庫からさまざまなものを引っ張り出して、蓑虫よろしくつぎはぎしながら織りあげていったものに他ならない。「近代文学」において「海外」とは西欧であり、西欧以外を「海外」と見ないことによって「近代文学」は始まったのである。近代文学研究はおろか、古典文学研究も日本語学もそうした非対称な西欧的近代化のなかで生み出された。したがって、この対比を「と」という接続詞で結ぶかぎり、「近代文学」は日本を海外／西欧と対照させながらとらえるナショナリズムの思考の枠組みにからめとられるだろう。そうした言説の陥穽はあちこちにある。

しばしば、「国文学」の国際化を提唱するときに、中国籍や韓国籍、あるいはアメリカ国籍などの日本学研究者が動員されることがある。非日本人による日本文学研究は多くの学問的な成果をもたらした。そのさまざまな人びとと議論し、対話することは絶対的に必要だが、しばしば、演壇で展開されるその国際性が日本文学の研究のみを中心にすえた狭隘なグローバリズムであることに唖然とさせられることがある。日本文学の研究が日本人研究者によって企画され、開催された会議では、登壇した非日本人の研究者たちは日本文学について肯定的に語ってくれていることにおいて価値づけられているのであり、それ以外のことを語り出せば透明人間になる以外にない。残念ながら、こうした「国文学」的な価値観を内面化している日本学研究者もいる。

日本人の英文学者がイギリスのオックスフォードで開催されたカンファレンスで語ることを想像すれば、そこには微妙な緊張と抵抗とがあると思う。英文学について高い評価を与えることは自らを忘れたような奇妙な居心地悪さをもたらすだろうし、対照的に日本文学をとりあげたならば、どのように語るにせよ、オリエンタリズムをめぐる自意識の葛藤が生まれるだろう。いずれにせよ、そこには言語と文化を異にし、両者の属する国家の歴史的な交錯がたたみ込まれている。そうした政治的な関係が対話の場のなかに潜在的に生み出されることを、聡明な英文学者ならば、日本人であれイギリス人であれ、あらかじめ気づくのではないか。

しかし、日本で「国文学」の国際的なカンファレンスを開くとき、多数の日本人研究者のなかでときとしてその認識が消えてしまう。こうした事態を、国際日本文学研究にあらわれた「大東亜共栄圏」的現象と呼んでもいいかもしれない。共存共栄しているつもりではあるのだが、その絶対的な中心は日本になっていて、その事実に気づこうとしない。二〇〇二年度において日本の国内総生産は世界第三位となっている。どんなに不景気だとは言っても、その経済大国において、小さな小さな「国文学」は他の国々の「国文学」よりも圧倒的に多くの組織と権力を有している。にもかかわらず、依然としてその関係の現実を見ようとしていない。少なくとも目指すべき国際性は、こうした無自覚なナショナリズムを解除していくことから始めなければならないのだが、その無自覚さはあろうことかナショナリズム批判の言説にも忍び込んでいる。

さて、日本近代文学会の二〇〇三年五月に出る会員名簿によれば、会員数約二〇〇〇人のうち、外国籍を持つ会員はおおよそ八〇人を数える。ざっと四％の割合ということになろうか。日本の総人口において日本国籍以外の住民は二％である。実際には、帰化して日本国籍をとった人もいるから、この数字はもう少しあがり、学会員の四％に近いかもしれない。

私は、学会における「少数派」の数字をふやすべきだと言いたいのではない。その数字を噛みしめたいのだ。まぎれもなく、いま私たちの「国文学」は日本の学問のなかでこの四％、いやもっと少ないかもしれない少数派の学問になっている。そのことを自覚していきたいと思う。そしてさらに「少数派」でありつづけることを大事にしていきたいと考える。この「少数派」は少数派であるかぎり、自分たちの要求や欲望を多数派に主張していかなければならない。そこでくりひろげられるのは、多数派との交渉であり、ときとして抗争でもある。しかし、多数派への同化はしない。これは自己変革とは遠い方針かもしれない。ただ、自己変革は言うは易く行なうは難い、そのことを戦後半世紀かけて私たちは学んだ。交渉もまた困難さにおいて同じかもしれない。何しろ多数派のことばと枠組みに乗らないと議論ができないのだから。でも、そのことが、そしてそのことの積み重ねが少数派としての「国文学」を強くしていくことではないだろうか。不透明な未来に向かいながら、私はそのように考えている。

付記

二〇二二（令和四）年現在、学会の会員数は日本近代文学会で一四〇〇人台。この時期の二〇〇〇人に迫る勢いからすれば、減少に向かってきている。古典系の学会はもっと細分化されている分、さらに少なくなっているだろう。では、学問の「危機」なのかと問われれば、「学問の」ではないと答えるべきだろう。学会はこの現状を見ながら、再編成のプランを練ればいい。十分、それで対応できる。手をつけないでいるのは自分たちの名誉や権益を守るためだからだ。それならそのまま亡びてもいいと思う。「危機」の本質はもっとべつなところにある。

第9章

「ゆとり」がほんとうに必要なのは教員である

「ゆとり教育」ということばが使われるようになったのは、一九九八（平成一〇）年から始まった学習指導要領改訂による。八〇年代から九〇年代にかけて、それまでの「つめこみ教育」を批判し、公教育の民営化・自由化を推進する一方、個性重視、生涯教育、国際化・情報化を唱え、「生きる力」という曖昧なことばが新たな学力観の指標となった。こうした情勢を受けた指導要領が高等学校では二〇〇三（平成一五）年から施行されるようになる。これに対して「ゆとり教育」の導入は乱暴すぎるとして、生徒の学力低下をめぐる論争が起きた。さらにOECDに属する国々の生徒の国際学力到達度調査（PISA、二〇〇四年）の結果で日本の位置が下がると、たちまち「ゆとり教育」批判の大合唱が起きて、振り子は反対にふれることになる。しかし、賛成派も反対派もどちらも教育のリアルを見ないまま政策が語られていた。この文章の初出は『ユリイカ』三八巻一〇号（青土社、二〇〇六年九月）。同じ年の一〇月、第一次安倍晋三政権のもと、首相直属の「教育再生会議」が始まった。

「ゆとり教育」はなぜダメだったか

「ゆとり教育」をめぐる論議で完全に視野の外におかれたもの、それはそもそも「ゆとり教育」を実践する主体である教員の「ゆとり」である。目の下に隈を作り、眉間にしわを寄せた教員が「ゆとり!」と口にしたところで、どうして生徒たちはそのことばを字義通りの意味で受け取るだろうか。

「ゆとり教育」は一部の文科省の官僚たちが日本の社会のいきづまりを感じて、社会変革の重要な柱として教育改革を思いつき、構想をくりひろげたのであろうが、ロマン主義的な思い込みと下部構造を見ない官僚主義的な机上のプランにすぎなかったために敗北した。その最大の敗因は、教育内容を変えることで教育が変わると考えたその観念性にある。

円周率が三・一四から三に変わるのは、教える中味の問題にすぎない。ひとつの教科で教えるべきことがらを縮小したとしても、「国語」や「数学」などの授業時間を減らし、「情報」や「総合的な学習」の時間をふやしたとしても、小中高の教員の労働時間はふえこそすれ、一向に減らなかった。教える内容が減れば、教員は楽になったか。全員を一定のレベルにまであげていく困難さや補習時間が減少しただろうか。そうではない。かれらは少なくなった時間数で何ができるかの工夫をこらすために会議をふやし、それでもまだ意欲に燃える教員は「総合的な学習」のために新たな計画を立てるためにより多くの時間を費やした。まじめな教員であればあるほど、そうやって負担がふえ、疲労が蓄積していったのではないだろうか。

そして、今度は「ゆとり教育」は失敗だった、これからは「言葉の力」だという。はっきり言おう、教員たちの労働環境が現在のままであるかぎり、これもまた必ず破綻する。「言葉の力!」と叫んでみたところで、そもそもことばの力を鍛え、みがいていく環境を与えられない教員たちが、どのような力のこもったことばを発することができるだろうか。日本の二一世紀初頭を飾った小泉純一郎政治は、発せられたことばをその発信者自身が裏切り、従来型の政治家ではないと期待されただけに、政界のみならず、もはやことばそのものを浮ついた軽いものに変え、ことばを交わすこと自体に深い不信とあきらめの思いを植え付けた五年間であったが、文科省の次々とたちあげる学習指導要領の謳い文句もまたまったく同じように、かぎりなく実質を持たない空虚なことばのたわむれを実現した。その意味では、ポストモダニズムが国家の中心に浸透した驚くべき社会が到来している。だが、最悪なのはポストモダンであることに気づかず、モダンだと思い込んだポストモダンであり、そのかぎりにおいて実はファシズムとほとんど差のない時代にわたしたちは立ち会っているのではないか。

ことばはことばだけで意味を持つのではない。ことばを発しているものによってその意味は充填される。聞き手は語り手の表情やしぐさ、前後の文脈、長い時間にわたる関係をふまえて、語られていることばの意味を読み取る。「ゆとり」にしても「言葉の力」にしても、そのことばに意味を充填するものがいないかぎり、それらは無意味で空虚なただのことばにすぎず、その無意味さをあからさまにすることによって、ますますことばに対する不信感を周囲に広めるばかりなのである。

「ゆとり教育」構想は、こうした根本問題を理解しないまま、教科の内容を軽くすることに主眼を置き、子どもたちを少しでも学校から自由にさせようとした。その発想は悪くはないが、現在の学校が置かれている文脈をまるでとらえきれていなかったため、学歴ヒエラルキーとそれにとらわれた不可視の文法に足をすくわれた。学校を変えれば社会が変わるという文科省的な単眼的思考から遠く、学校はこの社会にビルドインされて初めて成り立っている。この明らかな誤謬を指摘して始まった反動は、階級差を強調していこうとする社会の動きと連携して、今度は「総合的な学習」などに見られたさまざまな教育の可能性や積み重ねられた努力までも一気に押し流し、より強化された受験教育へとつきすすんだ。元も子もない惨憺たる結果が現状である。

教員の労働環境

先日、高校の「国語」の教員をしている卒業生たちと話す機会があった。いま進学校を目指している都内の中高一貫の私立高校に勤務している教員は、一週間のなかで授業時間が一八時間。土曜日は半休だが、研究日はない。一日あたり三―四時間、授業を行なっている。なんだ、その程度かと思うかもしれない。しかし、一時間の授業担当は一時間の労働ということではない。教材研究やプリント作成、授業内テストの作成と採点、中間期末試験の対策や準備などなど、並走する仕事は山のようにある。入試の相談や、いまはやりのAO入試対策、小論文指導などは授業外の労働である。毎日の帰宅は七―八時は当たり前。土曜・日曜には試合や監督など部活動が入ることがあり、おまけにこの夏休みは、合宿引率、受験勉強用補習の担当、海外ホームステイの引率で、実質の休みは一〇日しかないという。満足にデートすらできない。

企業につとめているサラリーマンにはそれでも贅沢な環境に映るだろう。しかし、教員が相手にしているのは数字でもなければ、商品でもない。子どもから大人へ、心身ともに日々、大きく変化をとげていく一〇代の生徒たちだ。営業上のセールストークで決められた内容を伝えるのでは、とうてい「言葉の力」などつくはずもない。「国語」の教科書をのぞいてみればいい。随筆や評論、詩歌、小説、翻訳がさまざまに収録され、それらを噛みくだき、意味するところや表現の特色について説明しなければならない。東西文明の比較から歴史や社会への問い、近代化の功罪、自然と環境へのまなざし、わたしたちの心と身体の錯綜、異文化や他者に対するふるまい、戦争をめぐる倫理的な問いかけなど、「国語」があつかう領域はほぼいまの社会のすべての問題につながっている。教材は少しずつではあれ新鮮なものへ変化している。これをどのように消化すればいいのか。広く浅くであったとしても、みずから吸収しないかぎり、生きたことばに変えて教えていくことはできない。しかし、にもかかわらず教員たちは決定的に読書と思考のための時間を奪われてしまっている。

公立高校に勤めた教員は初任者研修に始まって、研修につぐ研修でへとへとになっていた。いまや「日の丸」「君が代」問題で教員研修はイデオロギー注入の場所である。教育の具体性を学ぶのではなく、いかに命令や指示にしたがうかを懇々とさとされる。校長や教頭といった管理職コースに乗る気があるかどうか、ふるいにかけられ、ボトムアップどころか、勝ち組、負け組の選別が行われる。負け組になった教員が意欲を回復するのは並大抵ではない。大勢にしたがい、流れる浮き草のようにして、なるべく消耗の度合いを減らしてエネルギー保存にかけるしかない。

たしかに四時過ぎになると、専任教員が職員室からすがたを消してしまうような高校も少なくない。残って働いているのは非常勤講師や常勤講師ばかりという話もリアルに聞く。しかし、非常勤講師や単年度契約の常勤講師をふやしたのはだれか。講師たちが最初から非常勤や単年度契約を望んでいるわけはない。大半は専任になりたいと思いながら、果たせないひとたちだ。次年度の専任人事の話をちらつかせれば、いやがおうでもかれらは労働時間外の仕事でも飛びついてくる。そうしたひとの人情につけ込みながら商売をしているのが、学校経営者たちである。人件費をどう浮かすかに最大の目標を持つ私立・公立の経営者たちは、専任教員をなるべく少なくし、非常勤などの講師たちをふやしていった。少子化の時代というキイワードはてきめんに効き、受験者数にともなう入学者数の変動に対して、非常勤講師たちのアルバイト労働力が自由に切り貼りできる人材として機能させられたのである。

いま一クラスに四〇人の生徒がいれば、そのうちの一割から二割は何らかの心身に故障を抱えている可能性がある。不登校や引きこもり、いじめ、心身症、ドメスティック・バイオレンス、いろいろ名前はあるが、目の前にいる生徒が悩みを抱えていれば、まともな教員は一緒に悩もうとする。何もできない、壁や隔たりがある、家庭のなかまでは入り込めない。悩んでいくうちに教員の方が一緒に故障していくケースも多い。まじめであればあるほど、そうなりがちである。

こういう職業に果たしていまの若いひとたちは就きたいだろうか。団塊の世代が定年退職の時期を迎え、教員採用の門戸が開き始めた。小学校教員はいまや教員採用試験者の二人に一人は合格するとまで言われている。就職に必死なひとびとは教員を目指すかもしれないが、必ずしも、なりたいという教員志望者が教員になってほしい候補者とはかぎらない。すぐれた人材はすでにこれまで小中高で教員の実態を見てきている。教員になりたいとまじめに思っていたものたちを失望させるものがいまの教員の労働環境のなかにある。それを除去しないかぎり優秀な教員はあらわれてこないし、いくら研修をつんでも育成は不可能である。育つのはただのニヒリズムだ。

漱石・鷗外が消えた？

「ゆとり教育」が論議されていたとき、「国語」のなかでは教科書から夏目漱石や森鷗外が消えていくことが問題にされた。教科内容をやさしくするために、漱石や鷗外の文章を減らし、その結果、高校によっては一度も漱石、鷗外の文章を読まないまま卒業するものも出てくる、それはいかがなものかという反応である。国民作家としての漱石・鷗外を考え、伝統をないがしろにするという批判だったが、それ以前から石川啄木も樋口一葉も教科書からすがたを消していた。国語教員の養成プログラムに関わって教育実習前の大学生に授業をしたが、石川啄木の短歌を記憶しているものなどひとりもいなかった。先の反応は漱石・鷗外だけは何とか守りたいということなのだろうか。教養の崩壊はもはやとめどなく起っている。それに抗するには、遺すべき品目を洗い出し、死守することが必要なのだろうか。

実際には、漱石・鷗外の文章にしても、「こころ」や「舞姫」のような定番教材であるかぎり、ただ教えるのであればそれほど困難はなかったはずだ。生徒の食いつきが悪いといっても、数限りなくつくられた教師用指導書があり、積み重ねられた経験がある。ほんとうの問題は、マニュアル化された授業技術を学校やクラスに応じて、生徒たちの個々の表情に応じて読み替え、アレンジして生かしていく教員の「言葉の力」ではなかったか。

二〇年ほど、ある出版社の高校「国語」教科書の編集にたずさわってきた。学習指導要領の改訂ごとに、新たな編集方針が組み立てられ、これに抗すべく、いろいろなチャレンジをしてきている。ずいぶん新しい教材も発掘してきた。小説では、大岡昇平「出征」、武田泰淳「審判」、島尾敏雄「石像歩き出す」、幸田文「濃紺」、三木卓「砲撃のあとで」、干刈あがた「プラネタリウム」、川上弘美「神様」、江國香織「デューク」など、評論・随筆では、真木悠介「骨とまぼろし」、石原吉郎「ある〈共生〉の経験から」、幸田文「あとみよそわか」、藤田省三「隠れん坊の精神史」、市村弘正「失敗の意味」、岩井克人「広告の形而上学」、澤地久枝「生活という学校」、色川武大「人を好きになること」、C・W・ニコル「TREE」、斎藤次郎「ヒョータンツギの想像力」、中上健次「紀州弁」、村上春樹「ささやかな時計の死」、港千尋「知識の扉」などなど。これらのなかには他社にとられていったものもあり、定着してきているものもあるが、いつもつねに壁として存在したのが、高校の教員たちから寄せられる新しい教材自体への反発であった。教えられない、何を教えていいか分からない、細かい指導マニュアルがない。こうした声がとどく度に、新しい教材は消滅の危機にさらされる。

いま、高校の「国語」教科書を出版しているのは一〇社程度だが、そのなかでもっとも多くの部数を発行し、市場の二五パーセントをシェアしている出版社の最大の勝因は精緻な営業活動だといわれている。まめに高校をまわり、教員の要望を聞き、ドリルや問題集、定期試験のモデル問題などを紙媒体だけでなく、デジタルデータで配布する。POSシステム並みに、各高校で何が求められているかを正確に把握すること。市場原理に立った消費社会に生きる以上、これはまったく正しい商業活動だろう。教員は教科書の消費者であるからだ。しかし、その結果、残るのは何か。定番教材と安定教材の山である。使い慣れているもの、教え慣れているものがもっとも消費者である教員にとってすぐれた商品なのだ。しかし、一〇年一日、それどころか三〇年一日の調子で、同じ教材を教えつづけることは、もはや伝統芸にひとしいことなのかもしれないが、それは教室のなかの別のプレーヤーたちの時代的な変化や特性を考慮に入れないことなのではないか。

「こころ」や「舞姫」について、いまどんな議論がなされ、どんな批評や研究が発せられているか。もちろん、指導書にそうしたことが書かれていればいいので、それを適宜、かいつまんで話せばいい。しかし、それらの批評や研究の背後には、近代家族の規範に対する問いなおしや、ナショナリズム研究、ジェンダー研究、テクストの分析をめぐる記号論、他者をめぐる関係の倫理など、やはりさまざまな思想が関与している。それもまた指導書に書けとなると、ますます指導書は膨大なデータブックと化して、こぞって使いにくいという苦情の対象になるだろう。

教員には、目の前の教材についてじっくり勉強してもらわなければならない。この教材は何をあつかい、どのようにすれば生徒たちの関心にとどくかを、自前のことばで考えてもらわなければならない。しかし、それにはあまりに「ゆとり」を欠いた労働環境に置かれていることこそ、最大の問題なのである。

「言葉の力」をつけるために

定番教材でずっとやっていけるかと言えば、まったくそんなことはない。いま中学高校の教員はいやおうなく進学を予定している生徒たちの希望を考慮し、入学試験対策を取り入れざるをえない。共通テストや大手私立大学のようなマークシート方式、大学側のメッセージを反映した記述式、小論文、推薦用の作文、面接試験など、試験の多様化に応じて、教員も個々それぞれの傾向と対策を練る。いまどき、受験は予備校まかせでいいと居直ることのできる教員はいない。この数年の大学入試問題の動向をにらみながら、入試問題になりそうな評論・随筆のチェックをしていない教員がいたら、それは怠慢のそしりをまぬがれない。しかし、先にふれたような労働環境でそんなことが可能だろうか。

この二〇年、元気で活力ある高校専任教員をほとんど見たことがない。かれらはくたびれ、疲れ果てている。文科省の政策やそれにただ反応するだけの学校経営者や管理職、年配教員たちの大勢順応主義に、ニヒリズムを抱えながら、無意味なことばをくりかえしていくしかない。ここまで教育の場所を荒廃させたのは、まぎれもなく文科省である。かつて日教組が諸悪の根源のようにいわれた。しかし、いまや日教組の組織力はどれほどのものか。日教組を弱体化させて、そのかわりの労務管理に対する異議申し立てを文科省はすべて放棄した。経理面のチェックはするが、労働基準局への申し立て以外、私立公立の教員の置かれた環境には、各学校の設置基準にはまっていれば何も注文をつけることはない。そうした考えで、やる気のある学校が申請すれば考慮するが、そうでなければそのまま放置というのが方針だった。大学に対しては、すぐれた教員を育成するために、教員養成のカリキュラムを重く厚くするよう求めたが、実際の教育現場で教員の労働環境をどうするかはまったく視野の外にある。ここでもまた、空虚なことばが飛び交うだけだ。「言葉の力」とそれを育てる条件について、もっとも無知で、愚かなのが文科省であることを文科省の官僚はだれひとり気づいていないとすら思われる。

「国語」の教師にとって、「言葉の力」を獲得することは知識の蓄積を意味してはいない。漢字検定や四字熟語の習得は「言葉の力」とストレートに結びつかない。いまもっとも求められていることは、

・週あたりの持ち時間を最低二時間は減らし、一五時間程度に調整する。
・毎週、研究日を一日もうける。

といったことではないか。かつて教員は遊んでいるという批判があった。しかし、労働強化した結果、教員への信頼はかつてより増しただろうか。まったくそうではない。不信は強まり、愛国心を強調して、穴埋めができないかと探り合っている。

うらやましい労働環境に見えるならば、それでいいではないか。うらやましいから、すぐれた人材も教員という職業にチャレンジする。疲れ果て、消耗し、批判ばかりされる職業にいったいだれが就くだろうか。互いの不信感が極点まで来ている今日、そんな緩和策はとれないと言うかもしれない。どうせ研究日だとか言っても、遊んでいるに決まっている。いまや大学教員もそういう猜疑とねたみのまなざしにさらされ、教員同士も自然科学、実験系の教員たちと文系の教員たちの間で対立が起こることも少なくない。そんなに心配であるならば、毎月一回、研究日に何をし、何を読み、何を考えたか、新しい教材の発見や教材を生かす方法、マルチメディア時代に応じた「ことば」の機能回復のための研鑽を報告しあうようにすればいい。そして労働条件を改善した分、それを文書にしていけばいいではないか。互いに議論し、話し合う雰囲気のない職員室に「言葉の力」を取り戻すことなどできるはずがない。

かつて労働組合のさかんな時代は、教育研究部という組織があった。これは賃金闘争ばかりになった組合運動のなかで形骸化したが、経営者たちはこうした教研部の可能性まですべて洗い流してしまった。「日の丸」掲揚や「君が代」斉唱について研修する暇があったら、本を読み、映画を見て、音楽を聴き、旅をすべきである。いま、自分たちの目の前の生活がどのような物質的な条件に支えられ、ひととひとの関係はどのようになっているかを考え、その錯綜と解決困難さに向き合うべきである。「言葉の力」とは、互いの思いを伝え、的確に指針を示す能力とはかぎらない。ことばに盛り込めることがある一方で、ことばに盛り込めないことがあることを知り、矛盾や複雑さを抱え込みながら、そのもどかしさをたどたどしくことばにしていく能力でもあるのだ。

「ゆとり教育」は壮大な失敗に終わった。しかし、その失敗が何であったかを踏まえないものたちには、次の失敗が来るだけである。むかし読んだ本のことばかり、最近読んだ本について語らない「国語」教員たちにどんな「言葉の力」があるだろうか。ただし、かれらの努力を要求する前に、努力するための環境があるかどうかを問うべきなのである。

第 10 章

「教科日本語」の問題点

日本語・日本文化をめぐる教育の欺瞞性

二〇〇七（平成一九）年、東京都世田谷区で突然、「日本語」という教科が区立の小学校・中学校に導入された。区の教育長を中心として小泉純一郎内閣時代の「構造改革特区」に名乗りを上げ、学習指導要領にはない試みを始めたのである。まったく訓練もなければ、準備もない状態で区内の小中学校の先生たちは「教科日本語」を教えなければならなくなった。区が作成した教科書があるから、それで教えろという。指導案などは年度が始まってから各学校にＦＡＸで送られてきた。ありえない話である。地域連携の先生たちから相談を受けたことから、その教科書群を開いて唖然とした。編集協力の専門家はおそらく肩書きだけ、教科書としての最低綱領が守られていない。結局、この突飛な政策は数年後に十分な成果があがっていなかったと総括され、縮小するのだが、十数年後に起きた文科省の教育改革はほぼこのフォーマットを反復していた。本論は「日本語をなめてはいけません――日本語・日本文化をめぐる教育の欺瞞性」と題して、『国語の授業』（上）・二一三号、（下）・二一四号、一光社、二〇〇九年八―一〇月）に発表したものを元にしている。日本語や日本文化を強調する教育は、言語や文化について徹底して考えるのではなく、ふんわりとムードだけを盛り上げ、つまらない道徳教育に堕してしまうことの典型になっている。

小学校英語と日本語・日本文化教育

『続 明暗』『私小説 from left to right』など日本近代文学に対する敬愛をこめた小説を書いてきた水村美苗の『日本語が亡びるとき――英語の世紀の中で』（筑摩書房、二〇〇八年一一月）が昨年（二〇〇八年）後半からずいぶん評判になった。

主旨をかいつまんで言うと、次のようになる。グローバリズム経済とインターネットの世界浸透によって英語は「普遍語」の地位を獲得し、世界のさまざまな言語はその帰趨の分岐点にある。たしかに日本語も英語の脅威にさらされている。英語とはどのような言語なのか、英語がさかんな国ではいったいどのような事態が起きているのか、こうしたことの情報や調査は少ないにもかかわらず、何となく英語が重要だという「印象」のもとで英語の語学力を強化しようという教育政策が実施されるにいたっている。しかし、英語の徹底したエリート教育に踏み切るわけではない。曖昧な「英会話」の力だけを要求する「国民総バイリンガル化」計画がだらしなく進行しているのが現状である。その結果、各国ともそれぞれの「国語」は「現地語」という位置づけになる。「普遍語」としての英語と「現地語」としての日本語。この「バイリンガル」現象がもたらすのは、日本語で思索し、日本語で読み書きする繊細にして「高感度」な担い手の消滅である。それは片言の英会話だけはできるけれども、英語でも日本語でも思索や表現のできない人々のあふれた日本、いま以上に植民地化されたすがたである。

著者がこだわるのは日本語による思索と表現である。ところが、その力をどのように身に付けるか、その具体論が大事なのだが、教育政策上の方法論になると、論者によってさまざまな見解の相違が起きる。

たとえば、文芸評論家の富岡幸一郎は、『産経新聞』（二〇〇八年一二月二六日）のコラムで、この本は「むしろ、日本の国語教育のやり直しの必要性を提言しており、聴くべきものがある」とした上で、「高校や大学入試の国語で、問題文の要約などを選択肢で選ばせるのは、百害あって一利なし。国語は頭で覚えるのではなく、身体に染み込ませるという自明の事が忘れられて久しい。子供の頃からインターネットをやっている世代に、「情報」などという科目は要らない。〔…〕大学教師をしてつくづく思うのは、国語の力は高校までで決まるということだ。最近ではタテに並んだ日本語が読めない大学生すらいる。東京都世田谷区では、日本語や日本文化を区立の学校で教えるための独自の教科書を用いている。内容豊かである。やればできる。国語の復権も麻生内閣の重要課題としてもらいたい」と提言している。

同じ『産経新聞』では、社会学者の加藤秀俊の「小中学校の「言語学習」を思う」（二〇〇八年一一月五日）という記事があり、そこで加藤は「わたしの意見では小学生に英語を教えるなどというのは正気の沙汰ではない」と小学校の英語必修化を徹底批判し、「そのかわりにちゃんと母語たる日本語教育を充実すべきだ」という主張のもとに、そのサンプルとして東京都世田谷区の「教科日本語」という「野心的なこころみ」を高く評価している。

つまり、小学校に英語を必修科目として導入するという文科省の施策に対して、日本語教育の必要性が問われているのである。ただし、注意して欲しい。水村がいうのは日本語による思索や表現であるが、それを学ぶ教科として新たなべつな教科を要求しているわけではない。「国語」という教科が充実し、日本近代文学をしっかり読むことが重要だと主張している。ところが加藤の提言では、あえて「対極」にある世田谷区の「教科日本語」が称賛されている。水村の本を評価する富岡は、「国語」の充実があたかも世田谷区の「教科日本語」で行われるかのような論じ方をしている。

どちらの記事も『産経新聞』であることから、ここには新聞社の特定のイデオロギーが関与しているように見えるかもしれない。しかし、ことは『産経新聞』だけではない。一年前の二〇〇七（平成一九）年五月二日、『朝日新聞』は「新教科「日本語」スタート　教育特区・世田谷の全小中校」と題して、世田谷区の「教科日本語」をめぐってレポート記事を掲載している。評価については書かずに事実を記した記事であるが、関係者のコメントを中心にまとめて、総体として新しい試みを好意的に取り上げる内容になっていた。つまり、教科としての「国語」に対する不満があるというよりも、グローバルな市場経済をバックにした新自由主義が小学校の英語必修化としてあらわれたと認識し、これに対抗するのに、基礎教養や古典についての蓄積を欠いているという理由のもとに、「日本語」「日本文化」に関する新たな教育の導入が叫ばれている。それは政治的な立場とは無関係なところで発せられ、評論家ふうな人々の支持を得てきているのである。

またよく知られているように、東京都教育委員会は、重点事業として二〇〇五（平成一七）年度から「日本の伝統・文化理解教育推進事業」を立ち上げ、「国際社会に生きる日本人としての自覚と誇りを養うとともに、多様な文化を尊重できる態度や資質をはぐくむ教育を推進する」という目的のもと、都立高校での学校設定教科・科目「日本の伝統・文化」のカリキュラム及び副教材を開発してきている。これはすでに二〇〇七（平成一九）年度からモデル校などで導入されている。

つまり、文科省によって小学校における英語の必修化が起きてきているのと照応するように、世田谷区の「教科日本語」や東京都の「日本の伝統・文化」のカリキュラム組み込みが始まっている。この両者は対立しているわけではない。前者と後者は不即不離の関係にあり、これらすべてから放置され、ひたすら戦場の無関係な市民として右往左往させられているのが生徒と教師たちである。英語を長く学習すれば英会話ができるようならば、中学一年から大学生までの最低八年間、英語教育を受けていたこれまでの日本人の大人たちもみなできていただろう。できなかったのは長さの問題でも、学習開始時期の早さの問題でもない。英会話の教育ができる教師の絶対数不足であることは、ふだん英語教師を養成しているはずの英文学科の教員とつきあっているだけで十分に想像できる。

では、「教科日本語」や「日本の伝統・文化」はどうか。世田谷区の「教科日本語」の場合を見てみよう。

「美しい日本語」という観念

これまで学校教育の場で実践される教科の体系やカリキュラム内容について、文科省は「学習指導要領」によって規範を提供し、国公私立の初等中等教育を拘束してきた。しかし、二〇〇二（平成一四）年以降、小泉純一郎内閣による「構造改革」の名のもとに、さまざまな規制改革が導入され、「構造改革特区」が申請自治体に応じて認可されるようになった。世田谷区はこうしたなかで「構造改革特区」として「教育特区」を名乗りでたのである。

「教育特区」とは、これまで文教行政のすべてを管理してきた文部科学省のルールを超えて、その自治体独自のカリキュラムを用意し、新たな教育を実践する場所としての特別区域を意味する。そのこと自体は、教育の国家統制からの自立を意味するように見えるが、誰がどのようなスケジュールで新たな教育プログラムを作るのか、その議論や審査の過程、それ以前の文脈などを抜きに、「構造改革」が推進されたのである。

この政策は、「美しい日本語を世田谷の学校から」という標語を掲げて始まった。この標語では美醜の基準が個別の感受性に依拠することはまったく想定されていない。「美しい」か否かは、個々の判断とはべつの異なる審級によって決定される。この不可解な標語を掲げ、言語教育とはまったく異なる、伝統や文化の復古、道徳観念の注入を目指した教育が、「世界」や「国際性」の名のもとに実施されている。

しかも、注目すべきことにこの政策に日本語学会の中心的な学者や日本文学研究者が協力し、その権威化を支えている。日本全体の文教行政において、「国語」と「日本語」のこのようなかたちでの併存、概念の組み替えが国家レベルで推進されるとはすぐには思えないが、しかし、同時に進行した学習指導要領の改訂作業との関係から、これに追随する自治体の出現もあり、一つのモデル化がはかられていることは事実である。

導入までの経緯を簡単にたどってみると、二〇〇三（平成一五）年、まず世田谷区教育委員会が「美しい日本語を世田谷の学校から」という標語を掲げるようになった。この流れが、二〇〇四（平成一六）年に策定が行われた「世田谷教育ビジョン」によって加速する。このビジョンは「特色ある学校づくり」「少人数教育」「スクールカウンセラーの配置」などとともに「美しい日本語を世田谷の学校から」を唱え、さらに各学校で目標の達成を数値化することを掲げた。この方針に則って、同年一〇月、「教科日本語」創設を柱とする「構造改革特別区域研究開発学校設置事業」が申請された。そして二〇〇四年一二月、政府から認可されたのである。これにより、パイロット校の試用や教科書作成が行われた末に、二〇〇七年四月から区立小中学校すべてで「教科日本語」の一斉導入がなされたのである。

世田谷区という自治体がどの程度の規模か、基礎的なデータを掲げておこう（当時）。区内の総世帯は約四三万三〇〇〇世帯、人口は約八二万九〇〇〇人となっている。この人口は東京二三区内では最多で、佐賀県、福井県、徳島県、高知県、島根県、鳥取県を上回っている。東京の特別区のひとつではあるが、その大きさが想像できるだろう。このうち外国人登録者数は約一万五〇〇〇人。つまり約二%の非日本人が居住する住宅地域である。

小中学校の学齢期（六―一五歳）の子供の数は約五万九〇〇〇人。区立小学校数は六四校で、在学者数は約三万人。他に区内に国立の小学校が一校、私立の小学校が七校ある。区立中学校数は三一校で、在学者数は約一万人。他に国立が二校、私立が二一校ある。つまり、五万九〇〇〇人の子供たちのうち、四万人の子供たちが世田谷区立の学校で「教科日本語」を履修し、一万九〇〇〇人は世田谷区かそれ以外にある国立・私立の学校に通い、「教科日本語」とは無縁の教育を受けている。

「教科日本語」の狙いは、世田谷区教育委員会によって、次のように定められている。

①深く考える児童・生徒を育成する。
②自分を表現する能力やコミュニケーション能力を育成する。
③日本の文化や伝統に対する理解を深め、それらを大切にする態度を育成する。

たしかに、ひとつひとつをとってみれば問題がない。

では、その「教科日本語」とは具体的にどのような教育内容を持っているのか。この教科では、世田谷区教育委員会の発行した教科書に依拠しなければならないことになっている。どのような教員が担当するにせよ、この教科書を使わなければならず、逆にこの教科書を使いさえすれば、担当教員はどのような専門の教員でもいいという。

言うまでもないが、日本の小学校の教員には教科専門はない。中学校の教員には「国語」や「数学」などの教科専門担当があるが、この「教科日本語」については専門教員でなくていいという教育委員会からの指示がなされている。したがって、「国語」の教員が担当する必要はない。つまり、もともとは「体育」専門だった教員でも「数学」や「理科」の教員でも担当できることになっていて、実際にその教材にまったくわしくない教員が多く担当している。そのかわり教育委員会から送付される学習指導案に従い、指示のとおりに教えることを命じられているのである。

教科書は小学校向けが二学年ごとに一冊、計三冊。中学校向けが三冊、こちらは学年別ではなく、内容別に「教科日本語」の「哲学」「表現」「日本文化」といった三種類となっている。履修時間は小学校が週一時間、中学校が週二時間。どちらも、ゆとり教育によって導入された「総合的な学習」の時間を削って当てることになっている。

しかし、奇妙なことではないか。「美しい日本語」といいながら専門性はない。だれでもできるという。それは果たして美しいか。教科書のとおりに読み、教科書のとおりに教えれば美しくなるのか。またしても、ここでは生徒や教師のおかれた学校という場所が置き去りにされて、命令口調の官僚制が機能していないか。それは美しいということばから絶対に遠い光景である。

では、教科書の中身はどうなのだろう。一年生向けの「教科日本語」の目次をのぞいてみよう。まず冒頭は、山村暮鳥の詩は「いちめんのなのはな」で始まる。「なのはな」のことばをくりかえすユニークな詩であるが、そこから始まって俳句、漢詩、短歌とつづく。実は、一年生は詩、俳句、漢詩、短歌ばかりで、散文は民話と論語のみだ。「日本語」の教科書一冊のうち漢詩が五篇、論語が三回出て来る。しかも、その「論語」たるや、「子曰く、学びて時に之を習う、亦た説ばしからず乎」。「教科日本語」のいう「ことば」の「力」とか、伝達するための「ことば」がこれなのだろうか。漢詩や論語の学習が一定の意味や効果を持つことは認めよう。わたしたちの日本語は、もともと文字言語をもっていなくて、中国語を借りることで文字を書くことができるようになった。そこからアレンジすることでカタカナやひらがなもできてきた。だから、ことばの遠い起源のひとつとして漢詩や論語の学習もありうるし、それは一定の効果も持つ。しかし、小学校から必要か。選んでいる章句からすると、内容ではなくことばのリズムだと言いながらも、「子曰く、学びて時に之を習う」であるから、徳育教育であることは明らかである。しかも問題なのは、勝手な「復活」であるどころか、本来の文化の伝統も無視していることだ。この教科書では俳諧でなくて「俳句」として小林一茶や与謝蕪村が取り上げられ、和歌ではなくて「短歌」として山上憶良や明恵の作品が引用されている。ほんとにそれは「俳句」「短歌」と言えるか。

三年と四年のあいだに、この教科書は「百人一首」をすべて入れている。これはなかなか画期的なことだが、「読み」「味わう」ことのできない態勢でどのようにこれを使うのか。無意味な暗記だけの教材になる。韻文が多いなか、散文は編集のセンスを疑いたくなるほどひどいものを集めている。たとえば、三年の後半、「一冊の本から　童話・ファンタジーの世界について語ろう」という単元で紹介されている読書感想文のサンプルは「ぼくもエルマーみたいにあきらめない強い子になりたいです」と結ぶ悪しき典型である。「国語」の教科専門から見れば噴飯ものの作文が例文となっている。果たしてこれが「内容豊か」で「野心的なこころみ」なのだろうか。

フィンランドの「国語」教育

二〇〇六（平成一八）年に、ＯＥＣＤ加盟国による一五歳の生徒の学習到達度調査（ＰＩＳＡ）の結果が発表され、「数学的リテラシー」「読解力」「科学的リテラシー」のいずれにおいても日本の順位が下がったことが話題になった。いわゆる「学力低下」の証拠のように扱われ、「ゆとり教育」の見直しと学習指導要領改訂へとつながったことも記憶に新しいところである。このPISAの調査で多少の変動はあるにせよ、つねに上位に位置していたのが北欧の小国フィンランドである。ちょうど荻上直子監督、小林聡美主演による映画『かもめ食堂』が公開されたのも二〇〇六年。オール・フィンランド・ロケが話題になり、ロングランとなってから、日本人観光客のフィンランドツアーも増えた。なぜ、PISAで上位にいるかをめぐって教育関係者の視察も多く、一時期、ヘルシンキは日本人だらけだったという。少し落ち着きを見せたところで、フィンランド教育に関心を持っていた同居人に誘われるまま、この夏、フィンランドの地方都市タンペレという街で「国語」教育がどうなっているかを見学してきた。

　国土の広さは日本とあまり変わらないこの国の人口はわずかに五三〇万人ほど。日本の二四分の一である。しかし、学校は大学にいたるまで授業料なし。出産経費も国家が出している。小中学校のクラスは一クラス二五人前後。さらにそれを適性や能力で二つに分けて授業を行うことができる。つまり一二、三人の学級が成立している。小学校では八時過ぎからの始業で、授業はほぼ午前中で終わる。午後は授業はない。訪ねた学校には二〇〇人ほどの生徒がいたが、教員は二〇人もいる。その先生たちも午後には帰宅。職員室にデスクがない。デスクワークは自宅でとなるが、ほとんど成績評価がない。驚くべき「ゆとり教育」で、日本で「ゆとり教育」が提唱されたとき、もっとも「ゆとり」から疎外されていた教員たちがここでは「ゆとり」をもって教育にあたっている。クラブ活動は学校ではなく、地域でなされるものであるから、それにふりまわされることもない。

「国語」の授業で中心の教材となるのは、物語と小説である。教科書も全体が物語の枠組みで、日本のような教材アンソロジーではない。びっくりしたのは、教師用指導書のとおりに教えることに何の恥ずかしさもないこと。きちんとした教科書で、子どもたちが読むだけでも分かるように作られていて、教員はアレンジしてもいいし、指導書通りにしてもいい。過剰な「頑張りイズム」がまったくない。その代わり、教科書はよくできているし、高価でもある。子どもたちは卒業すれば学校にその教科書を残し、あとの子どもたちがそれをまた使う。

登場人物や物語の舞台となっている時間や場所、どのようなストーリーかがきちんと丁寧に把握される。目で読むだけでない。耳のみで聞く場面があり、聞きながら内容の理解が進められる。ワークシートがあって、箇条書きにされた項目のひとつひとつについて、それは物語に書かれていたこととして合っているか、まちがっているか、あるいは書かれていない事柄であるために判断ができないかの選択肢が用意される。物語や小説は情報の束であるから、書かれていることとそうでないこととの判別の上に、もうひとつ確認できない空白があるかどうかが問われる。過剰に物語の空白をうめるのではなく、どこまでが書かれていて、どこからは書かれていないかを判断することが試されるのである。

そして語り手や視点について、だれが語っているのか、だれの視点に立っているのかが教材ごとに質問される。特定の語り手や視点人物によって見える風景と見えない風景があることがきちんと区分されていく。

フィンランドは北欧のユートピアではない。生徒たちの半数近くが離婚経験のある家族を持ち、失業や転職を身近に感じている。映画監督のアキ・カウリスマキが描く社会的な敗北者たちもこの国では珍しくない。しかし、だからこそ、物語や小説の想像力が重要な意味を持ち、何が見えて、何が見えないかが問われる。

なるほど、フィンランドは子育てと教育に手厚い国であった。

「教科日本語　哲学」の教科書

究極の「ゆとり教育」の国から、ふりかえって日本の「国語」教育はと問えば、唇が寒くなる。まして、世田谷区の「教科日本語」は……。小学校用の「教科日本語」の教科書が物語や小説はおろか、詩歌と「論語」で終始し、その大半も朗読や暗唱で内容について考えないという内容であったことは先に紹介したとおりである。小学校であるから仮に「国語」の専門教員でなくてもそのこと自体はおかしいわけではない。しかし、だれにでも教えられる教科書、指導書作りがなされていたかと言えば、それにも首をかしげざるをえない。

さて、では中学校向けの三冊はどうなのか。小学校用が二学年で一冊であったのに対して、中学校用は「教科日本語　哲学」「教科日本語　表現」「教科日本語　日本文化」と題されている。「哲学」と「表現」が導入初年度に二冊発行され、「日本文化」はその翌年に発行された。もはや「日本語」の教科であるのに「哲学」や「日本文化」と細目がつけられているのはどうなのだろうか。その問いはひとまず棚に上げておこう。ここでは、それらの教材がどのように編集されているかを

「哲学」の教科書に限って報告しておきたい。

「教科日本語　哲学」は、一般的な「国語」の教科書と同じように教材のアンソロジーの体裁で編集されている。巻頭は、哲学者の野矢茂樹の「「考える」って何をすることだろう?」という文章から始まり、作家の清水義範の「周りの人への心遣い」、社会学者の玄田有史の「働くことの意味」など、目次にはなかなか魅力的なラインアップが並ぶ。これは面白そうだ、中学校向けの方はいくらかまともに編集されているのかもしれないと思って通読していくと、いくつか奇妙なことに気づく。野矢の文章は冒頭にあるだけでない。教科書の半ばにも、そして最後にも一篇ずつ置かれている。「国語」ではありえない編集だが、しかし、「哲学」と題しただけに哲学者を重視したのはある意味ではそうした方針なのかと思って、さらにつぶさに読んでいくと、だんだんおかしなところが浮き上がる。

パスティーシュ作家の清水が教育問題にしばしば発言していることはよく知られているが、それにしても「周りの人への心遣い」はあまりにまともすぎる文章で、さしずめ『女性の品格』(PHP新書)の著者で、元官僚、いま昭和女子大学長の坂東眞理子あたりが書きそうな内容である。フリーターやニートに共感を表明していた玄田がすなおに「働くことの意味」を説くというのもそれぞれの書き手の著作を読んでいる読者には奇妙に見える。そこで出典として紹介されている著作と教科書のテクストを並べて対照させてみた。

清水の文章はちくま新書『行儀よくしろ。』(二〇〇三年七月)から採られていた。「社会性と我慢」という見出しのついた部分である。「我々は我々の社会の中で生きているのだ」ということを教えることが大事だと清水は言う。「つまり、生きているのは自分だけではない、というあたり前なことの教育」が必要だとした上で、教科書にとられた部分が来る。

人間として、自分を大切にしなくちゃいけないのは当然のことだ。どんな人でも、まず自分の欲を優先したいのはもっともな話である。

しかし、それしか考えないのでは、社会が壊れる。自分が大切なのと同様に、他人を尊重しなければならない。

［確かに我々は欲望社会に生きてはいるのだが、］他人をないがしろにして自分さえよければいいという生き方を全員がしたら、世の中がガタガタになる。

［私が言っていることは、大人が今さら言うのもバカみたい、という］【このことは】当然のことだ。だが、その当然なことを、ちゃんと子供に伝えてあるだろうか［、なのだ］。

［ ］でくくったところは原文にはあるが教科書では削除された箇所である。【 】は新たに加筆された箇所である。

この文章は全部で三八行ほどの短い部分からなるが、そのなかでこのような削除箇所が五箇所、加筆箇所は二箇所ある。どうやらこの教科書には原文重視という発想はなく、どんどん手を入れるという考えでのぞんでいるらしい。上記引用でも「確かに我々は欲望社会に生きてはいるのだが」という前提の記述や、「私が言っていることは、大人が今さら言うのもバカみたい、という」といった留保を示す記述が削られ、メッセージをストレートにしている。とりわけ最後の「、なのだ」という文末は、他にも「自分さえよければいいんだ、という考え方は、私たちの社会においては醜いんだよ「、である」」の文末の「、である」がやはり削られている。いずれも赤塚不二夫『天才バカボン』のバカボンのパパの発言よろしく、こうした文末の言い回しをとることで、ストレートな表現をやわらげ、道徳的なメッセージが抑圧的にならないように配されている。これらを削除してしまうことによってパスティーシュ作家はあたかも校長先生の訓辞のような文章家に変身させられているのである。

教材への敬意

玄田の文章は『14歳からの仕事道』（理論社、二〇〇五年二月）から採られていた。この本は帯のコピーにも「いちばんたいせつなのは、ちゃんといいかげんに生きること。」という大胆な提言をした上で、「キャリア教育」を語ろうとしたいい本だが、教科書に抜き取られたのはそのなかのもっともストレートな部分だった。「自分の弱さと向かい合う」という章の後半、「乗り越える瞬間」という見出しの節と、「働くことは矛盾に満ち、だから美しい」という章の前半、「働くことの二面性」である。

やはりこの文章の教材化でも三箇所の削除と二箇所の書き換えがあるが、それはひとまずおこう。採用された箇所で玄田は「働くことは自分の弱さを知ることだ」と論じ、矛盾を抱え、それを乗り越えていくときに「美しい」瞬間が来ると説いている。教科書採用箇所の結びが象徴的である。

良い仕事をするには、先のことまで冷静によく考えて行動する面と、ときにはあとさきなんて考えずに情熱にしたがって突っ走る面と、両方あっていいんです。働くときには、クールさとホットさの両方が、あったほうが絶対いい。

ずいぶん熱い書き方である。しかし、実は原文を見ると、この直後に「ちゃんといいかげんに生きる」という見出しのついたほんとうの結びが来る。ここで玄田は先ほどの引用部分から一転して、「いい仕事には「遊びが必要だ」ということ」を強調する。「遊び」「余裕」「のりしろ」をもって、真面目すぎることによる弊害を減らせと言う。冷静さと情熱と、さらにいいかげんさというその矛盾を抱えましょうと言う。帯のコピーにも使われたように、この本のなかでいちばん大事なこともここにある。

驚くべきことに「哲学」の編集者は、すぐあとにある原文のもっとも重要なところを採らず、論旨の途中、誤解を招きそうなところをあえて抜いてきているのである。どうしてこのようなことが起きているのだろうか。

三篇が採られた野矢の場合は、『はじめて考えるときのように 「わかる」ための哲学的道案内』（植田真・絵、ＰＨＰエディターズ・グループ、二〇〇一年三月）と『論理トレーニング１０１題』（産業図書、二〇〇一年五月）から採られていた。とりわけ巻頭と巻末に二篇が採られた前著は、この教科書の要なのだと思う。「「考える」って何をすることだろう?」と題された教科書冒頭の文章は、題名が『はじめて考えるときのように』の冒頭そのままである。「考えているとき、きみは何をしているのだろう」という問いに始まり、「考えるって、どうすること?」と尋ね、「きみならどう答える?」という問いかけまでの九行がそっくり採られている。ところが、原文の一四頁のこの部分を抜いた後、同じ章節の一五―一七頁が削られ、このあと一気に一九七頁まで飛んでしまう。全部で二二三頁の本だから、冒頭だけ採ったら、もう結びへと接続されているのである。「考える」とは何か、具体的に考え、哲学的な思索をまさに身の回りのことから始めたこのすぐれた哲学書は結論だけが抜き取られるようになっていたのである。結局、教科書版の「「考える」って何をすることだろう?」は、一九七頁から二〇四頁までの六頁分がメインとなり、ここで削除箇所が六箇所に及ぶ。

教科書末尾に置かれた「「考える」ことを考える」は、それから数頁あとの二〇八頁から二一一頁までの「考える技術」「つめこんで、ゆさぶって、空っぽにする」という二節が採られている。この削除がまた六箇所。とにかくずたずたに切るのが好きな編集者がいるらしい。見出しの「つめこんで、ゆさぶって、空っぽにする」ということばは、原文ではA・A・ミルンの童話集『クマのプーさん』に登場するイーヨーの本の逸話から紹介されているが、もちろん、それらの厄介な情報は削られている。しかし、比喩的になっているとはいえ、問いをめぐって観察、推論、整理、組み替え、いろんなことを頭のなかに「つめこんで」、それを「ゆさぶって」、さらにいったん「空っぽにする」ことが重要だと野矢は言う。「罠」をしかけているようなもので新しい考えが降りてくるのを待つしかない。緊張がつづかなくてほんとうに忘れてしまうかもしれない。

そうしたらまた「チューニング」【集中】しなおす。また、つめこんで、ゆさぶって、空にする。これをくりかえす。「「ヘウレーカ」の声を待ちながら。

8年待ったひともいる。かいのなかったひともいる。でも、」つづける。それが考えるということだ。

「チューニング」は「集中」ということばに置き換えられている。果たしてそれは正しい置き換えだろうか。待つことが「かいのなかったひと」の場合も教科書では不要とされる。変更後の「これをくりかえす。つづける。それが考えるということだ」という文章がいかに奇妙かは言うまでもない。これが「哲学」だという。

もはや多言を要しないだろう。この教科書には教材となった著者や著作へのリスペクトはない。あるのは都合のいいところを利用する精神である。それはまったくもって日本語や日本文化の伝統に対して不遜なふるまいである。礼儀が大事である、品格が重要だと強調するのであれば、そのような教科書でなければならないはずだ。私たちがいま対面しているのは、まがいものに過ぎない。暗然とさせられるのは私だけではないだろう。

第3部　論理と文学は対義語ではない——ことばをめぐる危機

第11章

「読むこと」がなぜ批判されるのか

「国語」から「日本語」の教育へ

初出は『早稲田大学国語教育研究』四〇集（二〇二〇年三月）。同誌は、早稲田大学国語教育学会から発行されている機関誌である。私が『国語教育の危機』および『国語教育 混迷する改革』などを出したことをふまえて依頼を受けた。ここでは「基礎的読解力」の必要性が問われ、「思考力・判断力・表現力等」の獲得が目指されているにもかかわらず、「学習指導要領」で教材を「読むこと」が著しく排斥されていること、また獲得すべき能力として「話すこと・聞くこと」「書くこと」「読むこと」という三種類に分節化し、それぞれに特化した指導に局限していることの問題点について論じた。その根源にはこれまでの「国語」教育においても潜在していた言語観がある。今回の改訂によっても、その問題点が改善されるどころか、むしろより悪化する危険性が高く、そこにまた「日本語」という本来的なあるべき科目名の成立を妨げる排他的な言語観があることを指摘している。

「読むこと」を縮小する

二〇〇七（平成一九）年六月、学校教育法の改正に伴い、「学力の三要素」は法律で次のように定義された。すなわち「基礎的な知識・技能」「思考力、判断力、表現力等の能力」「主体的に学習に取り組む態度」の三つである。法律で「学力」を定めたことにすべての問題の発端があるのだが、これに基づいて、高大接続改革の答申では、高校教育で求められる三つの要素を次のようにアレンジした。

1 基礎的な知識・技能
2 思考力、判断力、表現力等
3 主体性・多様性・協働性等

これをさらに「学習指導要領」においては、教育によって生徒の「何ができるようになるか」という観点を重視するとして「資質・能力の三つの柱」を立て、「学力」をこう定義した。「生きて働く「知識・技能」の習得」「思考力・判断力・表現力等」「学びに向かう力・人間性等」の三つである。どれも少しだけ言いかえてはいるが、大差はない。

しかし、言いかえることによって、茫漠とし、包括的になっている。なかでも三つ目の項目は、

「主体的に学習に取り組む態度」から「主体性・多様性・協働性等」になり、さらに「学びに向かう力・人間性等」へと拡張している。学習に向かう「態度」を「学力」としてとらえること自体にも疑問を抱くが、それが「主体性・多様性・協働性等」に広がり、「人間性」にまで至る。こうした「学力」はいったいどのように測定することができるのか、まただれが測定するのだろうか。「資質・能力」という独特な用語選択にも見られるように、生来の性質を意味したはずの「資質」が教育可能な対象と措定され、いつのまにか「人間性」も養い、育成可能な対象とされた。学校が知識や技能といった物理的に測定できるものを身につけさせるものでなくなり、生徒たち一人一人の「主体性」や「人間性」を教育のターゲットとし、「多様性」や「協働性」をも学校が定義し、それらを身につけたかどうかを判断するというプログラムが用意されたのである。

さて、そうした自称「改革」において、とりわけ「国語」の「学習指導要領」改訂で最大のポイントとなるのが、教材を読む授業を減らしていくという方針である。高校の必履修科目として新たに設置されたのが「現代の国語」(二単位)と「言語文化」(二単位)であるが、そこで「現代の国語」は次のように指導内容に応じて時間数が指定されている(傍点は紅野による)。

「話すこと・聞くこと」に関する指導　→　二〇—三〇単位時間程度
「書くこと」に関する指導　→　三〇—四〇単位時間程度
「読むこと」に関する指導　→　一〇—二〇単位時間程度

もうひとつの「言語文化」についてはこうなっている。

「書くこと」に関する指導　↓　五―一〇単位時間程度
「読むこと」に関する指導　↓　四〇―五〇単位時間程度

これが従来の「学習指導要領」だとどうなっていたか。現行では必履修科目の名称は「国語総合」（四単位）となっていて、同じように「話すこと・聞くこと」「書くこと」「読むこと」の指導が定義された上で、内容の取扱いについて、次のようになっている。

「話すこと・聞くこと」を主とする指導　↓　一五―二〇単位時間程度
「書くこと」を主とする指導　↓　三〇―四〇単位時間程度

「読むこと」はこれ以外の時間ということである。四単位の「国語総合」は一四〇単位時間にあたる。とすれば、最少でも「読むこと」にあてる時間は九五単位時間あったことになる。それが七〇単位時間ずつを想定する「現代の国語」「言語文化」では、「読むこと」は最少で五〇単位時間となる。二〇時間の減少になっているのだ。

しかも、「を主とする指導」から「に関する指導」と変わっていることに注意しよう。現行では「話すこと・聞くこと」だけに限定することなく、そこを「主」としながらも幅を持たせて教えることができた。ささやかな変更に見えるけれども、それが明らかに限定した教育指導へと改訂されたのである。

この背景には、「学習指導要領」改訂を先導した中央教育審議会の答申「幼稚園、小学校、中学校、高等学校及び特別支援学校の学習指導要領等の改善及び必要な方策等について」（二〇一六年一二月）がある。ちなみに次のような一節。

高等学校では、教材への依存度が高く、主体的な言語活動が軽視され、依然として講義調の伝達型授業に偏っている傾向があり、授業改善に取り組む必要がある。また、文章の内容や表現の仕方を評価し目的に応じて適切に活用すること、多様なメディアから読み取ったことを踏まえて自分の考えを根拠に基づいて的確に表現すること、国語の語彙の構造や特徴を理解すること、古典に対する学習意欲が低いことなどが課題となっている。（答申、一二四頁）

しかし、ここにいう「教材への依存度が高く、主体的な言語活動が軽視され、依然として講義調の伝達型授業に偏っている傾向」とは、高校現場でほんとうにそうなのだろうか。こうした受動的な授業の形態に対して、他方でさかんに推奨されているのが、「能動的学習」すなわちアクティブ・ラーニングである。「学習指導要領」がとりわけ今回、強く打ち出した「主体的で対話的な深い学び」は、アクティブ・ラーニングの別称と言っていいだろう。大学教育においてはアクティブ・ラーニングを求め、高校教育においては「主体的・対話的で深い学び」という言い方で授業の方法的改善を求めるのがこの教育改革の重点である。

ところが、実際の調査ではそうした改革と裏腹な調査結果が出ている。ベネッセ教育総合研究所は二〇〇八（平成二〇）年より四年ごとに「大学生の学習・生活実態調査」（全国の大学生約五〇〇〇人を対象としたインターネット調査）を実施しているが、その第三回報告書（二〇一六年）によれば、大学生はこの八年間でグループワークやプレゼンテーション、ディスカッションを取り入れた授業を履修する機会が格段に増加したにもかかわらず、むしろ近年になって学習方法を自分で工夫するより「大学の指導」を受けたいと考える学生が増え、学生生活についても自主性よりも「教員の指導・支援」を受けたいと考える学生が大幅に増加していたのである。

大学生を対象にしているので高校生も同じとは限らない。しかし、アクティブ・ラーニングという謳い文句とはべつに、目的と結果が異なっている事実は踏まえておくべきことだろう。そもそもアクティブ・ラーニングを成り立たせる条件とは何かがまったく不明確なままなのだ。

これまでの「読むこと」に偏った授業を批判する「学習指導要領」は、「話すこと・聞くこと」や「書くこと」を中心とした授業を強く推奨し、それぞれの領域に教育内容を限定するよう指示している。解説本では、その傾向がより強められ、指導計画案はあからさまに分節化を促している。「能動的学習」が「話すこと・聞くこと」「書くこと」の中心にあることは言うまでもない。こうした提案は果たして素晴らしい成果をもたらすだろうか。他ならないベネッセの調査を見るかぎり、その見通しは明るくない。

ことばの総合的学習

百歩譲って、多くの高校でまだ「講義調の伝達型授業に偏っている傾向」があるとしよう。それをアクティブ・ラーニングに切り替え、生徒自身が問いを立てて考えていくような授業にするのはどうしたらいいのか。今回の改革案は、「国語」について二つの方策で臨んできた。ひとつは入試を変えてしまうこと。もうひとつが「話すこと・聞くこと」や「書くこと」中心の授業に切り替えることである。

講義型に固執する高校教員の言い分として、しばしばあがるのが入試の実績をあげなければならないという理由である。ならば、入試を変えてしまおう。しかし、事はそんなに簡単なはずがない。中途半端な記述式を導入したところで、その傾向と対策を覚えれば対応できる。授業の方法論を変更するどころか、より一層の形式化を推し進めるだけである。

では、「話すこと・聞くこと」や「書くこと」中心に切り替えるのが正しい選択か。実際には「書くこと」の授業はさかんに行われている。従来のAO入試や推薦入試では小論文対策がもはや必須だからだ。

「大学入学共通テスト」における「英語」の民間試験導入[*1]の背景には、「話すこと」「聞くこと」「読むこと」「書くこと」という言語における四つの技能を重視し、それぞれの能力を測定して選抜に用いたいという狙いがあった。これに対しては、民間試験の導入自体に向けられている批判がある一方、言語習得において四つの技能を別々に分節化して学ぶ、あるいは評価することの是非が取り上げられている。

同じように「国語」では「話すこと・聞くこと」「書くこと」「読むこと」という三つの領域に再編された上で、「話すこと・聞くこと」の能力を育成する学習指導がさかんに喧伝されている。これは小学校、中学校においても強調されていて、高校までの連続的な一貫性がとりわけ今回、要求されている。小学校以来、「系統的・段階的に上の学年につながっていくとともに、螺旋的・反復的に繰り返しの学習を基本としている」ということになる。

もちろん、「話すこと・聞くこと」や「書くこと」の教育が不要だという教育関係者はひとりもいないだろう。しかし、それが成果をもたらすというのは小学校や中学校における授業実践報告以外にはない。高校でも必ずそうなると言えるかどうか。

アメリカの「英語」教育において、学習方法のメインストリームが文法訳読教育やオーディオリンガル・メソッドからコミュニカティブ・アプローチに転換したのは一九七〇年代以降である。日本でも八〇年代にかけて普及し、コミュニカティブ・ランゲージ・アプローチ（CLT）と呼ばれるようになった。そこで強調されたのが「言語能力だけでなく、運用、つまり、社会文化的な適切さに関する知識」を持った「コミュニケーション能力」であり、「言語は話し手が意味を創造するための社会的な道具（social tool）」としてとらえられるようになった。現在の「国語」に要求されているものと根を同じくする。

このCLTにおいて取り入れられた方法のひとつが目的別言語教育（LSP）である。これは

「看護師、技術者、ビジネスマンなどといった特定の職務に必要な言語や「コミュニケーションスキル」を教える」ことを目指すという。「現代の国語」や「論理国語」「国語表現」といった新規科目が「実用的」の理由の下に、何らかの目的を持った討論やインターンシップにおけるエントリーシートの書き方、生徒会での特別予算の申請方法、地域住民への図書館案内など、特定のシチュエーションを設定することで「話すこと・聞くこと」「書くこと」の学習をさせようとしているのと酷似している。

しかし、このLSPについては、「英語」教育の内部からすでにその問題点が指摘されている。すなわち「学習者の目的を重視したアプローチである一方、学習者自身の主体的な意思を無視しルールや慣習への順応や同化を求め[*2]」てしまうからである。つまり、シチュエーションを設定して「コミュニケーション能力」を身につけるということは、そのシチュエーションが要請する既存の用語体系や言説形式等の文脈に適応することをまず優先させてしまう。その言外の文脈そのものを見つめ、批評的にとらえる思考が排除される可能性が高いのである。

「主体的・対話的で深い学び」と言いながら、その評価が、シチュエーションに順応し同化した結果として、話したり書いたりすることのできる能力にのみ向けられるとしたら、それは真に「主体的」と言えるかどうか。すでに「英語」教育において表明されている危惧に対して、どのような対策がなされているか。いや、「国語」においては、こうした批判を無視して、むしろ「ルールや慣習への順応や同化」が目的化されていないか。大学においてアクティブ・ラーニングがすでに導入されているにもかかわらず、学生たちが受け身の授業を希望するという転倒は、まさにその授業方法がまがい物に終わっていることから来る暗黙の批判と受けとめるべきだと思う。

言外の「順応や同化」を求めること。この同調性ほど私たちの社会にあふれているものはない。結果的に「話すこと・聞くこと」「書くこと」だけを切り離し、そこのみを前景化する授業とは、むしろ生徒たち自身のことばを奪い取ることにしかならないのではないか。

「主体的・対話的で深い学び」とは、たしかに理念としては美しく正しく聞こえる。しかし、「主体的」であることや「対話的」であることを計測する目盛りも器械もあるわけではない。一方で、「学習指導要領」改訂者たちが高校の教員たちに抱く不信は強い。*3「思考力・判断力・表現力等」を身につけさせると言いながら、教える側の教員ひとりひとりの判断力は信用しない。だから、パフォーマンス評価やルーブリックなどが出て来る。*4すべて評価ポイントを細かく決め、それにしたがって計測しろというのが文科省の主張である。しかし、それでほんとうに「主体的」であることや「対話的」であることを測ることができるのか。いや、それは問わない。「かのように」振る舞うことが求められる。ますます主体性も対話性も切り下げられ、ロボットになれ、そして人間だと思い込めというわけである。

しかし、「話すこと・聞くこと」は単一で成り立ちうるのだろうか。「学習指導要領」改訂者たちの指導計画案では、高校一年の「現代の国語」は「話すこと」から始まる。「聞き手に分かりやすいスピーチをしよう」というテーマのもとに四時間を費やすという。ほぼ二週間、この時間は話題を決め、話すことを三点に絞ることを学び、実際のスピーチを聞き比べ、評価する方法を学習する。つまり、話し方の作法の教育であり、同時にその型から逸脱することへの相互監視の方法を学ぶことになる。「講義調の伝達型授業」に終始していた先生ならどうするか。当然、その人がそれまでしていたように型を教える。その型に合わせて動くことを生徒たちは学ぶ。それが最短で、分かりやすいからだ。型が分からなければ、大量の参考書やマニュアルが用意されることだろう。教育改革はたぐいまれな商機でもあるからだ。

つまり、どう逆立ちしても「講義調の伝達型授業」はなくならない。なくしたように見せかけ、改革したつもりになるのが目的なのか。

いや、そもそも「読むこと」は「読むこと」だけで完結した授業なのだろうか。「読むこと」が「講義調の伝達型」になるのは、その教師が教材となったテクストを読みこなしていないからである。理解が行きとどいていなければ、生徒たちから質問を受けつけることもできない、応用させ発展させるテーマも見出せない。教材研究に向かわせる時間も余裕も与えず、その必要性も強調してこなかったからではないか。

分節化するのではなく、ことばの教育をめぐっていかに総合的な学習の体系を作り上げるのか。そうした包括的で具体的な発想がない。それがこの間の教育改革の最大の問題点である。

「国語」から「日本語」へ

「話すこと・聞くこと」優先の考え方には、「国語」を自明の前提とする発想がこびりついているように思う。「コミュニケーション能力」を強調する教育改革の根底にあるのは、一方にグローバリズムによる「英会話」信仰である。他方、なぜ「国語」にまで持ち込まれるのか。日本人同士であっても、次第に会話や対話が困難になってきたと感じているからではないだろうか。同じ言語を共有しているはずなのにことばが通じない。世代間の格差は高齢者と若者で極端に広がり、依然としてジェンダー間のギャップは解消されていない。発達障害などの名称が増えるにつれて、対話の困難の理由付けにされたりしている。マスメディアへの不信は強まる一方、共通の教養や娯楽のコードは軽く薄くなった。コミュニケーションの本来の意味である「共有性」が前提にできなくなっている。

しかし、「話すこと・聞くこと」や「書くこと」を優先したら、それは解消されるのか。まったくそうは思えない。むしろ、こうした改訂の立案者たちの言説を追うかぎり、彼らは「共有」するリソースやコードの再構築しか考えていない。いわく話し方や書き方の作法や伝統文化の強調である。それらをいまの社会的な言語活動の場で使えるようにすることが至上命題になっている。学習すべき対象のなかに、構造としての日本語が考えられていないのだ。

ここで中央教育審議会の委員メンバーでもあったロバート キャンベルの発言を引いておこう。私との対談[*5]のなかで、キャンベルは英語話者としてのみずからの教育経験にふれて「日本人にとって日本語は空気のようなもので、ほとんどの人は「私は日本人だから、日本語は学習しなくてもいい」と思っている」と発言した。このことばは意味深い。水や空気のように日本語をとらえ、自然に話せるもの、書けるものだと思っている。だから作法や共通コードへの目配りしか考えていない。果たして学校で学習する言語とはそういうものなのか。ここには第一言語を母語といってはばからないのと同じ甘えがないか。

キャンベルの指摘は、たまたま対談のなかで洩れた一言に過ぎなかったが、今回の国語改革にはまったく構造として日本語を学ばせようという気配はない。言文一致体を新たな共通文体としてとらえ、これを国民のあいだに定着させる、そうした壮大な取組みが明治期において進められた。明治以来とか、戦後最大のという形容句だけは大袈裟だが、まったく新たな言語観に支えられた改革の意気込みはない。

グローバリズムという枠組みで見るかぎり、私たちが日本語を使うという前提からまず自明とせずに考えなければならない。二〇一八年（平成三〇）度の調査によれば、小学校から高校までの学校現場において日本語指導が必要な外国籍の生徒はすでに四万人を超えている。日本国籍があるが、やはり日本語指導が必要な生徒も一万人以上となった。では、今後、ますます増大するであろうこうした非日本語話者には特別な指導を施して、一般生徒の学ぶ「国語」のクラスからは隔離するのだろうか。

重要なのは日本語をしっかり教えていくプログラムである。非日本語話者の生徒は初級クラスで、日本語を第一言語とする話者の生徒は中上級クラスで教える。そうした覚悟を持って臨まなければ、真のインクルーシブ教育は成り立たない。そのとき中上級クラスであったとしても、教えるべきはしっかりした日本語の話法や構造である。文法は詰め込み教育になるという批判は、それこそ互いに日本語話者として、何となく分かるという馴れ合いコミュニケーションの上に立った考えに他ならない。

かつて日本列島において日本語は多様なアクセント、イントネーション、状況に応じたバリエーション、漢文体から和文体、言文一致体まで幅広い言語的錯綜体として存在した。生徒が背負っているのはそれらのほんの一部であった。彼らは異なる言語体系を学ぶことを通して、日本語の使用者となったのである。いま私たちはそうした背景を失い、相対的に均質な日本語を、家族を通して身につけ、それで日本語を使いこなせていると思っている。それが間違いであることを、本来の教育改革は主張すべきではないか。私たちはまだ日本語を学びえていない。いかに日本語を使いこなせるようにするか。そのための気の遠くなるような作業が「国語」教育なのだと。

おそらく、そこではもはや「国語」という科目名称が自壊する。もはや「日本語」という科目名にしなければならないときが次第に迫っている。その不安と恐怖、回避しようという情動が今回の「学習指導要領」改訂に潜伏している。日本人の英語力を嘆くことから始まった「英語」入試改革も、この点から見ればまだ認識不足に陥っている。第一言語をそもそも第一とも自覚することなく、自然に身につけたと思い込み、その作法や文化コードの使い方のみを目指すかぎり、英語を構造として学び、身につけることは壁にぶつかり続けるに違いない。そもそも言語教育という体験をしていないからだ。

もちろん、これまでの「国語」に戻ることはできない。しかし、実用性を重んじ、滑らかなコミュニケーションばかりを前提にする改訂案よりも、さまざまな表現や文体のサンプル集であった現行の「国語」の方がまだ効果があったように思う。むしろ、改めるとしたら、これからである。「国語」から「日本語」の教育へ、どのような筋道を描くべきか。指導要領改訂でこれから数年間をムダに過ごす余裕はない。「国語」の教育・研究のあるべきかたちが問われている。

註

＊1　二〇一九年一一月一日、文科省は「大学入学共通テスト」に英語の民間試験を導入する制度について、二〇二〇年度からではなく、二四年度からに延期すると発表した。「安心して、受験に臨むことができる仕組み」がまだ用意できていないというのが主な理由とされているが、もちろん、制度設計の脆弱さは「英語」に限ったことではない。

＊2　佐藤慎司・熊谷由理「コミュニカティブ・アプローチ再考――対話、協働、自己実現をめざして」（『リテラシーズ』二〇集、二〇一七年）。

＊3　紅野謙介『国語教育　混迷する改革』（ちくま新書、二〇二〇年一月）参照。

＊4　ジェリー・Z・ミュラー『測りすぎ――なぜパフォーマンス評価は失敗するのか？』（松下裕訳、みすず書房、二〇一九年四月）参照。過剰なパフォーマンス測定への依存がアメリカでも機能不全に陥っていることが指摘されている。

＊5　紅野謙介、ロバート キャンベル「対談　自分を豊かにするために、若者は言葉をどう学ぶべきか――「広義の文学」の可能性を求めて」（『中央公論』二〇一九年一二月）。

第12章

「文学国語」は「論理国語」を包摂する

新「学習指導要領」のリニューアル

初出は『国語の授業』二七二号（子どもの未来社、二〇二〇年八月）。新しい指導要領が発表され、これに対応する教科書の編集が始まっていた。冒頭でまだ二年（実際には一年半）あると言っているが、高校一年用の「現代の国語」「言語文化」についていえば、教科書検定で一年、全国の高校へのサンプル配本、宣伝、採択に一年を要するから、このときすでに編集作業は終わり、検定がなされている最中であった。すでに次の選択科目「論理国語」「文学国語」「古典探究」「国語表現」の教科書の編集も始まっていた。どこに力点を置くのか、どういう組立てがいいのか、水面下で議論が交わされていた。「文学」と「論理」を対立的にとらえるのではなく、すぐれた「論理的な文章」のなかに「文学」の素養やコンテクストが取り込まれていることを実証しながら、「論理」をふくらませ、飛躍や接続を取り入れることでより説得力を増強し、記憶に残る文章にする方途を探る。それがこの文章の狙いであった。学習指導要領がすでに動き出してしまい、止められないのだとすれば、その欠陥をどう乗りこえるべきなのかを考えていた。

蔓延する鈍感さのなかで

高等学校の「学習指導要領」改訂が発表されて、二年が経過した。この指導要領のもとにカリキュラムを組んだ学年がスタートするのは、二〇二二年度である。まだ二年あると言うべきか、もう二年しかないと言うべきか。

しかも、その現状は準備どころではない。新型コロナウイルスによる感染症予防のために全国の小学校・中学校・高等学校から、専門学校・大学、塾や予備校にいたるまで、ありとあらゆる学校・学習機関は一斉休校の状態にある。休校が延長される可能性もあり、対面式の授業の再開がいつになるのか、予測がつかない。いたるところ遠隔授業で、自宅にいる生徒・学生にオンライン配信をしたり、課題を郵送したりという泥縄式の学習が試みられている。集まってはいけない、大声を出して話し合うことができないという禁則は、指導要領が掲げた「主体的・対話的で深い学び」の理念とは真逆にある。

コロナ・ショックが終息すれば、スムーズに再開できるのか。折から九月入学の学事暦変更案が飛び出してきて、いまこの非常事態をどう切り抜けるかの真っ最中に、以前にも現れては消えた教育改革・社会改革の議論を蒸し返すのだという。学校現場の現在ただいまの苦難をどうするかがまったくかえりみられないという、驚くべき現実否認、問題すり替えの鈍感さがこの国を支配している。まともに考えると、眩暈が起こりそうだ。

さて、しかし、一朝一夕にこの鈍感さが改善されるとは思わない方がいい。それは与野党、メディアを問わず、ウイルスと同様、いたるところに蔓延しているからである。おそらくこうした人たちは、過ぎてしまえば、あたかもなかったことのようにして元の制度の回復につとめるのだろう。であるならば、問題だらけの「学習指導要領」が施行される時機をにらみ、ポスト・コロナ社会のなかで「国語」はどのような授業であるべきかをじっくり考えておくことにしたい。それこそが例外状態のなかで自分たちの常識（コモンセンス）を守ることになるはずである。

「文学国語」と「古典探究」を選択する

今回、私が主張したいことは一つ。それは選択科目各四単位とされる「論理国語」「文学国語」「国語表現」「古典探究」について、以下のようなカリキュラムの組み方を提案したい。

選択科目としては、「文学国語」と「古典探究」を指定する。これで必要な八単位を習得する。「論理国語」はその教科書を副読本とする。「文学国語」の授業のなかで必要に応じてその副読本を用いる、あるいは夏休み、冬休みなどの特別講座、課題学習で使用する。

「国語表現」についてはそもそも選択しない。なぜなら、そこであげられているレポート作成技術や実用的なライティング・メソッドは「論理国語」に組み込まれる可能性が高いからだ。教科のなかのあらゆる科目に「話すこと」や「書くこと」が強調されて入るのであれば、なぜ独立して「国語表現」を学ぶ必要があるだろうか。もはや、この科目の存在意義はない。

大学入試を前提にした進学校は「文学国語」と「古典探究」で十分対応できる。理系選択のクラスでも「古典探究」なのか。そのとおり。理系に進んでエンジニアを目指したり、化学メーカーに勤めたりしようが、その職場は日本語ネイティブだけでは構成されていないことになっているだろう。海外の工場で働くことになるかもしれない。あうんの呼吸で、意図を読み取ってくれるもの同士の職場ではない。的確な指示を出し、助言を交わし合い、それぞれの伝統や文化に対する敬意を忘れてはならない。「古典」は、私たちがふだん使っている日本語が歴史的な形成物であることを教えてくれる最高の教材である。同じ日本で、同じ日本語の系統であるにもかかわらず、まったく同じに見えない、理解困難な言語や文化が存在していたことを知らなければならない。他者に敬意を抱くには自尊の感情が欠かせない。自分たちの言語や文化がどのような成り立ちと歴史をもつかを知ったとき、他の言語や文化への関心が深まっていく。

卒業後に就職するものが多い高校でも「文学国語」と「古典探究」が生徒たちの学習を支えるだろう。「論理国語」を用いる機会を増やすこともできるが、「文学国語」のような読み物教材が教科書のなかにまったくないような状態で、生徒たちが「国語」への興味関心を維持できるとは思えない。「論理国語」で何とかなるという認識は、物語が私たちの知や想像力をいかに動かしていくかを知らない跳ね上がりの戯言だろう。

それにしても、なぜ「文学国語」を推奨選択科目とし、「論理国語」をサブテキストにするのか。それはどちらかだけでは不十分だからである。では、その逆もありうるか。たとえば、「論理国語」を推奨選択科目とし、「文学国語」をサブテキストにすることも。いや、ありえない。ここでいう

「文学」と「論理」は対立概念ではない。「文」についての「学」である「文学」のなかに「論理」も位置づけられるからだ。「論理国語」と言うかぎり、その「論理」は数学的「論理」ではない。「国語」すなわちことばを用いた「論理」を指す。ことばによる「論理」は、論理学を学ぶことを目標としていない。他者に情報を的確に伝え、その他者の感情や認識を揺さぶり、説得することを目標とする。つまり、そこには論理に修辞が重なっている。言語表現としての「論理」の学びを目指すのであれば、それは広義の「文学」に属する。「文学国語」という科目をそのように設定すれば、「論理国語」はサブテキストで十分である。

論理的文章の具体例をあげて、そのことを説明していきたい。

論理とレトリック

生物学者の福岡伸一による「ウイルスは撲滅できない　福岡伸一さんが語る動的平衡」(『朝日新聞』二〇二〇年四月六日)という記事を取り上げよう。福岡は『生物と無生物のあいだ』(講談社現代新書、二〇〇七年五月)で大きな話題を呼んで、いまではその著作も国語の教科書の常連となり、しばしば入学試験や模擬試験の問題文となっている。学問的な定義からいえば、分子生物学の科学者である。この記事も新聞に掲載されたものではあるが、評論・論説に分類され、新「学習指導要領」からすれば、「論理国語」に分類される文章である。

実は理系の学者であっても、科学的な考えを人々に伝えようとすれば、ことばを通してしかできない。何を語っているか、そしてそのことを伝えるのにどんなことばを使っているのかに注目したい。ことばと文学表現をめぐるヒントがそこに隠されている。書き出しを見てみよう。

ウイルスとは電子顕微鏡でしか見ることのできない極小の粒子であり、生物と無生物のあいだに漂う奇妙な存在だ。生命を「自己複製を唯一無二の目的とするシステムである」と利己的遺伝子論的に定義すれば、自らのコピーを増やし続けるウイルスは、とりもなおさず生命体と呼べるだろう。しかし生命をもうひとつ別の視点から定義すれば、そう簡単な話にはならない。それは生命を、絶えず自らを壊しつつ、常に作り替えて、あやうい一回性のバランスの上にたつ動的なシステムである、と定義する見方――つまり、動的平衡の生命観に立てば――、代謝も呼吸も自己破壊もないウイルスは生物とは呼べないことになる。しかしウイルスは単なる無生物でもない。ウイルスの振る舞いをよく見ると、ウイルスは自己複製だけしている利己的な存在ではない。むしろウイルスは利他的な存在である。

著者はウイルスの定義を取り上げ、「電子顕微鏡でしか見ることのできない極小の粒子」であるとともに「生物と無生物のあいだに漂う奇妙な存在」だという。細菌でもないし、微生物でもない、ウイルスの「奇妙」さから話が始まる。未知のものであればあるだけ、私たちは「それ」を的確に言い表すことばをもたない。ああでもない、こうでもないと回りくどくことばを並べるしかないのだ。「利己的遺伝子」論からすると「生命体」と呼べるが、「動的平衡」の立場から見ると「生物」

とは呼べない。しかも、ウイルスは「利己的な存在」であり、同時に「利他的な存在」なのだという。なぜか。

この割りきれなさの指摘が評論の冒頭である。実は、著者がこの文章でターゲットにしているのは「今、世界中を混乱に陥れている新型コロナウイルス」が「目に見えないテロリスト」のように恐れられている事態である。実際、わが国の首相をはじめ、各国の大統領や首相は記者会見で、このコロナウイルスによる感染症の拡大について、しばしば「戦争」の比喩を使って語った。「テロリスト」と「戦争」は同じではないが、九・一一の世界貿易センタービルの破壊以後、「テロリスト」は世界を戦争状態に追い込む悪の代名詞となった。しかし、その比喩が福岡の関心の的になっている。

悪の権化になぞられたウイルスは、「一方的に襲撃してくるのではない」という。そこで登場するもう一つの比喩が「家出人」と「宿主」である。ウイルスが人体に入っていくとき、「宿主」である人間のたんぱく質はみずからウイルスのたんぱく質に働きかけて、いらっしゃいと招き入れるのだという。これは衝撃である。しかも、ウイルスの起源を遡ると、高等生物が進化の過程で生まれてきたとき、その高等生物の遺伝子が飛び出してウイルスが生まれたと推測されている。となると、ウイルスは「家出人」でもある。「家出人」がさまよっているときに「宿主」が門戸を開いて、宿を貸すよと誘う。卓抜な比喩とそのイメージを通して、ウイルスと人間の関係が見えて来る。

親から子への遺伝情報の伝達は縦の関係、垂直にたどる。それに対して、「家出人」が「宿主」に影響を与えて変えていく遺伝情報は横の関係、水平にたとえられる。自分のコピーを残していくだけなら「利己的」だが、相手を変えていくことになるので「利他的」である。なぜなら、相手の遺伝情報に変更を加え、べつな環境にも適応できるようにしていくことでもあるからだ。ウイルスによって確かに亡くなる人がたくさん出ている。それは悲劇である。しかし、ウイルスによって人類は種としての進化を重ねているということでもある。進化はみんなが幸福だということではない。残酷な出来事をもたらす一方で、異なる条件で生きるための変化をとげているということでもある。「垂直」と「水平」も比喩のひとつである。比喩のレトリックを通して分子生物学の知見が分かりやすく示され、説得力のある文章になっているのである。

ことばが世界を変える

このように比喩によって、世界の見え方が変わる。そういう操作を著者は評論のなかでやっている。もちろん、背景には福岡の科学的知見があることは言うまでもない。しかし、科学の真実を端的に伝えようとしたら、それは数と記号と厳密な専門用語で記されることになる。それでは人に理解させ、人を説得することができない。だから、レトリックが必要になり、比喩が効果をあげる。比喩によって、論理の筋道が見えるようになっているのだ。ウイルスは怖い「テロリスト」というイメージも比喩である。社会は複雑なことを伝えるときに比喩を使う。その方が分かりやすくなる。しかし、同時にその分かりやすさは固定観念をもたらす。固定観念は偏見や先入観の根本にある。その固定観念を揺るがし、世界を新しい目で見つめ直すことが重要である。

ことばによって世界の見え方が変わる。これは二〇世紀後半の言語構築主義の考え方である。ことばを与える（名づける）ことで、同じように見えていたものに区別（差異）がつけられる。それによって浮かび上がる新しい現実がある。比喩は、異なるものを結びつけるレトリックである。「〜に似ている、近い」と言っているので、名づけの遠い親戚と言ってもいい。名づけや比喩のように、どのようなことばを選ぶかによって、世界の見方を変えることができる。それはやがて聞き手や読者に「情報の交換と包摂」をもたらし、世界の見え方を変えることにつながっている。

いや、ときにウイルスが病気や死をもたらすことですら利他的な行為といえるかもしれない。病気は免疫システムの動的平衡を揺らし、新しい平衡状態を求めることに役立つ。そして個体の死は、その個体が専有していた生態学的な地位、つまりニッチを、新しい生命に手渡すという、生態系全体の動的平衡を促進する行為である。

「個体の死」は悲しい出来事である。同じ個体は二度と帰って来ない。しかし、その個体の病気や死が、新しい生命へバトンを渡すことにつながることを忘れてはならないという。「ニッチ」という、ここでも隙間をあらわす外来語の比喩が取り込まれる。個々の生物はそれぞれにこの世界のなかで小さな隙間に身を置き、そこに居場所を作ってきた。その生物が病にかかり死ぬことで消滅する、その消滅をへて、居場所は新しい生命に譲り渡されていくのだ。これは生と死をまったく別の角度から捉え直す文章だと言っていいだろう。

もちろん、ことばを与えることがこれほどの効果をもつということは、同時にフェイク（偽物）の世界をもたらすこともあるということだ。たとえば、確信犯がつくウソ。自分でウソのことばをくりかえしていくうちに、確信犯は現実のように錯覚してしまう。自分を批判することばはすべてフェイク・ニュースだと言いつのる人は、自分を肯定することば、自分がまき散らすことばのみに囲まれることで、固定観念のアームチェアに座りつづけることができる。これはしばしば政治家のことばに見られる特徴だが、必ずしも政治にだけ見られることではない。私たちもまた固定観念のなかでまどろみたいと思っている。

新型ウイルスを「テロリスト」になぞらえるのも比喩ではなかったか。そのとおりである。比喩はいつでもまた固定観念になるし、なりやすいということを踏まえておくべきなのだろう。私たちは分かりやすさを求める。そうでないとお手上げだからだ。分かりやすさは何かを何かにたとえることによってもたらされる場合が多い。しかし、そこで得られた分かりやすさに安住していると、それは固定観念になっていく。比喩の効用を理解するとともに、たえず比喩的思考を更新していくことが世界の見方の更新に重なっていくのである。

文学の効用

新「学習指導要領」が論理的なスピーチや文章の育成を求めているのは間違いない。経済界や自然科学・工学を重視する産業界から、こうした声があがっているのだろう。しかし、これらの要求はみずからの期待する論理的なスピーチや文章がそもそもどのようにできあがっているかを弁えていない無知から発されていることは、科学評論を見ても明らかなとおりである。

では、今度はさきほどの「家出人」と「宿主」という比喩をふりかえってみよう。比喩が面白いのは、たとえたはずの比喩自体が独立して、さまざまな想像をかきたてたり、べつなことばやべつな記憶と結びついたりするところにある。「家出人」は故郷を出て、家族を捨てて、べつな街にやってきた人を指す。「宿主」は「家出人」を当然、賃料を払ってくれる住人として迎え入れるのだが、その「宿主」の息子あるいは娘に惹きつけられていくという話は過去にたくさんある。夏目漱石の『こころ』がすぐにあがる。「先生の遺書」で語られる若いときの「先生」は、故郷を捨てて東京へ出てきた「家出人」の一種である。この「家出人」を受け入れてくれた「宿主」の家にお嬢さんがいた。「先生」はお嬢さんに惹かれる一方、親友の「K」をその下宿に引っ張り込む。「K」もまた紛れもない「家出人」である。

小説では、二人の「家出人」のどちらが「宿主」のお嬢さんと結婚するかが焦点となり、「先生」は、「K」を出し抜いて求婚する。「宿主」の奥さんはこの「家出人」を取り込むことを拒否しないどころか、喜んで受け入れていく。こうして「先生」はお嬢さんと結婚することができるのだが、そのなかで「K」は自殺してしまう。二人のうち、どちらかしか選べないところに立ち至ったとき、「K」は消え、「先生」が居場所を得ることになる。

かくして個体としての「K」は亡くなり、「生態系全体の動的平衡」は新たなバランスのなかで安定する。「生態系全体」としての話はそこまでである。しかし、漱石の文学はそこで終わらない。

「先生」は「K」の記憶を背負いつづける。「K」の死と、そうやって親友を追い込み、みずから親友を助けるために引き込んだにもかかわらず、自分の欲望を成就するために親友を裏切り、あざむき、出し抜いた「利己的」な自分の心そのものを許すことができなくなってしまう。ここにも「利他的」なものと「利己的」なものの葛藤が渦を巻いている。

となると、『こころ』は「利己的」な遺伝子が勝つ話なのか。いや、それから何年も経過して、「先生」の前に大学生の「私」が現れた。それが物語の現在である。その「私」に、「先生」は遺書を残した。「私」は届いた遺書をふところに、臨終の床にある実父を置き去りにして、東京行きの列車に飛び乗る。「私」もまたひとりの「家出人」なのだ。精神的な「宿主」であった「先生」は、「私」が現れたことによって起きた心の変化を語り、みずからの経験を「私」に語り伝える。「家出人」と「宿主」はこうして互いに交差しながら、魂の変化をとげることになる。「先生」は死んでいく。そしてその遺書で語られたことばをかみしめながら、「私」が「ニッチ」、新たな居場所を得ることになるのだろう。そのとき「先生」も「私」も、もはや「利己的」な存在だけではなくなっているにちがいない。

つなげすぎだろうか。私はそうは思わない。むしろ、福岡の評論にあった「家出人」と「宿主」という比喩がどこから来たのだろうと推測してみる。何かをべつの何かでたとえるとき、人は自分のもっているリソース、記憶のアーカイブから持ってくるしかない。これらの比喩を生み出しうる記憶の深く広いアーカイブ。そうであるならば、『こころ』を始めとする夏目漱石の小説や、それ以外にもさまざまに流通してきた「家出人」たちの文学が起源なのではないか。あながち、それほど突飛な連想ではないように思う。

もちろん、経験による記憶のアーカイブほど、鮮烈で強いものはない。しかし、それは狭く、限られている。記憶の保持のしかたによっては、それこそ固定観念の住み処となる。読書を始めとする、さまざまな表現享受の記憶が広く深いアーカイブを作り上げる。何を読み、どのような絵画を、音楽を、映画を受け容れてきたかがその奥行きを左右する。文学はその重要な一角を形作る。

こうしてみたとき、文学というジャンルの効用は大きい。文学はことばでできあがっているから、ことばのもつさまざまな力を最大限、引き出した表現ジャンルなのだ。論理的な思考も説得力のあるスピーチや文章も、ことばによって生み出される。したがって、文学について考えることを通して、ことばをめぐる問題を網羅することができる。ことばを駆使し、ことばの力を知る。その担い手によるたくみな生産物が「文学」なのである。文学は詩人や小説家だけの専門ではない。科学者も、経済人も政治家も、優れたものたちはことばの巧みな使い手である。科目名称の無粋、ぶざまはおくとして、「文学国語」と「論理国語」の二者択一はありえない。「文学国語」が「論理国語」を包摂する。「論理国語」は不足しがちなスキルやテクニックを教える補助科目だったのである。

第13章

「言文一致」運動と文学の役割

大塚英志『文学国語入門』を入り口に

初出は日本社会文学会の機関誌『社会文学』五三集（二〇二一年三月）で、「文学教育の未来――教育統制を問う」という特集の一篇（原題「「言文一致」運動と「文学」の役割――大塚英志『文学国語入門』を入り口に」）。大塚英志『文学国語入門』（星海社新書、二〇二〇年一〇月）をきっかけに「文学国語」について考えたものである。同書で大塚は皮肉をたっぷり込めながら、高校の新学習指導要領でたいへん評判の悪い「文学国語」について、指導要領を字義通りに読んだら、まさに「近代文学」の出番だと言われているではないかという。あえて字義通りに読むことを通して、いま教育改革で起きている問題を文学論に読み換えていた。その後、私自身、『早稲田文学』二〇二〇年冬号（筑摩書房、二〇二〇年一二月）の「価値の由来、表現を支えるもの」という特集で大塚と対談する機会もあり、より具体的に話を交わすことができた。そうした経緯を踏まえて、「文学」を再定義するとともに学習指導要領の改訂にひそむ「ことばの危機」をとらえ直してみた。

新自由主義と「文学」への問い

高等学校に二〇二二年度から導入される新たな学習指導要領は、さまざまな教科を大きく改変するが、なかでも「国語」においては過去の指導要領改訂に比べてきわめて大きな変更が加えられることになった。

科目名称でいくと、高校一年の必修科目はこれまでの「国語総合」から、「現代の国語」「言語文化」となった。高校二年以降の選択科目は、「現代文A」「現代文B」「古典A」「古典B」「国語表現」という区分から、「論理国語」「文学国語」「国語表現」「古典探究」という分類になる。なかでも「論理国語」と「文学国語」という区分に焦点が当たり、一昨年(二〇一九年)から多くの批判が寄せられようになった。

伊藤氏貴「戦後最大の「国語」改革で「文学」は消滅する」(『文藝春秋』二〇一八年一一月)がその先頭を切り、『季刊文科』の特集「国語教育から文学が消える」(七八号、二〇一九年七月)、『文學界』の特集「「文学なき国語教育」が危うい!」(七三巻九号、同年九月)などがその典型である。私自身も、それらの媒体で対談をしたり、執筆したりしているので、当事者のひとりではあるが、これらのタイトルの「文学」が何を指しているのかについては、最後まで違和感が残った。「文学」がなくなると危機を煽り、非難するとき、その「文学」は自動的にアプリオリなものとして措定されている。それは夏目漱石や森鷗外、中島敦、芥川龍之介などの名前とともに結びついている。

小説を読まない生徒たちが大量に出てくるのではないかという危惧が背後にあるのは分かる。かつても同じような教科書批判が出た。ジャーナリズム的には不安を煽る炎上商法だろうが、そうやって煽れば煽るほど事実がとらえにくくなる。まずは「業界」的な不安とセンセーショナリズムの狙いが透けて見える。

こうした「文学」危機説に対して、指導要領推進派はその主張を否定する。なぜなら選択科目にははっきりと「文学国語」という科目の命名がなされたではないか。むしろ、ここまで明確に「文学」が可視化されたことはない。新指導要領は「文学」を重視していることは明らかであるというのがその反論の中心である。

選択制の導入は、市場競争と消費者の判断を重視した新自由主義的な考え方を示している。「現代の国語」「言語文化」だけが必修科目なのだから、選択科目のどれを採るかは私立高校ならその学校の選択に、公立高校なら各自治体の教育委員会の判断によって選択できる。文学を重視する科目の方がよいとするならばそれを選べばいい。それぞれ選ぶ主体の価値観と責任において決まる。あとは市場原理によって優れた商品が残る。

一見すると競争によって優劣や質を問えばいいように見える。しかし、当初から、この教育改革には、出口にある大学入試制度を変更することがセットになっていた。リニューアルされる「共通テスト」の「国語」で、「実用的な文章」や法や契約に関わる文章から試験問題を作ることにしてしまえば、おのずと選択の方向はリードされる。「現代の国語」から「論理国語」へという流れこそが入試問題の本流となるのだから、入試対策に「論理国語」は不可欠だと多くの人たちは考えるだろう。四つの選択のうち二つを選べば履修単位は満たす。となれば、「論理国語」か「文学国語」かという選択が迫られる。国語科の教員たちが「文学国語」だと主張したとしても、入試の成果に不安を抱く保護者が不満を口にしたとすれば、進学実績を広報し、生徒確保に奔走する高校の経営者の立場では、一教科の教員たちの希望や理想に配慮している余裕はない。

かくして他の選択は実質的に不可能になる。多数派を誘導できれば、選択されない少数の「文学国語」は自然と淘汰される。それは市場原理の働きであり、そこでは誰も加害者にならない。

新自由主義は、ことほどさように、非対称な条件をそのまま競争に持ち込む。市場原理による競争をタテマエとし、あたかも対等であるかのように装う。しかも、それまで商品と意識されなかったものまで商品として価値づけられる。政治も、文化も、教育ですらも選択可能な商品としてショーケースに並べられ、選別する主体の「自由」を幻想させる。実は、選択の方向はほぼ決まっているので、選別主体とは事実上、市場原理に隷従しているに等しい。しかし、隷従しているにもかかわらず、自由な選択の結果だと思わせられれば、一貫して主体は実は眠ったまま、夢のなかで起きていると信じ込むだろう。

「文学」の消滅を危惧する立場は、この闘争の場で勝利することはできない。「文学」を守れという主張は、大阪で橋下徹市長時代に財団法人文楽協会の補助金カット問題が起きたときと同じく、文化財保護と共通する論理を立てるしかない。支援し、保護して下さいという要求は、必ず政府による介入を見返りとして求められることになるであろう。国公立大学のみならず私立大学に対する補助金問題でも、またこの秋（二〇二一年）、話題になった日本学術会議の会員任命問題においても、日本政府はまったく同じ反応をくりかえしている。

では、どのような戦略をとるべきなのか。一つは、私が試みたように「共通テスト」の問題批判である。どのような問題であるとしても、選ばれた資料の適切性、設問の適否、テストとしての識別能力などを公平性と効果の両面において分析することである。セットにされた入試問題がどのような質を維持できるかによって、連動させられることになった高校「国語」の内容が変わりうる。

もう一つ、重要なことは「文学」の概念規定である。抗議する側の「文学」概念と、新自由主義の指導要領が尊重する（ふりをする）「文学」概念は同じコインの表と裏である。まず、そのことを認識すべきである。作家の名称や既存の正典（キャノン）にこだわるかぎりにおいて、どちらの「文学」も揺るがない。互いに、「文学」を絶対領域として守れというか、「文学」を尊重していますよ、選択肢の一つとしてなら、というかの違いだけである。しかし、果たしてその「文学」は私たちが考える文学なのか。少なくとも、この三〇年近く、近現代文学研究の分野でくりひろげられていたのは、そもそもこうした「文学」概念の問い直しではなかったか。

文化や教育の場に持ち込まれた新自由主義に対して、「文学」そのものの固定観念を打破しながら、もっと実践的な対抗戦術を練るべきではないか。私の問いはここにある。

「文学国語」は何を目指すのか

大塚英志の『文学国語入門』が注目するのは、新指導要領の前文で、教育基本法第二条に掲げられた「目標」等を列記したあとの次のような一節である。

これからの学校には、こうした教育の目的及び目標の達成を目指しつつ、一人一人の生徒が、自分のよさや可能性を認識するとともに、あらゆる他者を価値のある存在として尊重し、多様な人々と協働しながら様々な社会的変化を乗り越え、豊かな人生を切り拓き、持続可能な社会の創り手となることができるようにすることが求められる。

ここには「他者」の尊重、そして「社会」を創るという教育のタテマエが掲げられている。しかも、新指導要領の「国語」編解説*1では、選挙権年齢および成年年齢の引き下げにともない、「生徒一人一人に社会で求められる資質・能力を育み、生涯にわたって探究を深める未来の創り手として送り出していくこと」の重要性が強調されている。

つまり、一八歳を成人として認めていくことについては、高校生の学ぶ目的を「主権者としての政治社会参加に求められる能力や資質を将来に渡って身につけることにおいている」としか取れない書き方をしている。そうである以上、「社会の中で他者と関わる」手立てを学ぶ教科として「国語」とりわけ「文学国語」を考えなければならない。とすると「他者」と「社会」について考え、模索をくりひろげてきたのが近代文学の歴史である。「ならば近代文学の出番ではないか」というわけである。

ホンネがどうかはあえて忖度しない。いかに文章が空疎で冗長であろうとも、タテマエとしての指導要領に即して考える。そのようにやつしてとらえることによって、「文学国語」を拡張し、「国語」という教科の保守本流として位置付けたらどうなるのか。さすがに本人いわく、「エロ漫画雑誌の元編集者」であり、たえず検閲との駆け引きを展開したことを経験の核にもっている大塚の戦術はなかなか魅力的である。『文学国語入門』はこうした論理において首尾一貫している。

大塚のとらえる「近代文学」は、「一人称言文一致体」を生み出すことによって、それまでにない「私」を表現の上で構築することに成功した。これまで「近代的自我」と呼ばれていた「私」は、一人称の語りによって生み出された言説による構築物であり、言い換えれば「キャラクター」である。しかし、この「私」というキャラクターを作ることで、「私」は「私」として自分の表現の場所を得ることになった。しかし、その「私」はいわゆる「中二病」に陥りがちで、世間知らずで、承認欲求にまみれた独善的な存在である。「他者」との関係を介在させながら、その「私」を観察し、疑う「私」が用意されて、初めて読み得る文学が成立する。したがって、「私」についての「甘やかし」と「疑い」の歴史が「近代文学」の歴史となる。

以後、「私」への成立と疑いから始まった探究は、「物語」「世界」「作者」「読者」といった概念の役割と機能をめぐる考察へと広がっていく。語る「私」を確立することによって、社会で役割を果たす存在として「私」が成立する。それは、引きこもりや精神疾患に対するケアにおけるナラティブ・アプローチの研究が示していることともつながっているだろう。[*2] 語ることばを持ち、ひとつながりのかたちで「私」を語ることができたとき、「私」が成立する。そうでないと、不透明でまとまりのない感覚・情動と断片的な記憶の「私」しかいないことになる。ことばをもって語るという行為が、曖昧で、ぼんやりした私という状態から「私」を連れ出す。「私」は連れ出され、ことばで形式を与えられることによって、確かなものになる。

しかし、その確かさの感覚は長くは続かない。ことばはつねに不完全である。「他者」に関わり、そのやりとりをふたたびことばにして語ることで、かろうじて「私」のストーリーは持続する。ときに、不安定な持続のなかで、外部のより強度の高い「物語」に手もなく吸収され、そのなかで役割を果たすエージェントになるリスクもある。「物語」が「私」に位置と役割を与え、そのなかでならば死をもいとわない。オウム真理教事件は、私たちに新興宗教というかたちで「物語」の力を知らしめたが、その事件以後、「物語」への熱狂と冷静さの認識が不可欠なものとして示されている。

終章は、「結局、青葉真司はどんな小説を書けばよかったのか」と題されている。「青葉真司」とは誰か。言うまでもなく、二〇一九（平成三一）年七月に起きた京都アニメーション放火事件の加害者である。三六人もの死者、三三人もの重軽傷者を出したこの事件の動機を、青葉はみずからの書いた小説が「盗用」されたことだと語ったという。まさに彼は小説を書くことを通して、「私」を成立させたつもりだったのだろう。しかし、独善的な世界観に囚われたまま、オリジナリティの幻想にはまった彼は、「盗用」の妄想に入って、自分を傷つけられたと思い込んだ。「私」を疑い、「世界」を疑い、「作者」の神話を疑うことができなかったのである。

幼女連続殺人事件の宮崎勤の裁判を傍聴しつづけ、八〇年代以降の犯罪事件に注目してきた大塚[*3]らしい執筆動機がそこに示されている。彼らは「文学国語」をこそ学ぶべきだったのではないか。

われらが隣人としての「青葉真司」を考えなければならないというのが大塚の意図である。不安定で「他者」との関係を築くことができないまま、「社会」のなかで役割を果たすこともできない、そうした多くの「青葉」たちがいる。アニメーションやゲームを「世界」と受けとめるのはいいが、そうした生産物が、一枚一枚、原画を描く作画や、演出・仕上げ・美術・撮影・デジタルエフェクトなどの一連の作業を行う多くのスタッフ、技術者、職人たちという「他者」の協働の成果であることに気づかない。

「私」の小説だとしても、それは「私」のものであって「私」のものではない。これまで書かれてきた夥しい数の物語、小説、演劇、映画、ドラマ、漫画、アニメなどが背後にあり、それらの無数の諸断片の接続と再配置と、新たな言説、文体の結合として、テクストはある。しかも、書かれたその小説を多くの読者が接しうる書物として刊行していくためには、編集者がいて、紙や印刷の技術者がいて、校閲がいて、装幀や製本の職人がいなければならない。文学はまぎれもなくこうした過程をへた集団的な制作物として、私たちの目の前にとどくことになる。

「言文一致」と文学の歴史的役割

大塚のいう「一人称言文一致体」は、正確には「一人称の語り」と「言文一致」体という二つの要素に分けられる。ライトノベルにも見られる例を入り口に、夏目漱石の『吾輩は猫である』や太宰治の『女生徒』へと展開し、小説のテンプレートになっていることが指摘されている。こうした

「私」の表出については、一人称の語り形式は絶対的に不可欠ではない。語り手がべつにいる、あるいは透明な無人称の語り手で、三人称の作中人物に焦点をあてて、その内面を語るかたちであっても、同じようにその人物の「私」を生み出すことはできる。

しかし、モデルにあげられた漱石や太宰の小説を見ても分かるように、書き手は「猫」や「女性」に仮装して「私」を作り上げている。不慣れな三人称に苦戦するよりも、一人称の語りに即した方がなめらかに操作できる。日本語において一人称の主語をつねに掲げなくとも、文を構成できる特性が一人称の語りを読み物として成立させるバネになっていることは確かだろう。これに、「文壇」と読者共同体の相互成立が「私」＝「作者」という解読コードをもたらすことで、「私小説」が生み落とされたのだが、それはあくまでも一人称の語りの一バージョンに他ならない。そして何より俗語によって組み立てられた「言文一致体」こそ、「私」を作り上げる上で欠かすことのできない条件であった。

近代の国民国家が俗語革命を支柱とすることに気づいた明治政府は、一八七二（明治五）年の学制発布後、全国に通じることばを「会話《ことばづかい》」という科目で教えようとした。そこでは東京のことばが標準とされたが、この試みは頓挫する。初代文部大臣の森有礼は、憲法発布の当日に国粋主義者に暗殺されるが、森は、漢語漢文なしに成り立たない日本語の不完全さを嘆き、簡易英語を公用語とすべきであると主張した[*4]。それほど俗語革命は困難だったのである。

「新聞」も文明開化に応じて、国民国家を誕生させる方策のひとつであったが、社会や政治を論じる「大新聞」の基本は漢文訓読体であった。これに対して市井の事件や俗事を報じた「小新聞」

は庶民に読みやすい口語体を試みたが、こちらもすぐには定着しなかった。スタイルだけを変更しても、それだけでは珍奇なものでしかない。そのスタイルに応じた対象が浮上してこないと、文体は効果を発揮しない。

結局、「言文一致」の運動を推し進める中心的な役割を果たしたのは文学である。作家で言えば、二葉亭四迷であり、山田美妙であり、『二人女房』(一八九二年)以降の尾崎紅葉である。この動きは、一九〇〇年代になって新聞小説が多くの読者を獲得することによって確実となった。なぜ、小説が媒体となったのか。まさに「言文一致」を通して、作中人物の「私」が立ち上がり、その表現が人々の感情、情動を動かす効力を持っていたからである。さらにこれを契機として、文学をめぐる議論が生まれ、同時代の社会のあちこちでくりひろげられるさまざまな出来事を踏まえ、表出された「私」とその是非をめぐって意見が戦わされ、解釈が競われた。そのパフォーマンスを雑誌や新聞で「上演」することによって、何者でもなかった人々を「読者」に変えていったのである。「読者」は読み方を教わり、揺さぶられる感情や、ことばを与えられることによって「世界」が一変して見えてくることを学習した。

「言文一致」が本格的に普及するきっかけとなったのは、一九〇〇(明治三三)年の小学校令の改正である。これによって「国語」という教科が成立し、小学校で覚える漢字が確定され、表音式仮名遣いの採用が決まり、これに則って口語体を多く採り入れた国定教科書が生み出されることになる。尾崎紅葉の『金色夜叉』や徳冨蘆花の『不如帰』、菊池幽芳の家庭小説が次々と新聞紙上を彩る時期とまさに重なっている。国語学者の上田万年をひっぱり出すまでもなく、このとき文化と政治の両面にわたって俗語革命が本格的に稼働し始めたのである。

「大新聞」が読者拡大とともにその性格を変えるにしたがい、「言文一致」文体に移行するのは一九二〇年代のことである。つまり、ざっと二、三〇年の時間をかけて、「言文一致」は文学を引き金にして普遍化し、公共メディアの文体にまで影響を及ぼした。この過程において文学が果たした歴史的な役割は大きい。

しかし、長く変わらなかったものもある。明治以来の官庁の公用文や法令文である。これらの文体は、一九二〇年代になっても、あえて文語体や漢字片仮名交じり文と定められた。[*5] この文体が変更されるのは、戦後になってからである。敗戦後の公用文改革は、もちろん日本国憲法の制定論議と連動する。大日本帝国憲法の文体をどのように変えるかが焦点だったからである。

山本有三や安藤正次ら国語改革運動の団体は憲法改正にあたって、用字用語や平易な口語体の採用などを提言している（一九四六年三月）。また内閣や各官庁の次官会議で「各官庁における文書の文体等に関する件」がくりかえし議論され、一九五二（昭和二七）年には内閣府より「公用文作成の要領」[*6]が定められ、各省庁に通達されるにいたった。

この「公用文作成の要領」は、用語用字については「特殊なことばを用いたり、かたくるしいことばを用いることをやめて、日常一般に使われているやさしいことばを用いる」、「音読することばはなるべくさけ、耳で聞いて意味のすぐわかることばを用いる」としたり、文体についても「公用文の文体は、原則として「である」体を用いる」とした上で、「公告・告示・掲示の類ならびに往復文書（通達・通知・供覧・回章・伺い・願い・届け・申請書・照会・回答・報告等を含む。）の類はなるべく「ます」体を用いる」とするなど、きわめて「実用」的な通達を出している。「文章はなるべくくぎって短くし、接続詞や接続助詞などを用いて文章を長くすることをさける」とか、「文の飾り、あいまいなことば、まわりくどい表現は、できるだけやめて、簡潔な、論理的な文章とする。敬語についても、なるべく簡潔な表現とする」といった指定もなされた。書き方について「左横書き」のスタイルが奨励されたのもこのときである。

要領の前文で公用文改革の目的は「感じのよく意味のとおりやすいものとするとともに、執務能率の増進をはかる」ためとされていた。まさに実用性の向上が目的とされたのだが、しかし、いまあらためて「公用文作成の要領」を読むと、戦後の日本においていかに国民国家の再形成を行うか、その意図と狙いが涙ぐましいほど見えてくる。それまでの公用文や法令文は人々の生活実態やコミュニケーションの場からは隔絶した、別の審級にとどめおかれた。それが権威を生み、それらの文体を解読し、使いこなせるものたちの特権を保証したからである。その壁を壊していくために、公用文・法令文は改革されなければならなかったのである。

ことばが「私」を作り出す

さて、今回の教育改革はこうした観点からするとどうだろうか。

新指導要領で、高校の必修科目「現代の国語」は、「実社会における国語による諸活動に必要な資質・能力の育成」を主眼とし、「情報の扱い方」や「話合いの目的に応じて結論を得たり、多様な考えを引き出したりするための議論や討論」のしかた、「論理的な文章や実用的な文章を読み、本文や資料を引用しながら、自分の意見や考えを論述する」能力の獲得を目指すとある。発展的な選択科目となる「論理国語」でも基本は変わらない。

たしかにこれらの実用的な能力は必要である。しかし、ことばが「私」を引き出すのだとしたら、ここに掲げられた「論理的な文章や実用的な文章」の文体は「私」を連れ出しうるのか。いや、それはあくまでも「論理」と主張・説得を中心とする国語教育なのであって、目的が違う。であるならば、もうひとつの必修科目「言語文化」はどうか。そこでは古典と伝統文化が前景化され、近代以降の文章については、「我が国の伝統と文化に関する近代以降の論理的な文章や古典に関連する近代以降の文学的な文章を活用するなどして、我が国の言語文化への理解を深めるよう指導を工夫する」と書かれている。同じ科目の「知識及び技能」については、いくつもの課題の一つとして「言文一致体や和漢混交文など歴史的な文体の変化について理解を深める」ことが掲げられているのだが、そこでは「言文一致体」は知識としてしか扱われていない。

ここでは、「自分の意見や考え」はあらかじめ存在するものとして前提されている。もはや、それはできあがっているものだと。「書くこと」においても「読むこと」においても、そこでは前提として「自分の考え」があり、それをことばにして表すことが要求されている。

一五歳の高校一年生には、もうすでに確固とした「私」が成立している。そのように前提できるのであれば、「現代の国語」から「論理国語」にいたるカリキュラムのなかで「近代以降の論理的な文章及び現代の社会生活に必要とされる実用的な文章」を教材としながら、情報の抽出や構造化を行い、資料検討を行った上で「自分の意見や考え」を分かりやすい平明な「公用文」で言い表し、聞き手や読者を説得することもありうるかもしれない。しかし、ほんとうに高校の生徒たちに明瞭な「私」はあるのか。

もし、そこが不透明なままだとしたら、ここで目指されている表現は、明治期の「言文一致」の運動とは反対の方向に進んでいるのではないか。「話すこと・聞くこと」を教育の三つの柱のひとつとしながらも、口語を積極的に取り入れ、書きことばの文体を改変するのではなく、「指導要領」がモデルであるような抽象的で分かりにくい書きことばの文体を、むしろ話しことばに当てはめていく方向に舵を切っている。それでは目指していることとまったく相反して、「言」と「文」の乖離になってしまう。

「言文一致」は、話しことばに書きことばを近づけ、新たな書きことばを創出する運動であった。その文体に引きずられるように「私」が表現され、そこで生み出された「私」を一個のキャラクターとすることで、社会的関係のなかに場所が確定した。少なくとも「私」を作り上げるこうした過程を経なければ、「私」を機軸にすえたコミュニケーションの場も成立しない。

もし、すでに「言文一致」は達成され、もはや「言」と「文」の間に不一致は見られないと言うなら、そうではないと答えるべきであろう。むしろ、私たちが目の当たりにしているのは、逆の事態である。日本語を基本的なコミュニケーションのツールとしているこの社会において、「言」と「文」の間に、そしてその内部において齟齬や乖離が発生している。しかも、その「言」や「文」が生み出されるところの基盤において、「私」は表すべきことばを見つけられないまま、さまよい、

「他者」や「社会」についても手応えのないまま漂流している。空疎なことば、意味の不明瞭なことばが蔓延し、論理的なコミュニケーションが難しくなっているのだとしたら、それはことばの指示表現と指示内容についても、齟齬や乖離が起きているからである。

　にもかかわらず、いま「国語」の教育改革で起きているのは、機能失調した現実社会において、「文」の方向に「言」を矯正していこうとする動きである。「情報」も「論理的な文章や実用的な文章」も、すでに書かれた「文」以外の何ものでもない。さまざまな文体の「類型」にあてはめることを通して、そこに盛り込めない差異として「私」を見つけるのならばまだいい。そうではなく「類型」のなかにみずからを埋め込み、そのなかでのみ言語活動をくりひろげるのであれば、それは近代以前への回帰に他ならない。

　宮崎勤は死刑に処されるそのときまで、ついにみずからを表すことばを獲得することができなかった。それはかつて連続射殺魔として逮捕された死刑囚永山則夫が獄中でことばを獲得し、『無知の涙』（合同出版、一九七一年三月）を始めとする数々のエッセイを著し、『木橋』（立風書房、一九八四年七月）などの小説を書くにいたったのとは対照的である。永山が獄中で作り上げた「私」と実際の永山自身が同じだとは言わない。言語化されなかったより深い沈黙が背後に想像されるであろう。しかし、事後的ではあれ、構築された「私」に永山はみずからを刻み込むことができた。

　だが、いま彼／彼女らの多くは「私」を生み出す文体を見つけられずにいる。青葉真司は小説を書くほどには「言文一致」の文体をつかんだのかもしれないが、その小説への執着は届けるべき「他者」を見失い、「読者」に出会えないまま、肥大した「私」に火を放ち、多くの犠牲者をもたらした。

教育基本法の第一条には次のようにその目的が書かれている。*7

教育は、人格の完成を目指し、平和で民主的な国家及び社会の形成者として必要な資質を備えた心身ともに健康な国民の育成を期して行われなければならない。

もとより、これらのことばは法令文として空疎で、実質を欠いているように見える。しかし、一つ一つのことばが社会集団のなかで意味を持って受け渡され、ことばとして信じられていた時代から、現在は遠く隔たっている。「人格の完成」とは何なのか、何をもって「平和で民主的な国家及び社会」と言うのか、「心身ともに健康」であるとはどういうことを指すのか、ここでいう「国民」とは多民族社会のいま、どのレベルまでを含むのか。

私たちはこの「文」の背後にこれらのことばではおおいつくせない無数で多様な現実があることを知っている。この「文」に合わせるのではなく、無数の多様な現実に応じたさまざまな「言」を繰り出し、形を与えていくことこそ、必要な国語教育であり、そこにこそ文学が先頭を切って変革してきた「言文一致」の運動がある。「文学国語」がその任を担うのであれば、もはや四つの選択肢の一つではない。まぎれもなく、いま現在を生きる若い世代に向けたことばの継承はここにあると言えるだろう。

註

＊1 『高等学校学習指導要領（平成三〇年告示）解説 国語編』（文科省、二〇一八年七月）。

＊2 野口裕二『物語としてのケア――ナラティヴ・アプローチの世界へ』（医学書院、二〇〇二年六月）など。

＊3 太田出版編『Mの世代――ぼくらとミヤザキ君』（太田出版、一九八九年一二月）を参照。共著者はいとうせいこう、大泉実成、香山リカ、手塚眞、中森明夫、矢崎葉子、山崎浩一、横内謙介。

＊4 国立国会図書館の第一五〇回常設展示「近代日本と「国語」」において出品された森有礼の言語学者ウィリアム・ホイットニー宛書簡（Education in Japan : a series of letters addressed by prominent Americans to Arinori Mori. New York : D.Appleton & Co., 1873）参照。

＊5 内閣訓令「法令形式ノ改善ニ関スル件」（一九二六年六月）。

＊6 内閣閣甲第一六号「公用文作成の要領」（一九五二年四月）。

＊7 いうまでもなく二〇〇六（平成一八）年一二月に改正された。旧法では「教育の目的」は「平和な国家及び社会の形成者として真理と正義を愛し個人の価値をたつとび、勤労と責任を重んじ、自主精神に充ちた心身ともに健康な国民の育成を期して行わなければならない」となっていた。どちらがいいかはここでは問わない。

第 14 章

論理にとって文学とは何か

「学習指導要領」の破綻

初出は、日本数学協会編『数学文化』三六号（日本評論社、二〇二一年八月、原題「論理にとって「文学」とは何か――「学習指導要領」の破綻」）。文学研究者の私にとっては無縁な雑誌であったが、共通テストをめぐる入試改革が当初、「数学」と「国語」における記述式問題、「英語」における民間試験の導入を目指し、いずれも失敗したときに、「数学」「国語」「英語」の三つの教科に関わる研究者・教員、および一部の教育学者とのあいだで共闘の意識が生まれた。おそらくそうした関係からだろう。予想もしない雑誌から依頼を受け、寄稿することとなった。「数学」における論理と異なり、ことばをめぐる論理は一筋縄ではいかない。数学者・数学教育に関心を持つ会員に向けて、どのような議論が可能か、知恵をめぐらすこととなった。

論理の対立概念は文学なのか

最近、論理と文学を対立する概念のようにとらえる考え方があたかも公認された真理でもあるかのように流通している。一般的には俗論として聞き流すこともできなくはない。しかし、文部科学省からの発出となると、聞き流しておくわけにいかない。高等学校の教育課程、科目編成にそう解釈できるように明記されたのである。教育課程を規定する「学習指導要領」はほぼ一〇年の間隔で改訂されている。とすれば、最低一〇年はこの対立概念の枠組みが機能し、一五歳人口のほぼ九九%が進学する高等学校で教えられることになる。影響力は甚大である。

もちろん、経験的にみても、また歴史をふりかえっても、学校は必ずしもすべて正しいことを教える場所ではない。学校で教える「正しさ」は人文・社会科学の分野では相対的な正しさにすぎず、そのときどきの政治体制や世論の動向に左右され、一貫性を持っているわけではない。その不確かさはどの国においても同じようなものだろう。しかし、弊害はずっとついて回る。それを最小限にしなければならない。もう、そのように決まった、くつがえせない、と言うのであれば、この対立的な概念の枠組みがいま当面のかりそめの、暫定的なものにすぎず、いずれ書き直されるべきものであることをくりかえし強調しておくべきだと思う。

論理の対立概念は文学なのか。いや、ありえない。論理というものを、ごく一般的に思考の形式、道筋とするならば、論理の対立概念は非論理であり、論理的に証明できない矛盾や不条理ということになる。現実世界にはそうした矛盾や不条理の方が大半で、説明や論証可能なことの方がごくわずかだと言ってもいい。したがって、論理が扱えるのは狭い小さな範囲ではある。けれども、論証可能なことやものを拡張していくことは重要だ。数学や科学はまさにそのための学問である。

では、文学はそうした論理と対立する非論理に属するのだろうか。まったく違う。質も種類も異なる概念を論理の対義語にしている。文学や文学を基礎として派生したさまざまな表現は多くの人々が楽しみ、愛着し、人生を生きる小さなヒントや支えともなるし、作る側においても特定の知恵と工夫、技術を要する対象でもある。そこには想定されている論理とは異なる「論理」が働いている。しかし、それがまったく顧慮されていない。論理と文学というこの無意味な対立図式に抗して、異なる意味の集合を解きほぐし、対立的にとらえる認識の背後にある文脈を探り出し、どのような言説に置き直すべきか、そこを考えてみたい。

対立を導入する学習指導要領

二〇一八（平成三〇）年三月に告示され、二〇二二（令和四）年度の高校一年生から適用される高等学校「学習指導要領」によれば、論理的な思考力は「実社会」で広く求められているものであり、「他者との関わりの中で伝え合う力」へとつながる、現代人にとって必須の能力とされている。

そのこと自体に間違いはないし、正しいと言っていい。しかし、それは旧指導要領の時代でも同じだし、それ以前でも変わりはない。「実社会」に無縁なことばの教育を、いったい誰が推進するだろう。そう考えてみると、あまりに自明の前提である。とすれば、なぜ、ここで改めてそのことを強調したのか。かえってそれが気になる。

これまで高校の教育課程は、必修科目では「国語総合」（四単位）、ついで選択科目として「現代文A」（二単位）、「現代文B」（四単位）、「古典A」（二単位）、「古典B」（四単位）、「国語表現」（三単位）の五科目が用意され、これらから八単位を修得することを必須としていた。これに対して新指導要領は、必修科目の「国語総合」を「現代の国語」（二単位）と「言語文化」（二単位）に分割して二科目とした。ついで選択科目については、「論理国語」（四単位）、「文学国語」（四単位）、「古典探究」（四単位）、「国語表現」（四単位）と組み替えたのである。

必修科目の筆頭である「現代の国語」には、科目の目標についてこう書かれている。

（1）実社会に必要な国語の知識や技能を身に付けるようにする。
（2）論理的に考える力や深く共感したり豊かに想像したりする力を伸ばし、他者との関わりの中で伝え合う力を高め、自分の思いや考えを広げたり深めたりすることができるようにする。
（3）言葉がもつ価値への認識を深めるとともに、生涯にわたって読書に親しみ自己を向上させ、我が国の言語文化の担い手としての自覚をもち、言葉を通して他者や社会に関わろうとする態度を養う。

従来の指導要領では、目標はこのような箇条書きではなく、「国語を適切に表現し的確に理解する能力を育成し、伝え合う力を高めるとともに、思考力や想像力を伸ばし、心情を豊かにし、言語感覚を磨き、言語文化に対する関心を深め、国語を尊重してその向上を図る態度を育てる」という、盛り込みすぎの一文になっていた。それに比べると、箇条書きにして項目別に明確化を計ったことは分かる。ただ、その際に「思考力」が「論理的に考える力」と言い換えられていることに注意を払っておこう。選択科目の「論理国語」には「論理」が冠せられていたが、この「論理」ということばとそれに近い語彙が新指導要領には一気に増えているのだ。

「現代の国語」では、〔知識及び技能〕〔思考力、判断力、表現力等〕という分類にしたがって目指すべき課題が示されているが、そのうち〔知識及び技能〕には、新たに追加された項目として「話や文章に含まれている情報の扱い方に関する」指導事項が加わった。めあたらしいこの指導事項には、以下の五項目が並んでいる。

ア　主張と論拠など情報と情報との関係について理解すること。
イ　個別の情報と一般化された情報との関係について理解すること。
ウ　推論の仕方を理解し使うこと。
エ　情報の妥当性や信頼性の吟味の仕方について理解を深め使うこと。
オ　引用の仕方や出典の示し方、それらの必要性について理解を深め使うこと。

いずれも旧指導要領にはまったくなかった項目である。このうちのア、イでは、「情報と情報の関係」に焦点が当てられている。ウ、エ、オは、「情報の整理」を中心としている。いずれも情報をキイワードにしながら、論理的な思考力を高め、メディア・リテラシーにも通じる、情報を情報たらしめるコンテクストへの問いを持つとともに、みずからの発信においてもそうした構えを用意することを強調していると見ていいだろう。

こうした項目は、〔思考力、判断力、表現力等〕の部でも登場し、「A 話すこと・聞くこと」では、「論理の展開を予想しながら聞き、話の内容や構成、論理の展開、表現の仕方を評価するとともに、聞き取った情報を整理して自分の考えを広げたり深めたりすること」が、「B 書くこと」や「C 読むこと」では、くりかえし「論理的な文章や実用的な文章を読み」、その上で情報を相互に関連づけることや、引用や要約したりしながら自分の見解をまとめていくように、指導することが求められている。これらの新たな要素は、すべて新指導要領において取り入れられているので、今回の改訂における主要な変更点の一つとなっている。

「現代の国語」のこうした項目の延長に位置するのが、選択科目の「論理国語」と「国語表現」である。「論理国語」は、その科目の目標を「現代の国語」と重複するかたちで掲げている。（1）から（3）まで「現代の国語」とほとんど変わらない。「国語表現」もほぼ同じで、わずかに「他者との多様な関わり」という一節に、「実社会における」という冗句を付け加えただけの違いしかない。ただ、この科目は「表現」すなわち発信の方に重点を置いているが、「現代の国語」の延長としては明らかに「論理国語」をメインに考えているのである。しかも「論理国語」の教材は、

「現代の国語」と共通するように「近代以降の論理的な文章及び現代の社会生活に必要とされる実用的な文章」とされた。

「現代の国語」に対して、もう一つの必修科目「言語文化」は、「内容」の〔知識及び技能〕で、「古典の世界に親しむ」ことが強調され、「言文一致体や和漢混交文など歴史的な文体の変化」に注意を向けることが促されている。〔思考力、判断力、表現力等〕では、「A　書くこと」として「自分の知識や体験」の的確な表現の仕方の学習を求める一方、「B　読むこと」では「作品や文章」あるいは「作品の内容や形式」といった語彙がちりばめられていて、「作品」の受容と解釈の指導が課されている。「作品」ということばの選択一つをとっても、「言語文化」は、何らかの作り手による創作を素材にしようとしていることが分かる。しかも、時間配分も細かく規定され、ほぼ古典が二に対して、近現代は一といった比率になるよう、指示されている。

ここからして「言語文化」という科目が、選択科目の「文学国語」「古典探究」に分岐していくように計画されているのが分かる。その「文学国語」では、「文学的な文章」ということばが頻発する。これは「作品」ということばとセットになっていて、「現代の国語」から「論理国語」「国語表現」へというカリキュラムと対照されるようになっていたのである。

さて、このように「国語」では、「論理的な文章」「実用的な文章」に対して、「文学的な文章」を配するというこうした枠組みが用意された。その上で単位数や時間数を見ると、明らかに偏差が生じているのが分かる。「言語文化」四単位のうち、古典の教材比率を上げ、近現代を少なめにする。旧来のAとBによって難易度を変えるという方針は切り捨てられ、選択科目はすべて四単位で一律になっている。八単位履修が条件だから、どれか二科目を選択することになる。「国語表現」は、いわゆる作文の授業だから、中堅以上の学校では採用されにくい。とすれば、「共通テスト」の試験で、「国語」に古文漢文の出題がある以上、一つは「古典探究」を選ぶことになる。もう一科目は、必然的に「実社会」との連続性の強い「論理国語」を採用するようになる。そのことは当然、想定の範囲内だ。とすれば、「論理的な文章」「実用的な文章」と「文学的な文章」という対比は、どちらをより優位に置くかを綿密に想定した上で、コースを誘導する方向で科目編成がなされたのである。

「機械仕掛けの神」というフィクション

では、「話や文章に含まれている情報の扱い方に関する」指導事項をもう一度、ふりかえってみよう。先ほど引用したアからオにいたる五つの指導事項のうち、三つは、形式論理学に関わる内容である。主張と論拠、個別化と一般化、推論の仕方が掲げられていて、たしかにこれらのことを学ぶことは重要だが、「現代の国語」や「論理国語」といった科目で二年間もかけて学習することなのだろうか。教育課程に関わることだから、どの段階でどのくらいの時間を割いて何を学ぶか、その選択と配置が問われることになる。

論理学についてはさまざまなテキストブックが出ている。哲学者の野矢茂樹の『入門！論理学』（中公新書、二〇〇六年九月）、『まったくゼロからの論理学』（岩波書店、二〇二〇年二月）や戸田山和久の『論理学をつくる』（名古屋大学出版会、二〇〇〇年一〇月）までたくさんの入門書があるが、初学者向けの入門とはいっても、高校の「国語」には向いていない高級な哲学書がほとんどである。なかでも『まったくゼロからの論理学』は、日常のふだんのことばを用いて論理学のトピックをかみくだいて解説しているのだが、それでも推論や演繹はまだしも、連言と選言、ド・モルガンの法則、対偶論法、推移律、全称命題・存在命題・単称命題といった用語が並ぶことになる。これを「国語」で高校生に教えるというのはかなり困難なことではないだろうか。

その野矢が監修した本に、NHK『ロンリのちから』制作班著『「ロンリ」の授業』（三笠書房、二〇一九年一月）という入門書がある。NHK・Eテレで放送された『ロンリのちから』という番組の内容をあらためて活字にしたものである。それは、「どうすれば相手に伝わる話し方ができるのか。もっと上手に説明できたらいいのに。相手からの質問に的確に答えたい。〔…〕どれも私たちの日常でよく見られる悩みです」という課題を、高校の演劇部の部員たちが脚本を練り上げていくなかで意見の対立やすれ違いを乗り越えていくという物語設定のもとで、解決していく展開になっていた。「見せかけの根拠」「推測の確かさ」「「だから」に反論する」「因果関係」「ニセモノの説得力」「事実・推測・意見」「問題を整理する」「横ならび論法」「ずれた反論」「異なる意見を尊重する」という一〇の章からなるレッスンを積んでいく構成で、まさに「意見と根拠」や、根拠自体の確認、「推論の仕方」、議論の進め方などを学ぶようになっていた。

これは大いに参考になる。では、こうした学びを続ければ、論理的な思考力を身につけることができるのか。確かに論理的な思考力への道筋はついていくだろう。しかし、「現代の国語」や「論理国語」の目標の一つは、「論理的に考える力」とともに、「深く共感したり豊かに想像したりする力を伸ばし、他者との関わりの中で伝え合う力を高め、自分の思いや考えを広げたり深めたりすることができるようにする」となっていた。「深く共感したり豊かに想像したりする力」、さらにはそれらをもとに「他者との関わりの中で伝え合う力を高め」て、「自分の思いや考え」を明確にするだけでなく、「広げたり深めたりする」こと。科目編成からして論理的な思考力が強調されているように見えるが、実際にはその能力を核に据えながらも、より包括的な、この社会で生きのびていくための力を育てることが掲げられていたのである。

『「ロンリ」の授業』では、意見の対立やすれ違いを重ねる高校の演劇部員たちに対して、彼らの議論を導いていくのが新しい顧問として颯爽と現れた溝口先生であった。この先生のリードによって、意見対立がなぜ生まれたかが明らかにされ、高校生たちは「論理のちから」を身につけていくストーリーが用意される。この先生の存在は、議論そのものを俯瞰的にとらえる別の審級を示している。しかも、ここにはフィクションをめぐる一つの問題が隠れている。何だろうか。

顧問の先生をメタレベルの認識を示す超越的存在として設定したことだ。部活動の顧問が部員に対していかに超越的な立場になるかは、すぐに想像がつく。一般的に先生と高校生の関係は職業・年齢・階層のレベルにおいても、そのような非対称性を持つが、しかし、実際にはその先生はまぎれもなく固有名を持ったひとりの人間にすぎない。彼または彼女の個性と積み重ねてきた経験と認識力には一定の客観性もある一方、当然ながら個人としての主観的な限界も伴う。そこを問わずに、超越的な役割を負わせたのは、限られた時間の番組を成り立たせるドラマの経済効率によって生まれたフィクションなのである。したがって、溝口先生は、とってつけたような固有名詞を与えられているが、まったく悩みも生活感もない操り人形である。物語文学ではこうした立場の人物を、収拾が付かなくなったときに持ち出す、できの悪い「機械仕掛けの神」（デウス・エクス・マキーナ）と呼んだ。

論理的な思考力を鍛えるために、主張と論拠、個別化と一般化、推論の仕方を教えようとすれば、どうしても教える者と教えられる者は非対称な、超越的関係を結ばざるをえない。そのようなものと理解することができる。しかし、これこそが最大のフィクションである。「機械仕掛けの神」は現実にはありえない。教える者もまた個人としての条件と限界のなかで、教えられる者に向き合うからだ。溝口先生も、個人としてその身体と精神と、日々の生活に拘束されている。悩みごとを抱えて、生徒たちの議論に耳をすませることができないときもあるし、ことばに傷ついて、懸命に落ち着こうとしながらも心の揺れ動きを抑えられなくなることもあるだろう。それがふつうの人間というものだ。

教師となった以上は、そうした主観的な条件に左右されるべきではない。一般的な教訓としてはそうだろう。「数学」や「英語」や「社会」「理科」の教師は、できるかぎり主観的な条件に左右されることを最小限にして、すべてを教える「機械仕掛けの神」であろうとする。しかし、生徒たちにとっては、「機械仕掛けの神」ではなく、それぞれ個人的なバイアスを持ったひとりひとり固有名と個性の刻印を持った「××先生」に他ならない。そして優れた先生たちは、そうした個性をうまく発揮し、「機械仕掛けの神」ではない顔を見せながら、生徒たちと交流するのではないだろうか。

では、「ことばの教育」である「国語」はどうなのか。もちろん、「国語」の先生もときに「機械仕掛けの神」であろうとするだろう。しかし、その教材のなかで、この現実の世界においては、「機械仕掛けの神」は存在しないこと、人はつねにその個人としての限界と主観的な条件のなかでみずからの生を生きることを教えるのだ。物語や小説はとりわけ最適な素材を提供してくれる。すべて「機械仕掛けの神」があやつる物語など、誰も見向きもしない。そのようなご都合主義では読者の共感を得られないからだ。詩歌のような韻文もそうした「私」を原点とし、その「私」のなかに多くの私以外の人々の記憶やことばがつまっていることを明らかにする。ことばでことばを教えるというこの教科の特殊性がそこに表れている。

「論理的な文章」や「実用的な文章」を通して論理的な思考力を教えることももちろん重要なのだが、その論理的な思考力を教えることは、それだけではこの世界に生まれ落ちた人間の逃れられない絶対的な条件をおおい隠してしまう。論理的な思考力をトレーニングするとしても、トレーナーの超越的な立場が生まれる。その超越性のフィクションを教材自体のなかで教えていく。そこに「国語」という教科における「文学的な文章」の役割がある。

不安と現実否認

なぜ、人間同士には意見の対立やすれ違いが起きるのだろうか。論理的な思考力を鍛えることを中心とする発想では、それは互いに根拠を示し、筋道立てた説明がなされていないことや、見せかけの根拠にごまかされたりしているためであり、そこを解決すれば必ず合意を得られることになっている。確かにそういう場合もあるだろうが、収拾がつかないケースもたくさんある。現実にやっかいな対立は、むしろ、論理的な思考や議論だけでは了解を得られないまま、錯綜を深めているように思う。

この文章が活字になったときには、おそらく決着がついているだろうが、たとえば東京オリンピック・パラリンピック開催の是非はそうした議論の最たるものだ。二〇二一（令和三）年五月一〇日現在、日本で新型コロナウイルスに感染したことが判明した人は、累計で六四万人を数えている。死者も一万人を超え、一日あたり六〇〇〇人超の新規感染者が出て、六〇名以上の新たな死者が数えられている。ワクチン接種者は、六五歳以上の高齢者だけでもまだ三三万人で、一%以下だ。アメリカやヨーロッパは、日本よりもはるかに多くの感染者、死者を出しているが、ワクチン接種者は大人の三〇—四〇%に及び、他方、日本は先進国のなかでも最低の状態である。こうしたなかで七月中旬から東京オリンピック、パラリンピックを開催できるのか。国民世論の多くは中止ないし延期を望んでいるが、日本政府やJOC組織委員会、東京都は依然として開催に前のめりで、議論は割れたままである。

さて、こうした議論において開催にせよ、中止にせよ、相手を説得し尽くすことはできるだろうか。根拠を集めて、反論を一つ一つ加えていって、理解を得ることは可能なのか。たいへんむずかしいと思う。そこでは論理的な思考の他に、べつのファクターが働いている。中止論者の人にとっては、感染がさらに拡大し、医療崩壊が連鎖するという不安が根深くある。一万人の死者は、一般の癌や肺炎などの疾病による死者数、年間の自殺者数に比べても、それほど多くはない。しかし、知り合いの知り合いが感染して亡くなった、あるいは苦しい闘病をしたという情報が入れば、当然、怖れと不安に襲われる。こうした感情はとりわけ強力に働き、丁寧な説得がなされたとしても、容易に納得できるものではない。

開催論者にしても、長くオリンピック・パラリンピックの招致や運営に携わってきた人たちからすれば、自分たちの努力を簡単に水泡に帰すわけにはいかない。選手やコーチ、育成にあたっていたスポーツ関係者からすれば、まさに生涯をかけて臨んできた晴れ舞台が一年延期にあった上に、さらに中止の危機にさらされているとすれば、意地でも開催にこぎつけたいと思うのも当然だろう。他の国での開催の場合にはそれほどではないとしても、今回のオリンピックの応援を、スポーツとは無縁ながらも自分の人生の節目ととらえ、伴走してきたつもりになっている日本人もたくさんいるだろう。愛着と固執もまた、感情の産物である。それは論理的につめていくことで、なるほどそうかと納得するわけにいかない事柄でもあるのだ。

オリンピック・パラリンピックほどではないにしても、現実に起きる対立や論争には、論理だけではすまない感情的な側面がついてまわる。実社会で議論をまとめ、対立を止揚していくには、こうした感情のもつれをどのように慰め、いたわるかを考えないといけない。そこを無視して、論理だけで押し通そうとしたとき、よりいっそう激しい反発が起きてくる。私たちがとりわけこの一〇年ほど、濃密に実社会で見聞きしてきたのは、そうした事例ではないか。例えば東日本大震災と原発事故以後、私たちの多くは大きく感情の動きにとわられるようになった。日本だけではない。大きな事件や出来事があれば、そこから広がった感情の波紋に人は決定的にとらわれてしまう。

だからこそ、あえて抽象化し、単純にしようとして「論理的な文章」や「実用的な文章」の教育を強調する動きも生まれているのかもしれない。しかし、そうした過剰な強調もまた一種の反動だと言えるだろう。国語の教員のなかにも、「文学的な文章」を教えていることに確信を持てず、自信がないという人もいると思う。これは確かだと言えるものがなくて不安に怯える。そうした根拠のなさが現在のような指導要領を生み出す側にもあるのだろう。しかし、それは自分たちにそれほど根拠がないことを認めたくないという、現実否認に由来している。そこに陥ると、本当はどうであれ確からしく見えるものにすがりつくしかなくなっていく。「論理的な文章」や「実用的な文章」を前景に出し、「文学的な文章」をできるだけ後景に退けておこうとする発想には、新型コロナウイルス感染症への対策に右往左往し、その場しのぎで対応している現在の日本政府および日本社会と同じく、不安と怯えのスパイラルがあるのではないか。

ちなみに「論理的な文章」や「実用的な文章」の定義はどうなっているだろうか。指導要領の告示とともに発表された文部科学省『高等学校学習指導要領（平成30年告示）解説　国語編』（東洋館出版社、二〇一九年二月）によれば、こうなっていた。まず「論理的な文章」とは、「説明文、論説文や解説文、評論文、意見文や批評文など」を指し、「これまで読み継がれてきたような文化的な価値の高い文章ではなく、主として、現代の社会生活に関するテーマを取り上げていたり、現代の社会生活に必要な論理の展開が工夫されていたりするもの」を言う。率直にいって、定義として曖味で具体性を伴っていない。これまで評価を得てきた「文化的な価値の高い文章」を排除しているが、それはどのような教材群を指しているかを明確にしていない。

「実用的な文章」とは、「実社会において、具体的な何かの目的やねらいを達するために書かれた文章のこと」で、「新聞や広報誌など報道や広報の文章、案内、紹介、連絡、依頼などの文章や手紙の他、会議や裁判などの記録、報告書、説明書、企画書、提案書などの実務的な文章、法令文、キャッチフレーズ、宣伝の文章など」がそれにあたり、「インターネット上の様々な文章や電子メール」なども含まれるとしている。これを見るかぎり、「実用的な文章」については、「論理的な文章」とは逆にできるかぎり具体例を挙げておこうとしたのが分かる。そして、この解説書のなかで特筆されているのが次の一節だ。

論理的な文章も実用的な文章も、小説、物語、詩、短歌、俳句などの文学的な文章を除いた文章である。

わざわざここだけ一文で一段落を構成しているのだから、よほど強調しておきたかったと思われる。つまり、「小説、物語、詩、短歌、俳句などの文学的な文章」はここから排除する。「実用的な文章」は具体例をあげる。しかし、「論理的な文章」は曖昧なままにしておく。このような「論理的な文章」や「実用的な文章」の説明のしかたは、いかにこの指導要領解説がことばや文章について認識不足かを明らかにしている。

この解説書は、たくさんの国語教育学の専門家、実際の教壇に立っている教師、そして一部の文学研究者を協力者としているが、実際の作成過程はどうだったのだろう。例示の多い「実用的な文章」ひとつをとっても、それらの文章が「文学的な文章」に近接し、文章上の構成や修辞において分かちがたく結びついていることが想定されていない。なかでも、「新聞や広報誌など報道や広報の文章」、そして「キャッチフレーズ、宣伝の文章」が例示の初めと終わりに置かれて、強調されているが、こうした人目を引く語句や文章こそ、まぎれもなくプロパガンダの文学表現として機能してきた歴史がまったく踏まえられていない。

私たちがふだん使っている「実用的な文章」はよきにつけ悪しきにつけ「文学的な文章」を換骨奪胎してきた文章群だからこそ、しっかり「文学的な文章」について勉強しておく必要がある。そうしたことばや文章への認識を欠いたまま、「論理的な文章」や「実用的な文章」の重要性を説いてしまっている。残念ながら、「言語文化」などということばを口にする以前の内容と言わざるをえない。

破綻と不統一、終わりの始まり

さて、高等学校の教育課程を規定する「学習指導要領」が「国語」においてこのように問題だらけだとしても、すでに告示され、これに則った教育が来年度からスタートする。文部科学省で「国語」を担当する視学官は、みずからの解説書のなかで、指導要領について軽視する風潮を戒め、実質的な「法的な拘束力」があるとまで言い切っていた。[*1]

ところが、この四月になって、このことばを裏切るような想定外の事態が判明した。検定の不統一が発覚したのである。

新指導要領を実行するには、その要領に即した新しい教科書が用意されなければならない。まず一年目は必修科目である「現代の国語」「言語文化」となる。当然ながら、教科書出版に携わる各会社は、指導要領やその解説書類を精読して、編集にあたった。ご承知の通り、教科書は文部科学省の検定を受けて、初めて認可され、発行されることになる。検定をへて許可を得たのは、「現代の国語」では八社、一七種類、「言語文化」では九社、一七種類だが、そのなかでただ一つ、第一学習社『高等学校　現代の国語』には「文学的な文章」が複数、収録されていたことが明らかになったのである。

先に述べたように、「現代の国語」の教材は「論理的な文章」や「実用的な文章」とすることが、「学習指導要領」およびその公式解説書に明記されていた。しかも、「論理的な文章」や「実用的な文章」には「文学的な文章」は含まれないことが特筆大書されていたのである。ところが、その「現代の国語」には、芥川龍之介「羅生門」、原田マハ「砂に埋もれたル・コルビュジエ」、夏目漱石「夢十夜」、村上春樹「鏡」、志賀直哉「城の崎にて」といった小説が五篇も並び、「文学のしるべ」というコラムがそれぞれにつけられていた。[*2] これには関係者は全員、唖然とした。なぜ、これが検定に通ったのだろうか。「文学的な文章」は「言語文化」に配置する、これが指導要領の厳命だったはずだ。

他社の「現代の国語」は、いずれも「論理的な文章」や「実用的な文章」という指示を遵守した。「実用的な文章」は具体例が並んでいたけれども、「論理的な文章」は定義が曖昧だった。その隙を突いて、これまで評論やエッセイとしてくくられていた文章類から、教材として利用されてきた実績ある文章や、同じように教室での利用に耐えうる文章を選定し、〔知識・技能〕や〔思考力・判断力・表現力等〕の育成にふさわしいと思われる教材アンソロジーを編集したのである。ところが、ただ一種類、まったく質の異なる教科書が検定に出され、問題なく許可されたのである。

第一学習社は「現代の国語」「言語文化」それぞれ四種類を検定に提出していた。第一学習社は教科書出版の専門会社で、全国の高等学校の多様な条件にも合わせられるように、四つのヴァージョンをそろえて陣を張ったのである。不思議なことに、「文学的な文章」を採用したのはこの四種類のうちの一つだけ、他の三種類は指導要領に即して、他社と同じく「論理的な文章」「実用的な文章」で編集していた。「言語文化」も四種類のうち、『高等学校　現代の国語』とペアを組む『高等学校　言語文化』だけは反対に小説類をいっさい外し、「近現代の詩歌」だけを収録していた。まさに二つの教科書は平仄を合わせていた。しかし、同社の他の三種類の「現代の国語」には小説教材はなく、ペアである三種類の「言語文化」の方に芥川や漱石、春樹の小説が入っていた。

とすると、第一学習社は「現代の国語」に小説が入っても問題はないと考えた絶対的な確信犯ではなかったということである。確信犯ならば、すべてとは言わなくても、複数、小説を入れた教科書を用意しただろう。指導要領をどれほど精読しても、これが許諾されるとは思えない。『毎日新聞』（二〇二一日三月三一日）の報道によれば、文科省の担当者は「「現代の国語」で文学を扱ってはいけないわけではないが、当初の申請は論理的な思考力や判断力を養成するには物足りない内容だった」と指摘し、一部に修正を加えたようだが、検定合格としたと説明したという。しかし、どう逆立ちしても「「現代の国語」で文学を扱ってはいけないわけではない」とは判断できない。そのように文科省は強硬に言い続けてきたのだから。第一学習社はその交渉の過程で確信を得るまでにはいたらなかったが、何らかの言質を得たのだろうか。検定通過の可能性がわずかながらもあると踏んだからこそ、四種類のうち一種類だけに指導要領を逸脱した教科書を組み入れたのだろうと推測する。一冊の教科書を作るのにかかる手間と時間、経費を考えると、賭博や冒険心でできることではないからだ。

しかし、そうだとするとこれは由々しき事態である。教科書は検定制度による文部科学省の許認可を得て発行される出版物である。もし、万が一、そのように指導要領を逸脱しても許諾されうるという言質が一社にだけ洩らされていたとしたら、それは文科省による審査ルールの違反行為に当たる。いや、そうではない、たまたま第一学習社が果敢にチャレンジした結果がこれなのだとしたら、「学習指導要領」には「法的な拘束力」があると恫喝していた官僚発言、指導要領そのものの権威と信頼性が根底から問われることになる。いずれにしても、今回の改訂についてあれほど力説し、戦後最大の改訂だと豪語していた文部科学省の首尾一貫性を揺るがす破綻、不統一に他ならない。これは文部科学省として、第一学習社の『高等学校　現代の国語』を認めた理由についてきちんとした説明の義務がある。さもなければ、「現代の国語」は「論理的な文章」や「実用的な文章」を教材とし、「文学的な文章」を含まないとした文科省公式の解説書の撤回、修正をしなければならないはずだ。

　将棋のたとえをかりれば、これで文部科学省はもはや「詰んだ」と私は判断する。「学習指導要領」改訂をあれほど強調していたわけだから、こうした検定結果は自己矛盾だろうし、あってはならないミスを犯してしまったことになる。念のためにいえば、実は第一学習社が抜け駆けをしたとは思わない。文科省が失敗したのである。もちろん意図してこのような矛盾を招くはずもない。ただ組織として破綻していると考えざるをえないのだ。一方に「学習指導要領」改訂を契機に強力に自分たちの改革案を断行しようとする力が働き、他方、その実現は不可能だと考え、実際的な施策を求める抑止の力とが、一つの組織のなかで混在している。後者は指導要領を逸脱することも辞さなかったわけだから、実質的にはもはや反乱と言ってもいいかもしれない。ミスですますことのできない事態になってしまったのである。どんな組織も対立と葛藤を抱えていて当たり前である。しかし、対外的な公式発表の言説と、許認可の判断基準において不統一を露呈してしまうようでは、もはや行政官庁として体を成していないと言わざるをえない。果たして、このあと文科省はどのようにみずからの論理の辻褄を合わせるのだろうか。

おわりに

　今回、あらためて「学習指導要領」とその解説類を読むなかで浮かび上がったのは、文部科学省もまた多くの矛盾と不統一を抱えており、にもかかわらずガバナンスができているかのように取りつくろっているということだ。

私は、教室のなかで国語教師の立ち位置を説明する際に、超越的な審級に立っていないことを思考に組み入れるかどうかが鍵になると述べた。教育改革において、教科としての「国語」の特別な重要性を説く人たちは、どの教科でもことばで伝えることが教える基本の前提になるからと言っている。ことばの教育が成り立っていないと、他の教科にも影響が出る。だから最重要であり、すべての教科の要になる。だから、「国語」はすぐれてことばの教育に徹底しなければならないという主張である。

しかし、そのとき教壇に立つ教師のことばの主観性については、棚上げにして議論がなされている。そこは不問に付す、そうした暗黙の前提ができあがっている。「数学」「社会」「理科」「英語」や「道徳」の先生たちは、そうしないと確かなことを教えられない。少なくとも1＋1＝2は自分の主観性の如何にかかわらず、絶対的に確かである。そこは分かる。しかし、それを語っているときの「あなた」のことば、声、ふるまい、身体は生身の限りある存在として、生徒の前に差し出されている。ことばは、それを発するものの、こうした身体性と不可分であり、その発話のあり方や言語外の文脈とともに意味を切り替えていく。それを知ることもまた重要なことばの教育である。ことばを介さずに、それを教えることはできない。こうしたことばの拘束を受け入れながら、ことばについて教え、学ぼうとすることが「国語」の本来の授業ではないか。

今回の指導要領で、もう一つ、強調されているのが「主体的・対話的で深い学び」ということばである。くすぐったいようなこのキイワードの実現に向けて、大真面目に生徒たちを叱咤激励しなければならないという。「文学的な文章」に慣れ親しんでいるものからすると、このことばを発するのはとことん恥ずかしい。こうしたフレーズを口にすることを求められていること自体が、ことばの意味するところからして本末転倒だからだ。つまり、ここに現れているのは、みずからのことばがいかにその意味内容と言語行為とでくいちがっているかについての無知、無自覚である。「主体的・対話的で深い学び」という呪文を唱えつづけたならば、そこから「主体的・対話的で深い学び」はなくなってしまう。論理的な思考力をマニュアル化し、ひとつの規範として教えつづけたとき、そこでは「論理的な思考力」は蒸発して消えてしまう。

ことばが使われる生きた現実とは、このようなものではないか。今回の教育改革が、「生きる力」の獲得に向けて、「国語」という教科を実社会に開かれたものにすると言いながら、まったくそのような目的に合致することなく、むしろ反対に遠ざかっていると指摘しているのはこのためだ。「文学的な文章」が教えてくれるのは、同じことばが発せられたものによって意味を変えてしまう、発信者と受信者のあいだに広がる大きな隔たりであり、文脈によって正反対の作用をもたらす言語行為のむずかしさでもある。

広告や宣伝のことばには、「文学的」な比喩やレトリックが多用されている。予想外の効果を収めることもあれば、自己満足や陶酔しかもたらさないこともあるだろう。社会で流通する慣用句や陳腐な言い回しの多くはこうした「文学的な文章」に由来している。したがって、「文学的な文章」が純粋だとは言わない。しかし、たえず陳腐化しながらも、そうやってお決まりのことばや言い回しに取り巻かれている「ことばの現実」に対して、自分なりのことばの組み合わせを生みだし、その弱さと限界を踏まえつつ、新たな生を切り開くこと。文学とは、あるジャンルや創作を意味するのではなく、そのようなことばと人間のダイナミックな関係を示しているのだ。

そのように考えてみると、今回の教育改革が「文学的な文章」を排除したがっているのもむべなるかなと思われる。みずからのことばを振り返らず、この世界に生きる条件や人間存在の被拘束性を自覚することのないまま、無謬の位置だけを守ろうとする精神。おそらく頽廃とは、こうした精神に向けられることばではないか。私はそう思う。

註

＊1　大滝一登『高校国語　新学習指導要領をふまえた授業づくり　理論編』（明治書院、二〇一八年一二月）。

＊2　教科書出版社はもちろん検定の基準を事前に知らされているわけではない。あくまでも「学習指導要領」とその解説書類、また文科省の教科ごとに置かれている視学官による教科書出版社を対象にした説明会などでの説明と質疑内容をもとに「忖度」するしかない。八社一六種類が同じことをしなかったことからも、いかに鉄のルールとして遵守することを求められたかが推測できる。

第 15 章

文学の有効性

初出は、「分離・分割・分水嶺」（『學鐙』一一九巻四号、丸善出版、二〇二二年一二月）と「夏季アカデミーシンポジウムに参加して――小説教材の有効性について」（『国語の授業』二八一号、子どもの未来社、二〇二二年一〇月）だが、二つのエッセイをつないで大幅に加筆、さらに後半は書き下ろしとなった。丸善発行の『學鐙』は「分」という特集で、国語教育における「分割」について書いてほしいという依頼であった。児童言語研究会が編集する『国語の授業』は、何度か登場した雑誌である。二〇二二年七月に小中学校の国語教育をめぐる授業実践報告を聞いてのコメントがもとになっている。文学ばかりを中心にして教えるという考え方にはまったく与しないが、文学を除外した教育もまた「ことばの教育」としてはありえない。同時に「実用的な文章」についての考えもここで整理することにした。料理人辻嘉一の文章を例にして、ほんとうの実用文がいかにすぐれているかをも示してみた。

分割的知性の限界

ものごとを把握することは、複雑な対象を切り分け、その仕組みや摂理を理解することから始まる。生物であれば解剖、機械であればパーツに分解してどのように働くかを検証する。物事のうち、物であればそれが理解の入口となる。しかし、最終的な目標はそれらが組み合わさって、ふたたび動き出すようにできるかどうか。総合できなければ、それは解体に等しい。

物ではない、複雑きわまりない事がら、事象であったらどうするか。大きなひとまとまりをそのまま分析することはできない。さまざまな区切りを入れ、対象やレベルなどを限定し、条件をつけた上で分割して理解しようとする。二〇〇〇（平成一二）年以降の社会の変容を考えようとすれば、国際政治やグローバル化した経済をめぐるマクロの視点もさることながら、地域や共同体、労働観や消費のありよう、人口動態から家族やジェンダー、性的指向、子どもやケア、住まいや食習慣など、日常生活の細部を区切って、ミクロな視点からとらえなおすことによって、よりクリアに浮かび上がることもある。分割することは、ここでもやはり理解への第一歩である。しかし、その切り取られた対象やレベルが全体とどのように関わるかはつねに意識されなければならない。

たとえばコンビニエンスストアを考えてみよう。略してコンビニはいまや日本中に普及し、主要七社の国内店舗数は五万六〇〇〇店を超えている。日本の総人口と照らし合わせれば、二五〇〇人あたり一店舗がある計算になる。チェーン店は地理情報システム（ＧＩＳ）を駆使して立地を検討し、出店戦略のマーケティングを行う。当該地域の人口や世帯数、年齢・性別、職業や階層、最寄り駅の乗降客数、時間帯による歩行者数なども割り出して計画する。商品も細分化され、差異のバリエーションは日々の売上をPOSシステムで集約し、嗜好の動向を把握して、その次を予測するなかで決定される。店舗も商品もまさにかゆいところに手が届くように用意されるはずだが、しかし、にもかかわらず数年前から新規店舗よりも閉店数の方が上回るようになった。市場が飽和状態になってきたからだという。アクションを起こして働きかければ、対象はそれとともに変化する。細かく分割して情報を把握したとしても、それを総合して判断する知性がなければ変化する現実には対応できない。

では、増えすぎたコンビニを利用している消費者に何が起き、店頭に立つ労働者にどのような変容が訪れているのか。店の前でたむろする中高生の生態、正規労働につけない外国人留学生や中高年アルバイターの存在が話題になったとしても、まだ分割して対象としてくくり出し、分析されるにはいたっていない。曖昧にぼんやりとした、はてなの光景として記憶に残るだけである。「問題」としてくくり出されたとき、初めて考察と認識の運動が始まる。

そうしたぼやっとした気分のなかに村田沙耶香の小説『コンビニ人間』（文藝春秋、二〇一六年七月）を置いてみる。接客や会計について精緻なマニュアルがあるコンビニは、均質で規格化された管理労働の職場と見なされている。けれども作中人物はそのなかで働くことで自分が初めて「普通」になったように感じた。コンビニの外の社会では学校、友人、家族のなかにも複雑なコードが張りめぐらされている。その場の高度な文脈を読み解き、巧みに泳いでいかないと、居場所が与えられない。こうした人間集団のコミュニケーション・ゲームに乗り切れないものにとって、規格化されたコンビニは自分を守るシェルターにもなる。『コンビニ人間』は、こうしてコンビニに生きるものの内面や価値観の変容を描きだした。コンビニを見つめることによって、逆にコンビニを取り巻く社会の息苦しさや問題点が浮かび上がったのである。それはコンビニを、分割や分析の対象ではなく、総合的な生きられた世界としてとらえたからである。

分離・分割することは、知的分析の手始めとしては効果があるが、その足し算で全体の真実に達するわけではない。もちろん、文学が真実に達することができるなどと、強弁するつもりはない。総合は、つねにたどり着くことのできないゴールであり、たえざる総合化の過程としてのみあらわれる。その総合を忘れると、分離・分割の果てに理解に達しようとした知性は思い込みと錯覚のなかに陥ることになる。

「地理歴史」と「国語」の差異

にもかかわらず、不思議なことに現在の高校教育では分割と総合のベクトルが交わらないまま、混乱を呈している。二〇一七（平成二九）年度末に発表され、この二〇二二（令和四）年度からスタートした新学習指導要領がその背景にある。この指導要領によって「地理歴史」の教科は、「地理総合」「地理探究」、「歴史総合」「日本史探究」「世界史探究」という科目群に変わった。「地理総合」と「歴史総合」はいずれも高校一年生が学ぶ必履修科目である。一九九四年度から長きにわたり、高校の地理歴史は「世界史A・B」「日本史A・B」「地理A・B」という科目群で構成され、「世界史」のAかBのどちらか一つ、「日本史」「地理」のなかからもう一つを選択するというのがこれまでのカリキュラムであった。その前からも「世界史」「日本史」「地理」という区分があったから、大半の人はそうした科目名になじみがあるだろう。それが今回、「日本史」と「世界史」という分割線をなくし、「歴史総合」として再起動することになった。「地理総合」という名称とともに、時間と空間をつないだ知の枠組みを作ろうとしているのが分かる。「日本史」や「世界史」というのは「探究」科目になって選択制になるという。もう、超域的に考える時代なのだから、悪くないじゃないかと誰しも思う。

岩波新書でも「シリーズ　歴史総合を学ぶ」と題して歴史学者たちの新たな著作が刊行され、関連書籍もたくさん出ている。これまで歴史教育はイデオロギー闘争の激しい舞台となっていた。なかでも日本の現代史では「従軍慰安婦」や「強制連行」問題、「南京大虐殺」の事実認定など、旧日本軍の悪行を記述するか否かをめぐって左右両翼からの歴史観が闘わされた。しかし、二〇一四年に教科書検定基準の改定がなされ、「閣議決定その他の方法により示された政府の統一的な見解又は最高裁判所の判例が存在する場合には、それらに基づいた記述がされていること」という規定が加えられ、二〇二一（令和三）年四月には「従軍慰安婦」や「強制連行」などの記述が不適切だという閣議決定がなされ、各教科書は削除や修正を余儀なくされ、強引に右派の勝利が決定された。論争の焦点が片づけられたとたん、一国史観などにはさらさらこだわりなく、垣根を超えた歴史の「総合」が承認されたのである。政府与党や日本会議・旧統一教会の目標は象徴闘争にこだわったので、あとは当面どちらでもいいということだったのだろう。内閣がすべてを決めるというルールをいったん作ってしまえば、あとは問題になったら閣議決定すればいい。かくして正面突破ができないなかで、「歴史」は「総合」という科目となった。ならば国民国家の垣根を超えた普遍的な視点から過剰なナショナリズムをどう克服するか、工夫をこらすしかない。だから、歴史学の動きが慌ただしいのだ。

ところが、「国語」では、まったく反対の現象が起きた。これまで「国語総合」が必修、「現代文A・B」「古典A・B」「国語表現」という選択科目群だったのが、新たな指導要領によって、必修の「国語総合」は「現代の国語」「言語文化」に分けられ、選択科目は「論理国語」「文学国語」「古典探究」「国語表現」という科目群に再編成された。学ぶ内容も分割され、論理的な文章や実用的な文章は「現代の国語」から「論理国語」「国語表現」の受け持ちとなり、文学的な文章は「言語文化」から「文学国語」「古典探究」の系統へと再編成されたのである。現代文と古典というこれまでの区分がなくなり、論理・実用の文章と文学の文章へと線が引き直されたのである。

合わせるように大学入試センターによる「センター試験」が廃止され、二〇二一年から「大学入学共通テスト」に変わった。それまでにない実用的な文章による試験がサンプル問題で提示され、大きな改変が予告された。当然、こうした入試の変容は論理的な文章や実用的な文章の重視という流れを加速する。高校生は大学入試を考えれば、「現代の国語」「論理国語」を中心に学ぶことを選択するし、進学率に左右される高校も率先して「論理国語」を選ぶだろう。実際に、つい最近、二〇二三（令和五）年度の「論理国語」「文学国語」の教科書採択結果が発表された。実に「論理国語」は八五万部、対するに「文学国語」は四八万部だという。「文学国語」は「論理国語」のおよそ半分ということだ。ということは、一五―一八歳の人口のうち、三分の二は高校一年以降、詩歌や小説とは無縁になり、文学的な直感や想像力にふれる機会が減少することになる。論理的で実用的な「国語」が教育の中心になるようにコントロールされた結果である。

かくして高校のカリキュラム改変は、地理歴史科においては「総合」に進み、国語科においては「分割」に進むという奇妙な捻れをもたらした。すぐれた評論やエッセイにも、文学的な直感や想像力にあふれたものはある。実用文が使える場合もある。詩歌や小説が必ずしも文学的な直感や想像力に結びつくとはかぎらない。感覚を信ずるふりをして、ありきたりな物語に依存するものもあれば、偏見や先入観をもぐり込ませて気づかぬものもたくさんある。したがってグラデーションは確かにある。しかし、科目を明確に切り分けたことによって、論理的な文章から文学的なロジックやレトリックを抜き出しながら教えていくのはより難しくなるであろうし、文学的な文章にひそむ論理性や卓抜な批評を見抜き、交差させていくのはより困難になるであろう。

一義的な意味の伝達

新学習指導要領を推進しようとする人たちは、すでに小中学校の「国語」では「論理的な文章」や「実用的な文章」による教育が徹底されていて、高校が遅れていたのだという。それはほんとうだろうか。小中学校の国語科教員たちで構成されている「児童言語研究会」の集まりに誘われたときに興味と関心があったのはこのことであった。

そこで出会ったのが、荻野浩毅先生の授業報告であった。取り上げられていたのは、いぬいとみこの『川とノリオ』という児童向けの小説である。確かに小学校や中学校の教科書では、「論理的な文章」「実用的な文章」の割合が圧倒的に増えている。しかし、そのなかでこの教材が選ばれたのは、「学習指導要領」が推奨する、生徒たちが自ら思索をめぐらし、対話を重ねていく授業の方法に合致する文章だったからだという。実は「論理的」「実用的」な文章では、推奨された方法は進めにくい、そういう矛盾が潜在している。

なぜ、そうなるのか。「実用的な文章」は一義的な意味の伝達が目的となる。ある実用文が分かりにくい文章だったとすれば、それは悪い文章だからである。できるかぎり分かりやすい、相手に直裁にメッセージが伝わるようにする、それが実用文のあるべきかたちだ。契約書や法律文書などのように、実用文もむずかしい語彙や言い回しを駆使するが、それはやりとりするものが確かな意味の共有をはかり、厳密にするため、あえて定義の明確な、馴染みのない用語を用いる。その鎧をほどけば実は単純な文章になる。

現実はもちろん単純で分かりやすいものではない。複雑で不透明な現実があり、しかも、言語や文化、社会集団、性やジェンダーによって見える世界は異なっているから、それを読み解いていこうとする「論理的な文章」は、とりあげる問題をまず絞り込み、その問題の構成要素を分解して、そこにどのような力が働いているのか、どう解釈できるのかを分析し、どのように改変できるかを提案していく。ここでも一連の論理の流れはできるだけ分かりやすくなければならない。評論文というものは、その主題を含み込む現実は複雑であるにしても、それを論じるときには意味を一義的にする方向で書かれることになる。それが目指すべき形であり、使命なのだ。

しかし、「論理的な文章」が完全に論理的かというとそうではないから、論理の飛躍や見落としがある。そうした論理の穴を見つけ、論旨のまちがいや錯覚を見抜けということであれば、まさに授業でもアグレッシブな対話や議論が展開されるかもしれないが、教科書に収めた教材にまちがいや偏向があっていいとは、さすがに文部科学省も言えない。つまり、「論理的な文章」もまた、一義的であることを目指さざるをえない文章なのである。

こうした文章を書けるようにすることは重要だし、そのための知識や技術を身につけることは意義のあることだ。しかし、いわゆるアクティブラーニングの素材としてはどうだろうか。調べ学習をやってみようとか、応用して自分なりの文章を書いてみようというのがせいぜいで、生徒たち全員で議論を重ねて、「論理的な文章」を完成させることは、かなり教員の技量が問われる、難度の高い作業になるだろう。

つまり、「論理的」「実用的」な文章では、対話や多様性からは遠く、一義的で、一方通行の論理の流れを学習させ、そのパターンを反復学習させることになる危険性がある。報告のあった授業実践がこうした意味伝達を目的にしたものとは違っていたことは明らかである。

ここで担当教員は『川とノリオ』の一場面やひとつの情景、そこで書かれたことばを句切りながら、生徒たちにその意味や解釈を発言させている。教員の発言は極端に少なく、せいぜい調整を行っているだけだ。生徒のひとりがこうではないかというと、べつのひとりがいやこうではないかと発言する。重なるときもあれば、異なるときもある。異なれば、なぜ、そう思ったのかが議論になる。議論がなされるなかから、発言したひとりがべつなことに気づき、異なる意見をつないでいく。ディベートではない。役割を決めて発言するのではなく、自分の感想や意見を引っ張り出しつつ、他の生徒の感想や意見を聞いて、思索がつづいていく。個人の思索に他の人のことばが流れ込み、それがまた自分の、そして他者の思索を推し進め、次の思索を促していく。一義的な意味の伝達を目的とする文章ではないことが、こうした授業方法において効力を発揮する。

『川とノリオ』

では、なぜ、「文学的な文章」だと、こうしたことが可能になるのだろうか。

まず、語り手と視点という近代小説に不可欠な要素が大事なキイワードになる。この小説の主要な登場人物はノリオである。プロローグは

町外れを行く、いなかびたひとすじの流れだけど、その川はすずしい音を立てて、さらさらと休まず流れている。日の光のチロチロゆれる川底に、茶わんのかけらなどをしずめたまま。

と始まる。語り手のことばである。ところが、その次に「春にも夏にも、冬の日にも、ノリオはこの川の声を聞いた」という一文が挟まれる。冒頭では川が立てるのは「すずしい音」だ。「音」

と「声」が対比されているのが分かる。ここで語り手はノリオに寄り添って、ノリオが川の音を「声」として受けとめていることを伝えている。

語り手がいてノリオがいる。そして語り手はノリオの視点に即して物語を語る。だから、「母ちゃん」「父ちゃん」「じいちゃん」といった、ノリオを中心とした家族内の呼び方がその人物を指すことばになる。

しかし、語り手はノリオと一体なのかといえば、そうではない。プロローグの最後は、こうなっていた。

母ちゃんの生まれるもっと前、いや、じいちゃんの生まれるもっと前から、川はいっときの絶え間もなく、この音をひびかせてきたのだろう。山の中で聞くせせらぎのような、なつかしい、昔ながらの川の声を――。

母や祖父の「生まれるもっと前」を思い描くことができるのは、ノリオではない。世代を超えたかなり長い時間を生きている語り手である。

従って語り手はノリオの意識しなかったところまで描き出す。父親が出征するとき、「暗い停車場の待合室で――父ちゃんの固いてのひらが、いっときもおしいというように、ノリオの小さい足をさすっていたっけ」と語る。記憶や伝聞のような書き方は、そのときの父親の心情を暗示するとともに、ノリオの記憶の底に沈むかすかな感触を呼びさますかのようだ。そうして出征する父親の視点を想像させる。父親の内面は直接には説明されない。しかし、微細な記憶がそのときの「父ちゃん」の思いを探る痕跡となっている。そこが重要である。

「また早春」という章で、川の水がノリオを呼ぶ「声」が実際にことばになって書かれている。「おいで、おいで。つかまえてごらん。わたしは、だあれにもつかまらないよ。」これはノリオの視点に完全に同化したところである。この川の呼びかけに応じてノリオは「冷たい三月の水」のなかに入っていき、溺れかける。その瞬間に「母ちゃん」が現れ、お尻をはたかれる。この場面は二回繰り返され、読者をノリオにぐっと近づける効果をもたらしている。

近づいたら離れる。語り手はノリオとのつかず離れずの関係にメリハリをつけている。川で遊ぶ場面の直後、「母ちゃんは日に日にやつれたが、ノリオは何も知らなかった。あったかい春の日ざしを浴びて、川と一日中遊んで暮らす、ノリオは小さい神様だった。金色の光に包まれた、幸せな二才の神様だった」という文章が来る。ノリオから離れて、母親の「やつれ」ていくさまと、ノリオがその小さな世界のなかで「神様」であったことを両方とも語っていくのである。ノリオの世界と母親の世界は一つではない。

防空壕の場面も、一方でこの舞台が戦争末期であることを示すとともに、恐怖と不安のなかにいる母親と、むずかるノリオのあいだで見る世界が違うことを語っている。こうしてノリオ中心に見ながらも違う視点があることを示した語り手は、「八月六日」でその母親がいなくなる場面を用意する。ここは意図的にノリオの視点で終始する。彼には見えない世界があることはすでに読者も了解しているから、ノリオの視点に即した書き方であったとしても、そこに書かれていないことを想像するようになる。

「おぼんの夜（八月一五日）」以降では、「じいちゃん」が前面に登場するが、その心情が直接に書かれることはない。あくまでもノリオの視点で見える「じいちゃん」の様子が語られる。「ヘイケガニのように、ぎゅっとゆがむ」横顔、ひざに落ちる「しずく」や、節くれ立った手の「ふるえ」はそれと分かるように配置された指標である。

「また秋」になると、前半で頻繁に語られたノリオの内面はことば少なになる。ノリオの見た光景、聞いた話が語られ、それについてノリオが何を思い、何を感じたかは語られない。こうしてノリオの心のうちを読者に想像させ、考えさせるように書かれている。

「小さな箱」になって帰って来た父親。友人のタカオが父親の運転する自転車に乗っているすがた。それらを見て、ノリオは何を思い、じいちゃんは何を感じたかは書かれていない。川の底から拾った「びんのかけら」もそこからのぞく青い世界についてふれているが、そのきらきらした光のもたらす歓びは語られることはない。ことばで言い表せない内面があることを示している。

ノリオがガラスのかけらを捨てて、干し草を刈る仕事のシーンでも、内面は語られない。「赤ちゃんやぎ」を呼ぶような「やぎっ子」の声、そのやぎと取っ組み合うノリオ、「青い空を映しているやぎの目玉」、「子供の手を引い」て通り過ぎていく女の人、こうした事実を伝えるだけのようなことばの取捨選択が何を物語るかは、一切書かれていない。その想像は読者の役割だからだ。

このように『川とノリオ』という小説は、語り手とノリオの視点を使い分けながら、ノリオの見ている世界と見えない世界を示し、父親や母親、祖父の内面を想像させる指標を仕掛けて、人物の数と同じだけ複数の世界があることを示している。もちろん、児童文学として分かりやすく書かれた小説であり、小説の醍醐味がたっぷりあるというわけではない。しかし、ノリオに即しながら、他の人物の世界をのぞかせることによって、世界の見え方が異なることを知る。これは小説の特性でもあるのだが、その特性こそがさまざまな観点からの読者の発言、解釈や想像、対話と議論へとつながる助走路を生み出す。

ことばがことばを誘発する

しばしば国語教育の場面では、小説には絶対的な正解がない、だから教材としては扱いにくいということが言われる。

なかには絶対的な正解がない小説もあるかもしれないが、それは問いの立て方が悪いだけではないか。どうやっても読んで理解できない小説があるとしたら、そうした小説が読者を獲得することは難しい。教材になることもないだろう。ただし、価値判断を下そうとすると壁にぶつかる、そうした小説ならたくさんある。『羅生門』の下人の行為を肯定するかどうかと言われたら迷う人は多い。『山月記』の李徴や、『こころ』の先生も、彼らを人として許すかどうかになると、迷いは深まる。

おそらく小説に正解を求めて得られない人は、ほんとうは正解ではなく、価値や道徳、成果を求めているのだろう。だから解答が出なくなる。しかし、そうした発想は一種の成果主義である。成果が出て、初めて意味があると考える生産性第一主義の考え方である。それが通用するのは人生のなかのごく限られた一部においてのみである。人生で成果を上げられる人は一握りだろうし、その人もまた人生の次の章では失敗や挫折を味わうかもしれない。

不条理な現実にふりまわされ、孤独や後悔にさいなまれる方が確率としてもはるかに多い。人はなぜ失敗するのか、なぜ対立し、怒りや憎しみといった情動に突き動かされたりするのか。自分の価値観や世界に閉じこもるだけでなく、違う人たちの価値観や世界があることを、そしてそこにはそれぞれの論理や情動があることに気づくことが、次の一歩を踏み出す上で重要ではないだろうか。そのためには複数の視点があること、やっかいで複雑な現実に向き合う多様なことばを持つ主体が違いを抱えながら、共存していることを知るべきだと思う。

小説はそうした複数性・多様性を学ぶにふさわしい素材である。そして教科書に採り入れられた小説の多くは、そのことばを辿っていけばきちんと書かれていない空白を読みとることができるようになっている。もちろん、読むトレーニングは必要だ。荻野先生の授業のように、多くの生徒たちがそれぞれに推論し、解釈を交わし合うことによって、気づかなかったことばの裏側に目を向けることになる。そうしたことばへの感受性は必ず生活のなかで、さまざまな人間関係のなかで自分を支え、他者を理解することにつながるだろう。

教材となる小説を批評的に読んでみることも重要である。『川とノリオ』の語り手は「川」はずっと未来永劫、流れていると信じている。しかし、小説が書かれて半世紀以上たって、果たして「川」は同じ川のままだろうか。上流のダムで堰き止められ、あるいは防災のために周辺をコンクリートで固められ、あるいは暗渠に追い込まれているかもしれない。川は大人になったノリオが母ちゃんや父ちゃん、じいちゃんを思い出すきっかけになるはずだが、そのとき川の風景はもはや同じではないかもしれない。抗いがたいそうした社会の変化のなかで、果たして私たちはどうやって記憶をつないでいけばいいのか。

こうした問いのことばを誘発することにこそ、文学の有効性があると思う。「論理的な文章」や「実用的な文章」を用いた教育が小中学校では十分に確立されている、さんざんそのように聞かされてきた。しかし、ほんとうにそうなのか。彼らのいう「主体的で対話的な授業」が成り立つとすれば、一つにはこうした教材に可能性があるのではないか。翻って、高校の国語を「論理」と「文学」に分割する発想に望みがあるか。はなはだ疑問に思う。

教科書はどうなったか

おそらく、ここでも村田沙耶香『コンビニ人間』やいぬいとみこ『川とノリオ』を取り上げているので、「文学的な文章」のみを評価し、「論理的な文章」や「実用的な文章」を低く見ていると誤解する人がいるかもしれない。私自身の見解の中心は何度も述べているように、それらを分割することの弊害にある。最後にもっとも低く見られがちな「実用的な文章」について考えを述べておこう。

新学習指導要領は、「論理的な文章」「実用的な文章」と「文学的な文章」を分割し、後者をも重視しているようなふりをして、前者を教材の前面に置くという方針を進めた。その方針が成功を収めていることは先にもあげた「論理国語」「文学国語」の採択部数にも明らかである。では、その「論理的な文章」や「実用的な文章」とはどのようなものが想定されているか。学習指導要領及びその解説文書などによれば、「論理的な文章」については、評論、論説、説明文などが当てられているが、「実用的な文章」については具体例で示されている。これまで共通テストのサンプル問題では、都市景観をめぐる自治体の広告文や、駐車場の契約書、生徒会規約などがあがっていた。それらが「実用的な文章」に該当するのだろう。実際の教科書ではどうなっていたか。

市場占有率の高い第一学習社の「論理国語」を見てみよう。この教科書は「理解編Ⅰ」「理解編Ⅱ」「表現編」の三つのパートからなり、「理解編Ⅰ」では著者名のある一二本の評論と、「論理研究（推論）」という単元のもとに二本の評論、「読み比べ（コミュニケーション）」という単元のもとにやはり二本の評論が並んでいる。郡司ペギオ幸夫、鷲田清一、木村敏、福岡伸一、広井良典、若林幹夫など、よく知られた著者名がつづき、評論中心の教科書であることが明確である。そして「理解編Ⅰ」の最後に「実用文（一）」という単元が来て、「法に関わる文章を読み比べる」と「ボランティアへの参加を伝えるメールの文章を検討する」という無署名の文章が収められている。

「理解編Ⅱ」も基本的に似た構成で、著者名のある一〇本の評論。「読み比べ（ジェンダー）」で二本、「読み比べ（イノベーション）」で二本の評論が入っている。こちらには金森修、野矢茂樹、浜田寿美男、西谷修、大澤真幸らが並び、北村透谷の「漫罵」と夏目漱石の「現代日本の開化」が文学者の評論という扱いで収められている。ここにも「実用文（二）」があり、「日本の雇用形態に関わる文章と資料を読み比べる」と「生徒会に提出する提案書の内容を検討する」という無署名の文章がパートの終わりに位置づけられている。

「表現編」は「レポートを書く」「小論文を書く」の二つのマニュアルから成り、全部で三〇頁強。全体で三八四頁のなかではほんの一部だということが分かる。

第一学習社は、必修科目である「現代の国語」の教科書では、その一つに芥川龍之介の『羅生門』や志賀直哉の『城の崎にて』など五本の小説を入れるというアクロバティックな挑戦を行い、それでも検定合格になり、このニュースはジャーナリズムでも取り上げられた。その経緯は、むしろ検定を行った文部科学省の論理矛盾を浮き彫りにさせたのだが、この「論理国語」の編集を見るかぎり、同社は学校現場の需要に徹底して寄り添う考え方を貫いているのだと思う。「現代の国語」では、「言語文化」に近代の小説や詩歌を寄せるのでは現場の教員の納得を得られない。同じように「論理国語」では、評論文をメインの教材にして、文学者の評論もわずかに入れ込むことで、教員たちの不満をかわそうとしたのだろう。

しかし、評論中心の教科書にすることによって、「論理国語」は予備校や塾の大学入試「現代文」対策講座の内容によりいっそう近づいた。その需要は生徒や保護者からも高いだろうし、大学進学率と進学先を生徒確保の手段と心得る高校にとっても高いことは言うまでもない。そうなると、「社会に開かれた」教育を目指し、社会的な有用性を重視するという、そもそもの教育目標はどこに行くのか。学習指導要領は入試対策を目的とするのではもちろんなかったはずだ。だが、抽象的な観念論を振り回し、国語教育をがんじがらめにするはずが、まったくの穴だらけ。教科書を見るかぎり、羊頭狗肉どころか、高校の予備校化を一気に進めたのである。

第一学習社の「論理国語」には、巻頭に「評論キーパーソン一覧」として、ベーコン、ロック、デカルト、スピノザなど三五人もの欧米の学者・思想家の紹介がなされ、フーコー、バルト、デリダ、サイードなどのポストモダン、ポストコロニアリズムの現代思想家まで掲載されている。合わせるように巻末には「評論主要テーマ一覧」として「自己と他者」「比較文化」「メディア・情報」「資本主義・経済」「生命倫理」「環境問題」「グローバリズム」など、ずらっと簡単な解説がつき、「評論キーワード一覧」と題して「アイデンティティ（自己同一性）」から「テクスト」「パラダイム」「ナショナリズム」「表象」など八五もの用語解説がついている。まさに参考書であり、これ一冊を読んで覚えておけば、大学入学試験の問題文に出て来そうな人物や概念、用語はだいたい把握できる。少しでも知っていたら、この間の共通テストを初め、多くの入試問題を解くにも有利であろう。この傾向は第一学習社だけでない。すべての教科書で大なり小なり、こうした参考書化が促進された。大学入試を変えることで高校教育を変え、大学をも変えていく、これらの謳い文句は、結果的に国語教育における入試対策を露骨に強化したからである。

そのことが生徒たちの知的な活性化につながるならいい。「主体的・対話的で深い学び」をもたらす可能性があれば。しかし、高校の予備校化や教科書の参考書化が進むなかで、そのようにうまくいくだろうか。学者や思想家を仰々しく祭り上げるのではなく、彼らの用語を軽く使いこなせるようにすることに反対はない。哲学のことばが大学の講壇から厳めしく伝えられる時代はとうに過ぎている。わたしたちの生活のなかで、その生活やその根底にある感覚や思考、習慣をとらえなおし、更新する知性を育てるのであれば大賛成である。だが、おそらく、そうはならないだろう。生きたことばになっていないからだ。論旨をたどり、キーワードをいくつか並べてつなぎあわせれば、何とかもっともらしい文章ができあがる。考えるということの原点を忘れ、本来は生きていたはずのことばをただの記号に切り下げ、切り貼りするばかりになってしまわないか。

ほんとうの実用文——辻嘉一の文章

一方、「実用的な文章」は一見、添え物のように見えるが、必ずしもそうではない。たとえば、第一学習社の「法に関わる文章を読み比べる」では、『法解釈入門　第二版』の「法の適用」という文章（資料A）と、実際の神戸地方裁判所での「道路交通法違反被告事件　判決文（抜粋）」（資料B）が並べられ、「法的三段論法」に基づいて判決文の論理を問うという組み立てになっている。これは実質的な読解の教材で、資料Aに照らし合わせて資料Bを解釈するとどうなるかの思考実験をしているのである。共通テストの入試問題としての制約がなければ、文章の比較や構造的な読解にどれだけ可能性があるかを例証したような工夫された教材である。しかし、どうしても少ないページ数で、教員の意思があれば使えるという範囲に止められている。

その意味では、教科書のなかでもっとも軽視されているのは、「実用的な文章」の意義や価値の認識だと思う。共通テスト対策を念頭において、各社の教科書とも、法律や契約・規約、データを取り入れたケースが多い。実用文は、つまらない文章だが、社会的に多用されているから学ぶ必要がある。そう言いたげな置き方である。

私は実用文を強調した共通テストや学習指導要領推進派の主張に、むしろ実用文への侮りがあるように思う。べつなところ（本書第6章）で、かつて実用文をべつの角度から見ると、芸術や文学にも通じる不思議なことばの働きが浮かんで来たり、滑稽さがあふれたりすることにふれたが、そうした見立てや読み方にとどまらず、すぐれた実用文にはそれゆえの文学性もあるのではないだろうか。懐石料理の名店「辻留」の主人で料理人の辻嘉一が書いた文章を例にあげてみたい。辻は多くの料理エッセイも書いた文章家であるが、その本領は料理のレシピ、具体的で明晰な料理をめぐる実用文にあった。

そのうちのひとつ、辻が監修した『味噌汁三百六十五日』（婦人画報社、一九五九年一一月）に、「味噌汁のみの事典」があり、その最初に「とうふ」の記事が出てくる。

味噌汁といえば豆腐をすぐに連想するほど豆腐は味噌汁のみにつかわれてきました。朝餉の支度を厨でコトコトと母がしている気配にめざめると露路から露路へと、豆腐を売り歩く豆腐屋さんのラッパの音が遠く近くきこえてくる〔…〕それは、肌寒い冬の朝のことだったか、あるいは明けるに早いさわやかな夏の朝のことだったか、こんな思い出は誰もが幼い日にもっていることだと思います。

辻の文章はこういうさりげない書き出しから始まる。食べものは食欲を満たし、生命をつなぐ材料にとどまらない。これまで生きてきた生活の記憶、経験と結びついている。味わったことのない新しい食材であれば、視覚や嗅覚を通して、類似の記憶を探り、摂取可能なものかどうか、全神経をはりつめて用心する。豆腐のように、日本の食卓になじんだ食材ならば、それが食卓にたどりつくまでの歴史がある。

豆腐は絹ごしより木綿豆腐が美味でありますが、美味の根本は良質の大豆と良質の水にあるのだといわれます。昔から大きな寺院の傍においしい豆腐を売る店がありまして、その名残りはいまでも京都にみることができますが、これは、豆腐の製法の伝来が仏教のそれと密接なつながりがあったことも、勿論、見逃せませんが、それにもまして、お寺が、よい水のあるところを選んで建てられたということも、お寺とその門前の豆腐屋とを結びつけているのだと思われます。

豆腐は豆腐であって、何ものでもない。一般にはそれをどう使うかだけが重要視されるだろう。大豆からとれた良質のたんぱく質と脂質、レシチン、サポニン、イソフラボンなどの機能性成分から成る実用品にすぎないからだ。しかし、それが実用的な品物として私たちの食卓に登場するまでには、長い時間と多くの労力をへてきている。その豆腐がなぜ寺院を中心に普及したのか。「豆腐は、切って味噌汁に入れ、浮きあがってくるのを待ちかまえていてお椀にはればよいので、二、三分間で食べられる至極重宝なもの」だからだと、辻は言う。食事を簡素にして、短時間ですませなければならない僧侶たちにとって、貴重な食材となった。やがてこれになじむなか「豆腐がぽっかりと浮きあがってしまうと、熱くなりすぎて味がわるくなる――という通人もあるくらいで、浮きあがろうとする瞬間をとらえるのが、豆腐の味噌汁を美味しくいただくコツ」と分かるようになる。

中心部がほのかにあたたかで、周囲が熱いというのが豆腐の理想の温度であります。中心まで熱くなってしまっては、豆腐の風味を味わいわける余裕がないということになるわけです。小さく賽の目に切ると可愛くきれいですが、よほど手早く浮きあがりをつかまえてお椀にはらないと、熱い霰が口の中へ飛び込んだようで、豆腐の風味を味わうことができません。

料理という実用の術は、作ることがゴールではない。食べ味わうことで完結する。どのように客が箸をつけ、どのように口に運ぶのか。どのような形にすればその食材がもっとも生きるのか、どうすれば味わいがもっとも印象的に伝わるのか。料理人はそれを考えている。「浮きあがろうとする瞬間をとらえる」と言い、「熱い霰が口の中へ飛び込んだよう」と言い、辻の実用文は豆腐を食べる場面にもかかわらず、そのときの客の行為や反応が読者にダイナミックに伝わってくる。実用文であろうとも、その言い回しや比喩のレトリックが意味の伝達にとどまらない書き手の美意識や感覚の質を伝えてくる。

お客料理の場合、特に厨で汁をお椀になってから運び出すときには、あまり小さく切ったみは、その途中で踊ってしまって蓋裏についたりしてみっともないことになりかねません。すこし大きめに切ったものを二、三切れお互いによせあわせるようにする心づかいが必要です。このことはみについてだけでなく、汁の量についてもいえることで、七分目くらいが適当ではないかと思われます。茶席での食事である懐石では、最初に持ち出す際のお汁椀は、三分目にしてありますが、この点からもうなづける作法と申せましょう。

こうしてわずか一二〇〇字ほどの記事に、豆腐をめぐる記憶と歴史と味わい方と作法とが凝縮される。ほんとうの実用文とは、こうした文章のことを言うのではないだろうか。辻嘉一はべつな文章では、当然ながら料理の必要な調味料の配分や、加熱によって生じる食材の成分変化をグラフや図表を交えながら、分かりやすく説明したりしている。

私にとって、こういう文章は文学と変わりがない。文学とは小説や詩歌のようなジャンルを指すだけでなく、ことばによって作り出されたすぐれた文章のすべてを包摂する。小説や詩歌はそうした「文」と人間に関わる文化的歴史的なアーカイブとして存在し、私たちの世界と世界認識のあり方を更新するため、必要にして最適な素材である。評論も実用文も、そうしたことばの蓄積の上にある。

しかし、いま現在、取り上げられている「実用的な文章」とは、もはや、その文章がすぐれているかどうかは問題ですらないのだろう。情報として抽出し、その論理さえ把握できればいい。そうした読解の力を鍛えることが、果たして「ことばの教育」に適うかどうか。

ふたたび村田沙耶香の『コンビニ人間』が思い出される。コンビニエンスストアの規格化されたマニュアル通りのコミュニケーションがヒロインを安心させ、「普通」の存在として自分を確認する手段となる。自分のことばを失い、自分の居場所を見いだせなくなったとき、規格との同一化が自分を守ることになる。いびつなのはコンビニの外の世界であるが、しかし、そのコンビニで生きる力を身に付けることが国語教育の目標なのだろうか。コンビニ化しているのは私たちの社会そのものである。その現実を批評し、切り開く総合力こそが次の時代を生み出すと信じたい。

おわりに

この数年、偶然にも大学入学共通テストと新学習指導要領の改訂に遭遇し、時事的な発言をくりかえすことになった。ただ、決して既存の「文学」を守りたいというわけではないし、旧来の国語教育を維持したいわけでもない。読んでいただければお分かりのように、ずいぶん昔から、私は旧来の「文学」中心の国語教育には疑義を唱えていたし、メディアやコミュニケーションを重視した教育を加えていく必要を主張していた。二〇〇〇年代初頭に同じく学習指導要領が改訂され、それにともなって中学校の「国語」教科書から夏目漱石や森鷗外の教材が消えることが大きな話題になったとき、私はほとんど発言していない。仮に漱石や鷗外の名前が教科書から消えたとしても、他のすぐれた教材が出てくればいい、そう思っていたからである。

しかし、今回の改訂はそのときとは根本的に違う。「論理」と「文学」を切断し、「文学」をパッケージに入れるということは、神棚に祀って拝みこそすれ、生きたことばとして封印してしまうことになる。しかも、一部の高校を除けば、ほとんどの高校ではその二者択一を強いられる。そんなことはすべきでない。懸念されるのは、文化産業としての「文学」が危機に陥ることではなく、私たちが依ってたつところの「ことば」そのものの劣化が起きることである。

「文学」は、ことばによって世界や現実をひとつの形にして提示する営みである。物語や小説はとりわけそうした価値観や世界観の言語的な提示にすぐれている。しかし、言語によって表象される世界観は現実社会にすでに確固たる存在感を持って機能している。たとえば、子どもたちは家族の会話や学校で交わされることばを通して、慣習やライフスタイル、その集団の価値観を身につける。さらにSNSやインターネット、新聞・テレビなどのマスメディアは、曲がりなりにも世界観の言語的な提示を行い、その内のりのなかで私たちは思考したり、行動したりする。「文学」はその既存の世界観にひびを入れるジャンルである。詩歌はことばの選択と組み合わせを通じて新鮮な風景を切り取る。物語や小説は境界を逸脱した作中人物の視線を通して、突然、世界や現実がどのような風景に変容するかを示す。

ここでいう「文学」は演劇、映画やテレビドラマ、漫画やアニメーション、ゲームをふくめているのだが、それに対して学習指導要領のいう「文学国語」の「文学」は、狭い意味での文学でしかない。それらを読んで文学的な鑑賞にひたるのでは、既存の価値観・世界観にひびを入れる機能はかなり摩滅していることだろう。個人としての倫理や社会的な責任を考える文章、ジェンダーやナショナリズムを問いなおす文章などのあいだに、『羅生門』や『山月記』『舞姫』らがはさまり、「文学」は文学としての機能を発揮する。同時に、論理的な文章や実用的な文章の背後にある既存の価値観・世界観が当事者性を持ったかたちで問いなおされ、みずからのことばに問いを突きつけることで、もう一度、生きたことばとして甦るのだ。

「論理」と「文学」の切断はそうした相互的な問いなおしの効果を弱めてしまう。それは既存の価値観や世界観を結果的に強固にして、たえず解体と再生をくりかえす創造性においてもマイナスの効果しか、もたらさないだろう。ことばは新しく生み出される一方、たえず古びていく。どんな新鮮なことばも慣用句となったときには、使い古しの世界観しか見せてくれない。しかし、ことばが面白いのは、同じことばを異なる文脈と設定のなかに置いたとき、それまでとは違う顔つきを示すことだ。こうしたことばとの関わり方や操作の仕方が共有できないようになる事態を、ことばの劣化と言う。

極東の小国が西欧近代化を受け入れて一五〇年以上が経過した。戦争と災厄がくりかえされたなかで、経済と文化のたぐいまれな発展がありえたのは、漢字・ひらがな・カタカナを併用し、多様で複雑な構文に支えられた、分かりやすく生き生きとしたことばが社会のまん中で駆動していたからではないだろうか。そのとき「論理」と「文学」がともに双面神として機能していた。いま実用文を読みこなすことだけが求められ、分かりやすく美しい実用文を生み出すことが目指されていないとすれば、官公庁の白書や報告書の受動的な読み手を結果的に輩出するだけだろう。亡びることはどのような国家・社会にもどのような人間にも避けられない運命だが、ものには亡び方があると強く思う。

本書に収めた文章は三十数年にわたって書かれたものだが、今回の収録に際して読み直し、同じことを言い続けていたことに驚かされた。決して誇れることではない。しかし、教育や学問をめぐる現状は一貫して改められることのないまま、継続していたということでもあるのだろう。初出の収録を許可して下さった書籍や雑誌、またさまざまな研究会の方々に感謝する。
最後にこの本をまとめるに際して、すばやく構成案を示し、そのつど的確な助言をくれた編集の村上瑠梨子さんにお礼を申し上げたい。

二〇二三年一二月一二日
——「ごはん屋たまり」開業の月に

紅野謙介

紅野謙介（こうの・けんすけ）
1956年東京都生まれ。早稲田大学大学院文学研究科博士課程中退。麻布中学校・高等学校教諭を経て、現在日本大学文理学部特任教授。専攻は日本近代文学。著書に『書物の近代――メディアの文学史』（ちくま学芸文庫）、『投機としての文学――活字・懸賞・メディア』（新曜社）、『検閲と文学――1920年代の攻防』（河出ブックス）、『物語 岩波書店百年史1――「教養」の誕生』（岩波書店）、『国語教育の危機――大学入学共通テストと新学習指導要領』、『国語教育 混迷する改革』（以上、ちくま新書）、『職業としての大学人』（文学通信）などがある。

ことばの教育
日本語で読み、書き、考える

2023年2月20日　第1刷印刷
2023年3月 1 日　第1刷発行

著者　紅野謙介

発行者　清水一人
発行所　青土社
東京都千代田区神田神保町1-29　市瀬ビル　〒101-0051
電話　03-3291-9831（編集）　03-3294-7829（営業）
振替　00190-7-192955

組版　フレックスアート
印刷・製本所　双文社印刷

装幀　重実生哉

Printed in Japan
ISBN978-4-7917-7536-1
© 2023, Kensuke KONO